Bowen • Chawla • Marlatt

Achtsamkeitsbasierte Rückfallprävention bei Substanzabhängigkeit

Sarah Bowen • Neha Chawla • G. Alan Marlatt

Achtsamkeitsbasierte Rückfallprävention bei Substanzabhängigkeit

Das MBRP-Programm

Herausgegeben von Johannes Lindenmeyer und Götz Mundle

Aus dem Amerikanischen von Angelika Hildebrandt und Johannes Lindenmeyer

Anschrift der deutschen Herausgeber:

Dr. Johannes Lindenmeyer
salus-klinik Lindow
Straße nach Gühlen 10
D-16835 Lindow
E-Mail: lindenmeyer@salus-lindow.de

Prof. Dr. med. Götz Mundle
Ärztlicher Geschäftsführer Oberbergkliniken
Charlottenstr. 80
D-10117 Berlin
E-Mail: goetz.mundle@oberbergkliniken.de

Das Original des Buches ist unter dem Titel »Mindfulness-Based Relapse Prevention *for* Addictive Behaviors. A Clinician's Guide« bei The Guilford Press, New York, erschienen.

Copyright © 2011 The Guilford Press
A Division of Guilford Publications, Inc.

1. Auflage 2012

© der deutschsprachigen Übersetzung Beltz Verlag, Weinheim, Basel 2012
http://www.beltz.de

Übersetzung: Angelika Hildebrandt
Lektorat: Karin Ohms
Herstellung: Sonja Frank
Reihengestaltung: Federico Luci, Odenthal
Umschlagbild: Getty Images, © B. Tanaka
Satz und Bindung: Beltz Bad Langensalza GmbH, Bad Langensalza
Druck: Beltz Druckpartner GmbH & Co. KG, Hemsbach

Printed in Germany

ISBN 978-3-621-27824-9

Inhaltsübersicht

Inhalt

Vorwort der deutschen Herausgeber

Das vorliegende Behandlungsmanual kann in vieler Hinsicht als das Vermächtnis des Vaters der Rückfallprävention Prof. G. Alan Marlatt angesehen werden. Wenige Wochen vor seinem Tod im März 2011 hat er zusammen mit seinen beiden Mitarbeiterinnen Dr. Sarah Bowen und Dr. Neha Chawla mit der amerikanischen Originalausgabe von »Mindfulness-Based Relapse Prevention for Addictive Behaviors« bei Guilford Press (New York) wieder ein Buch vorgelegt, das das Verständnis von und den Umgang mit Rückfällen voraussichtlich weltweit nachhaltig beeinflussen wird.

Alan Marlatt war über 39 Jahre lang Professor für Psychologie und Direktor des Addictive Behaviors Research Center der Universität von Washington in Seattle (USA). Gleich mehrfach hat er die Suchtpsychologie, insbesondere aber die Rückfallforschung von Grund auf verändert:

▶ 1978 konnte Marlatt in einem bahnbrechenden Experiment in einer Versuchskneipe zeigen, dass die Wirkung von Alkohol nicht nur ein physiologischer Prozess, sondern immer auch das Ergebnis einer sozialkognitiv gelernten Wirkungserwartung ist. Damit war erstmals eine rationale Grundlage für den Einsatz einer symptomorientierten Psychotherapie zur Überwindung einer Alkoholabhängigkeit sowie für die experimentelle Erforschung von psychologischen Suchtmechanismen geschaffen (Marlatt & Rohsenow, 1980).

▶ 1985 revolutionierte er gemeinsam mit Judith Gordon durch die Veröffentlichung seines sozialkognitiven Rückfallmodells und durch die daraus abgeleiteten Methoden der Rückfallprävention weltweit die Suchtbehandlung (Marlatt & Gordon, 1985): Die disziplinarische Entlassung bei Rückfall gilt seither nicht mehr als die Methode der ersten Wahl. Stattdessen wurde eine Vielzahl von verhaltenstherapeutischen Maßnahmen zur gezielten Rückfallprävention, aber auch zur Bewältigung von Rückfällen entwickelt und auf ihre Wirksamkeit hin überprüft.

▶ 1989 setzte er der einseitigen Abstinenzorientierung in der Suchtbehandlung das Konzept der sog. »Schadenbegrenzung« (engl. harmreduction) entgegen, um Betroffene leichter für eine Verhaltensänderung erreichen zu können (Marlatt, 1989). Beispielsweise entwickelte er erfolgreich ein mittlerweile an amerikanischen Universitäten weitverbreitetes, trinkzieloffenes Kurzinterventionsprogramm, um die Neigung zu gefährlichen Trinkexzessen unter Collegestudenten zu verringern (Dimeff et al., 1998).

Wie jeder Neuerer hat Alan Marlatt mit jeder seiner Veröffentlichungen die Fachwelt irritiert und für erhebliche Aufregung unter Suchtbehandlern gesorgt. Teilweise entstanden erbitterte Debatten, in denen Marlatt auch heftigen Anfeindungen ausgesetzt war. Nicht alle seiner Ideen ließen sich empirisch bestätigen und auch die Erweiterung seines Rückfallmodells zu einem kybernetisch-dynamischen Ansatz (Marlatt & Witkiewitz, 2005) war nicht von Erfolg gekrönt (vgl. Lindenmeyer, 2008). Trotzdem wurde

Alan Marlatt zu Recht von der American Psychological Association als einer der einflussreichsten Wissenschaftler des 20. Jahrhunderts geehrt. Erst durch ihn wurde das Konzept der Rückfallprävention (engl. relapse prevention) zu einem zentralen Paradigma der Klinischen Psychologie, wonach Psychotherapie sich nicht auf die einmalige Linderung der Symptomatik des Patienten beschränken kann, sondern ihr Augenmerk immer auch auf die wiederholte Überwindung von Risikosituationen und Rückschlägen innerhalb eines längeren Genesungsprozesses zu richten hat.

In Deutschland erfuhren Marlatt's Ideen nur eine zeitlich stark verzögerte und bis heute unvollständige Rezeption. Noch immer kann man Suchttherapeuten im Rahmen von Fortbildungen mit seinem Rückfallmodell von 1985 als spektakuläre Abkehr von ihrem bisherigen Suchtverständnis überraschen. Es stellt kein Ruhmesblatt der deutschen Suchtforschung bzw. Suchttherapie dar, dass mit Ausnahme der Veröffentlichung eines Artikels in der Wiener Zeitschrift für Suchtforschung (Marlatt, 1978) kein einziges seiner großartigen Bücher je auf Deutsch erschienen ist. Insofern sind wir dem Beltz Verlag besonders dankbar, dass mit dem vorliegenden Manual erstmals eine zeitnahe Übertragung eines Werks von Alan Marlatt ins Deutsche ermöglicht wurde.

Seit etwa zehn Jahren ist in Deutschland im Zuge der sog. »Dritten Welle der Verhaltenstherapie« eine geradezu explosionsartige Verbreitung von achtsamkeitsbasierten Therapieansätzen für die verschiedensten Störungsbereiche zu konstatieren (vgl. Heidenreich, 2010). Die Therapiemanuale von Jon Kabat-Zinn zur Stressbewältigung oder von Mark Williams zur Depressionstherapie sind alle in hohen Auflagen auf Deutsch erschienen, zahlreiche CDs zur angeleiteten Achtsamkeitsmeditation sind hierzulande erhältlich. Hierbei haben auch bereits einige Autoren im deutschsprachigen Raum achtsamkeitsbasierte Ansätze in der Behandlung von Suchtkranken eingeführt (Mundle & Gottschaldt, 2011). Außerdem wird in mehreren deutschen Kliniken das auf Marsha Linehan zurückgehende Spezialangebot für Patienten mit der Doppeldiagnose Borderlinestörung und Sucht angewandt, in dem viele achtsamkeitsbasierte Elemente integriert sind (Kienast et al., 2008). Insofern knüpft das vorliegende Manual unmittelbar an einen aktuellen Trend in der Therapielandschaft hierzulande an und dürfte bei vielen Behandlern auf vertrauten Boden fallen.

Trotzdem enthält das von Alan Marlatt zusammen mit seinen Mitarbeiterinnen entwickelte Konzept der achtsamkeitsbasierten Rückfallprävention erheblichen Sprengstoff und wird nach unserer Einschätzung einiges Aufsehen in der Suchtbehandlungsszene erregen. Antworten sie doch auf die immer komplexere, durch bildgebende Verfahren und genetische Forschungsdesigns technologisch aufgerüstete, v. a. aber zunehmend biologisch und medizinisch ausgerichtete Rückfallforschung mit einem geradezu provozierend einfachen, rein psychologisch orientierten Behandlungsangebot von ganzen acht ambulanten Gruppensitzungen. Manche Leser wird außerdem irritieren, auf welche Art und Weise Alan Marlatt dabei als streng wissenschaftlich orientierter Forscher eine spirituelle Übungspraxis des Buddhismus in ein typisch angloamerikanisches Therapiemanual überführt.

Im Kern gehörte das Paradigma der Achtsamkeit (engl. mindfulness) schon immer zu Marlatt's Ansätzen zur Rückfallprävention. So beschreibt er beispielsweise bereits in seinem Klassiker zur Rückfallprävention 1985 das innerlich gelassene, akzeptierende Annehmen als geeignete Bewältigungsstrategie, bis ein situativ ausgelöstes Suchtmittelverlangen von selbst wieder abgeklungen ist (sog. urge surfing) und empfiehlt in diesem Zusammenhang ein regelmäßiges Achtsamkeitstraining als eine günstige Lebensstiländerung zur Aufrechterhaltung von Suchtmittelabstinenz. Zum damaligen Zeitpunkt waren die Achtsamkeitsübungen allerdings noch Teil eines ganzen Arsenals verschiedener verhaltenstherapeutischer, v. a. aber als gleichwertig eingeschätzter Verfahren zur abstinenten Bewältigung von Rückfallrisikosituationen (z. B. Ablehnungstraining, verdeckte Kontrolle, Expositionsübungen in vivo und Notfallplanung), die mittlerweile zum Standardrepertoire der Rückfallprävention auch hierzulande gehören (vgl. Lindenmeyer, 2009). In dem vorliegenden Manual ist die achtsamkeitsbasierte Übungspraxis dagegen ganz in das Zentrum der Rückfallprävention gerückt.

Als Grundlagenforscher hat Marlatt in einem in 2010 in der renommierten Fachzeitschrift *Addiction* veröffentlichten Artikel hierbei einen direkten Bezug zwischen dem aktuellen Stand der neurophysiologischen Rückfallforschung und zwei Elementen der Achtsamkeitsmeditation hergestellt (Brewer et al., 2010):

▶ **Aufmerksamkeitshinlenkung auf das unmittelbare Erleben im Hier und Jetzt.** Alle neurophysiologischen Sucht- und Rückfallmodelle gehen von einer zunehmenden Automatisierung von Suchtverhalten auf bestimmte Auslösereize aus: Die Betroffenen greifen trotz besseren Wissens zu Alkohol, negative Wirkungen haben keine Auswirkungen mehr auf ihr Verhalten. Lerntheoretisch wurden diese Suchtmechanismen mit dem Konzept der klassisch konditionierten »cue reactivity« (Alkoholreagibilität) beschrieben, in der Neurobiologie wird dies als sog. »engrammiertes Verhalten« bezeichnet (vgl. Lindenmeyer, 2010). Mithilfe neuropsychologischer Messparadigmen konnte bei Alkoholabhängigen ein Wahrnehmungsbias, eine automatisierte Assoziationsneigung und eine automatisierte Annäherungstendenz auf Alkoholstimuli nachgewiesen werden, die mittlerweile unter dem Begriff der »implicit cognitions«, als den Betroffenen nicht notwendigerweise bewusste und damit auch nicht steuerbare Informationsverarbeitung zusammengefasst wurden (Wiers & Stacy, 2006). Marlatt und seine Mitarbeiterinnen sehen nun durch die gezielte Aufmerksamkeitslenkung auf die unmittelbare Erfahrung im Rahmen von Achtsamkeitstrainings eine geeignete Möglichkeit, suchtbedingte Automatismen zu unterbrechen, um dadurch den Betroffenen ein rationaleres, an langfristigen Zielen orientiertes Abstinenzverhalten zu ermöglichen. Sie möchten damit einer Person aus dem Modus des passiv-automatisierten Reagierens (sog. Autopilot) heraus zu einem aktiven, selbstbestimmten Handeln verhelfen als Vorraussetzung für die Anwendung weiterer Rückfallbewältigungsstrategien. Sie verweisen in diesem Zusammenhang auf erste Ergebnisse, wonach der alkoholbezogene Wahrnehmungsbias von Alkoholpatienten im Stroopexperiment mithilfe eines Achtsamkeitstrainings signifikant verringert werden konnte (Moore & Malinowski, 2009).

▶ **Einnehmen einer offenen und neugierigen Haltung gegenüber allen Erfahrungen im Hier und Jetzt.** Seit Robinson und Berridge (2003) wird ein wesentlicher

Mechanismus einer Suchtentwicklung in der immer stärkeren Sensitivierung des Belohnungszentrums eines Betroffenen auf suchtmittelspezifische Hinweisreize gesehen, v. a. solche, die die angenehme Wirkung des Suchtmittels ankündigen (sog. wanting) unabhängig davon, ob diese überhaupt noch eintritt (sog. liking). Entsprechend spielt für einen Teil von Alkoholabhängigen situativ ausgelöstes Alkoholverlangen eine große Rolle für Rückfälle, und emotional negative Situationen, v. a. Stress stellen zumindest in subjektiv retrospektiven Erklärungen von Betroffenen die häufigste Rückfallsituation dar, da sie glauben, diese nur mithilfe von erneutem Alkoholkonsum aushalten zu können. In der Achtsamkeitsmeditation sehen Alan Marlatt und seine Mitarbeiterinnen eine spezifische Möglichkeit, stattdessen eine erhöhte Toleranz auch gegenüber unangenehmen Erfahrungen zu entwickeln, sie ohne Bewertung zu beobachten und an sich vorüberziehen zu lassen, anstatt sie bekämpfen oder vermeiden zu wollen. Dieser Gelassenheitshaltung wird von den Autoren angesichts der Tatsache, dass viele Abhängige sich zu Beginn ihrer Abstinenz mit einer wenig belohnenden, sondern belastenden Realität – hierzulande als Mangel an Teilhabe bezeichnet – konfrontiert sehen, besondere Bedeutung für den Erhalt langfristiger Suchtmittelabstinenz zugeschrieben. Die bewusste Hinwendung zu aversiven Reizen biete außerdem erst die Voraussetzung für ein allmähliches Nachlassen der unangenehmen Empfindungen im Sinne von Habituation. Die Autoren verweisen hierbei auf eigene Ergebnisse, wonach durch achtsamkeitsbasierte Therapie dysfunktionales Vermeidungsverhalten von Suchtpatienten gegenüber aversiven Reizen, in diesem Fall negative Gedanken, signifikant reduziert werden konnte (Bowen et al., 2007).

So groß der Verdienst von Alan Marlatt auch einzuschätzen ist, eine von fernöstlicher Lebenseinstellung geprägte Achtsamkeitsmeditation mit westlicher Suchttherapie und den Erkenntnissen neurophysiologischer Rückfallforschung zu verbinden, so deutlich hat dieser achtsamkeitsbasierte Therapieansatz auch Widerspruch erfahren. DiClemente (2010) und Heidenreich (2006) weisen darauf hin, dass die mittlerweile für viele Störungsbereiche nachgewiesene Wirksamkeit achtsamkeitsbasierter Therapieverfahren noch nichts über erhöhte Achtsamkeit als den wesentlichen Wirkmechanismus aussagt. Möglicherweise stellen sich die positiven Therapieeffekte allein dadurch ein, dass die Teilnehmer täglich für eine Stunde eine Hausaufgabe durchführen, dadurch ihren Tagesablauf entsprechend strukturieren und sich einer Sache engagiert verschreiben. Bergmark (2010) weist außerdem darauf hin, dass die Annahme einer spezifischen Wirksamkeit von Achtsamkeit dadurch unterminiert wird, dass die Wirksamkeit von Achtsamkeitstherapie bislang immer nur gegenüber Kontrollgruppen ohne Behandlung, nicht aber gegenüber anderen bona fide Therapieverfahren nachgewiesen werden konnte. Entsprechend gibt es bislang auch noch keinerlei Erkenntnisse darüber, bei welchen Patienten dieser Behandlungsansatz eher indiziert ist und bei welchen eher nicht. Offen ist weiter, ob die positiven Therapieeffekte nur solange anhalten, wie die Klienten weiterhin täglich Achtsamkeitsmeditation betreiben, oder ob eine zeitlich begrenzte Gruppentherapieteilnahme mit dazwischen liegenden Übungen für zuhause dauerhafte Effekte bewirken kann. Insbesondere ist aber unklar, welcher Stellenwert der starken buddhistisch-spirituellen Orientierung des Programms zukommt. Müssen diese fernöstliche Weltanschauung und Lebenseinstellung von Therapeuten und gar von Patienten geteilt werden, damit der Ansatz wirksam ist? Oder liegt die Qualität von Achtsamkeitstherapie möglicherweise »nur« in einer Reihe von unspezifischen Wirkmechanismen, die jede erfolgreiche Psychotherapie aufweist, wie z. B. Erzeugung von Veränderungsoptimismus, das Unterscheidenlernen von Gedanken und Realität oder das konsequente Wiederholen von konkreten Fertigkeitsübungen (Klinkenberg, 2010)?

Wenn wir uns trotz all dieser noch ungeklärten Fragen für das Erscheinen einer deutsche Ausgabe dieses Manuals eingesetzt haben, dann nicht weil wir uns plötzlich unkritisch der Achtsamkeitsideologie verschrieben hätten und auf alle anderen Suchttherapieansätze verzichten würden. Vielmehr halten wir das vorliegende Manual für ein sehr elegantes, einfaches und damit gleichermaßen ökonomisches wie für Patienten verständliches Interventionstool, das somit alle Eigenschaften aufweist, die nachgewiesenermaßen für die Effektivität von therapeutischen Methoden, aber auch für ihre Verbreitung in der Praxis bedeutsam sind.

Explizit sei an dieser Stelle darauf hingewiesen, dass es sich bei dem vorliegenden Manual ausdrücklich um ein Nachsorgemodul für Alkoholpatienten im Anschluss an eine bereits erfolgte Suchtbehandlung handelt. Als Stand-alone-Verfahren kann dieser Ansatz ebenso wie alle anderen Verfahren zur Rückfallprävention keine Evidenzbasierung vorweisen (Bischoff, 2010). Wichtige Therapieziele im Rahmen einer Suchtbehandlung, wie ausreichende Suchtakzeptanz, Abstinenzmotivation und v. a. ein ausreichendes Ausmaß an sozialer Teilhabe werden bei den Teilnehmern vorausgesetzt und sind daher nicht (mehr) Gegenstand der Gruppensitzungen. Insofern ist das Programm aus unserer Sicht v. a. geeignet, um die bestehenden, ambulanten Nachsorgeangebote im deutschen Suchthilfesystem zu erweitern.

Ob das Programm, wie von den Autoren ausdrücklich betont, dabei wirklich nur von Therapeuten mit intensiver persönlicher Meditationserfahrung und entsprechender Lebenseinstellung durchgeführt werden kann, wird durch künftige Forschungsarbeiten zu klären sein. Auf jeden Fall wird deutlich, welch hohes Ausmaß an Achtsamkeit und Authenzität auf Seiten des Therapeuten erforderlich ist. Insbesondere die abgedruckten Dialogausschnitte zeugen davon, wie viel Aufmerksamkeit und Gespür des Therapeuten für die Feinheiten in den Äußerungen der Teilnehmer gefordert sind. Gleichzeitig verlangt das Programm vom Therapeuten ein erhebliches Ausmaß an Stringenz und Konsequenz in der Durchführung:

▶ Es folgt der Tendenz angloamerikanischer Therapiemanuale zu Kürze und Einfachheit, indem es sich konsequent auf bestimmte Inhalte konzentriert. Zentraler und konsequent umgesetzter Bestandteil des Manuals ist die tägliche Übungspraxis. In den Rückmelderunden wird konsequent nach der Umsetzung der Übungen bzw. ihren Schwierigkeiten bei der Umsetzung gefragt. Die Interaktion zwischen den Gruppenteilnehmern ist ausdrücklich nicht Gegenstand des Programms. Vielmehr werden alle Interpretationen, Bewertungen oder sog. Abschweifen der Teilnehmer in die Vergangenheit oder Zukunft vom Therapeuten benannt und anschließend der Fokus erneut auf die Beschreibung der Erfahrung zurückgeführt.

► Gleichzeitig verlangt das Programm vom Therapeuten im Vergleich zu den üblichen, methodenorientierten Therapieansätzen ein ungewohnt hohes Ausmaß an wertschätzender Akzeptanz und »Nicht-Intervention« gegenüber den Teilnehmern. Primäre Aufgabe des Therapeuten ist es, den Erfahrungen der Teilnehmer mit all ihren angenehmen und unangenehmen Qualitäten Raum zu geben, ohne diese verändern zu wollen.

Bei der Übersetzung ins Deutsche haben wir uns für einen Mittelweg entschieden. Auf der einen Seite ging es natürlich darum, so originalgetreu wie möglich die Haltung und Gedanken der Autoren wiederzugeben. Auf der anderen Seite haben wir einen eher neutralen, nicht spirituellen Sprachstil gewählt, um auch Therapeuten und Patienten die Anwendung des Manuals zu ermöglichen, die eine andere geistige Orientierung als die Autoren haben. Hierbei waren wir manchmal zu nicht einfachen Kompromissen gezwungen, die wir an einigen Beispielen erläutern möchten:

► Die Autoren bezeichnen den Gruppenleiter im amerikanischen Original konsequent als »facilitator« (wörtlich: Erleichterer). Sie betonen dadurch, dass er nach ihrer Überzeugung keine Veränderungen in seinen Patienten erzeugt, sondern ihm lediglich die Aufgabe zukommt, die in Patienten von selbst ablaufenden Veränderungsprozesse freizusetzen bzw. zu erleichtern. Wir haben uns bei der Übersetzung für die hierzulande gebräuchliche Bezeichnung Therapeut entschieden, um dadurch die notwendige Professionalität und gegebene Verantwortung eines Therapeuten innerhalb einer psychotherapeutischen Behandlung nach deutschem Recht zu unterstreichen.

► Das gemeinsame Auswertungsgespräch innerhalb der Gruppe unmittelbar im Anschluss an eine Meditationsübung nennen die Autoren »inquiry« (zu Deutsch: »Untersuchung« bzw. »Erkundigung«). Sie unterstreichen mit diesem vorrangig aus der Justiz oder Politik stammenden Begriff die Präzision, mit der der Therapeut sich nach den konkreten Erfahrungen der Teilnehmer im Verlauf einer Meditationsübung zu erkundigen und dabei die für ihre weitere Entwicklung wichtigen Details herauszuarbeiten hat. Für die deutsche Übersetzung haben wir trotzdem den hierzulande in der Gruppentherapie gebräuchlichen Begriff des »gemeinsamen Auswertungsgesprächs« gewählt.

► Als Ziel der achtsamkeitsbasierten Rückfallprävention geben die Autoren an, dass sich die Teilnehmer in Rückfallrisikosituationen künftig »more skillful« verhalten können. Auch für diesen scheinbar einfachen Begriff gibt es im Deutschen keine angemessene Übersetzung. Denn »skillful« (wörtlich »voller Fertigkeit«) verweist mit dem Bestandteil »skill« unmittelbar auf das Konzept der Fertigkeiten und Fähigkeiten, die für eine achtsame Akzeptanz notwendig sind. Die von uns in der Übersetzung je nach Kontext gewählten Begriffe »geschickt«, »umsichtig« »erfahren« bzw. »gekonnt« geben den ursprünglichen Zusammenhang nur unzureichend wieder.

- Am schwierigsten gestaltet sich die Übersetzung von »SOBER Breathing Space«. Die Autoren bezeichnen damit eine der zentralsten Achtsamkeitsübungen zur Rückfallprävention. Dabei beinhaltet SOBER (zu Deutsch: »nüchtern«) das Akronym für die fünf entscheidenden Schritte jeder Achtsamkeitsübung *Stop, Observe, Breath, Expand, Respond*. All dies kann der von uns in der Übersetzung verwendete Begriff »Nüchtern-Atmen« natürlich nicht wiedergeben.
- Die Autoren verwenden im englischen Original häufig die Begriffe »to be reactive«, »to react« und »reaction«, um dysfunktionale, automatisierte Reaktionstendenzen eines Individuums zu kennzeichnen. Beide Begriffe verweisen unmittelbar auf das bereits oben erwähnte wichtige Konzept der klassisch konditionierten »cue reactivity« aktueller Suchttheorien. Mit den Begriffen »to respond«, »response«, »to cope« und »behavior« grenzen sie hiervon das durch das Achtsamkeitstraining angestrebte, bewusste, absichtsvolle und hilfreiche Bewältigungsverhalten einer Person ab. Das von uns bei der Übersetzung für diesen Gegensatz gewählte Begriffspaar »automatisierte Reaktionstendenz« vs. »bewusstes, selbstfürsorgliches Handeln« kann den von den Autoren verwendeten Assoziationshintergrund nur ansatzweise wiedergeben.
- Die aus der angloamerikanischen Achtsamkeits- bzw. Meditationsliteratur stammenden Begriffe Body Scan und Lovingkindness haben wir mangels eines eingängigen Deutschen Begriffs nicht übersetzt.

Schließlich haben wir mit freundlicher Zustimmung von Guilford Press alle Passagen des Originals herausgelassen, die sich auf spezifische amerikanische Verhältnisse beziehen (z. B. ausführliche Hinweise auf das 12-Schritte-Programm der Anonymen Alkoholiker, die in der Alkoholtherapie im deutschen Suchthilfesystem weniger stark integriert sind als in den USA).

Der guten Ordnung halber sei zu guter Letzt noch erwähnt, dass wir zur besseren Verständlichkeit des Textes lediglich die männliche Form für Patient und Therapeut verwenden. Natürlich sind beide Geschlechter gleichermaßen gemeint.

Lindow
Johannes Lindenmeyer

Berlin
Götz Mundle

Literatur

Bermark, A. (2010). Mindfulness training: specific intervention or psychological panacea? Addiction, 105, 1708–1709.

Bischoff, G. (2010). Effektivität von Psychotherapie bei Suchterkrankungen. Suchttherapie, 11, 158–165.

Bowen, S., Wietkiewitz, K., Dillworth, T. M. & Marlatt, G. A. (2007). The role of thought suppression in the relationship between mindfulness meditation and alcohol use. Addictive Behaviors, 32, 2324–2328.

Brewer, J. A., Bowen, S., Smith, J. T., Marlatt, G. A. & Potenza, M. N. (2010). Mindfulness-based treatments for co-occurring depression and substance use disorders: what can we learn from the brain. Addiction, 105, 1698–1706.

DiClemente, C. C. (2010). Mindfulness – specific or generic mechanisms of action. Addiction, 105, 1707–1708.

Dimeff, L. A., Baer, J. S., Kivlahan, D. R. & Marlatt, G. A. (1998). Brief alcohol screening and intervention for college students. A harm reduction approach. New York: Guilford Press.

Heidenreich, Th. (2010). Achtsamkeit. Fortschritte der Psychotherapie. Göttingen: Hogrefe.

Heidenreich, Th., Ströhle, G. & Michalak, J. (2006). Achtsamkeit: Konzeptionelle Aspekte und Ergebnisse zum Freiburger Achtsamkeitsfragebogen. Verhaltenstherapie, 16, 33–40.

Kienast, T., Reische, S., Förster, J., Schmitt, C., Lauterbach, E. & Heinz, A. (2008). Dialektisch Behaviorale Therapie für Patienten mit emotional instabiler Persönlichkeitsstörung und komorbider Abhängigkeitserfahrung. Sucht, 54, 205–208.

Klinkenberg, N. (2010). Sammelbesprechung achtsamkeitsorientierter Bücher. Verhaltenstherapie und Verhaltensmedizin, 31, 340–345.

Lindenmeyer, J. (2008). AMAZ – Zur Krise des sozialkognitiven Rückfallmodells (Editorial). Sucht, 54, 333–334.

Lindenmeyer, J. (2009). Rückfallprävention. In J. Margraf & S. Schneider (Hrsg.), Lehrbuch der Verhaltenstherapie, Band 1 (3. Aufl.) (S. 721–742). Berlin: Springer.

Lindenmeyer, J. (2010). Gibt es eine neuropsychologische Rückfallprävention bei Alkoholabhängigen? Suchttherapie, 11, 166–172.

Marlatt, G. A. (1978). Alkoholverlangen, Kontrollverlust und Rückfall: Eine kognitive Analyse des Verhaltens. Wiener Zeitschrift für Suchtforschung, 1, 19–24.

Marlatt, G. A. (Ed.). (1998). Harm reduction. Pragmatic strategies for managing high-risk behaviors. New York: Guilford Press.

Marlatt, G. A. & Gordon, J. R. (Eds.). (1985). Relapse prevention. Maintenance strategies in the treatment of addictive behaviors. New York. Guilford Press.

Marlatt, G. A. & Rohsenow, D. J. (1980). Cognitive processes in alcohol use: Expectancy and the balanced placebo design. In N. K. Mello (Ed.), Advances in substance abuse. Greenwich, Conn: JAI Press.

Marlatt, G. A. & Witkiewitz, (2005). Relapse prevention for alcohol and drug problems. In G. A. Marlatt & D. M. Donovan (Eds.), Relapse prevention. New York: Guilford Press.

Moore, A. & Malinowski, P. (2009). Meditation, mindfulness and cognitive flexibility. Conscious Cognition, 18, 176–186.

Mundle, G. & Gottschaldt, E. (2011). Emotionale Krankheitsakzeptanz – Ausgangspunkt für seelische Gesundheit. In A. Büssing & N. Kohls (Hrsg.), Spiritualität transdisziplinär – Wissenschaftliche Grundlagen im Zusammenhang mit Krankheit und Gesundheit (S. 125–130). Heidelberg: Springer.

Robinson, T. E. & Berridge, K. C. (2003). Addiction. Annual Review of Psychology, 54, 25–53.

Über die Autoren

Sarah Bowen, PhD, arbeitet als Wissenschaftlerin und Therapeutin am Addictive Behaviors Research Center der University of Washington, wo sie sich auf achtsamkeitsbasierte Verfahren zur Behandlung von Suchtverhalten spezialisiert hat. Im Mittelpunkt ihrer Forschungsarbeiten stehen die Bestimmung der Mechanismen von Verhaltensänderungen wie negative Affekte, Gedankenunterdrückung und Suchtmittelverlangen (Craving). Ganz besonders interessiert sie sich für die Anwendung achtsamkeitsbasierter Konzepte bei Patienten mit Doppeldiagnosen. Dr. Bowen hat in zahlreichen Settings Gruppen zur achtsamkeitsbasierten Rückfallprävention eingerichtet, u. a. in privaten und öffentlichen Behandlungseinrichtungen sowie im VA Medical Center in Seattle. Darüber hinaus ist sie als Beraterin tätig und hält Vorträge und Vorlesungen zur Anwendung achtsamkeitsbasierter Behandlungsansätze bei substanzbezogenen Störungen.

Neha Chawla, PhD, arbeitet als Postdoc am Addictive Behaviors Research Center der University of Washington. Der Schwerpunkt ihrer Forschung liegt auf der Entwicklung und Evaluation achtsamkeitsbasierter Behandlungsansätze bei substanzbezogenen Störungen, der Therapeutenausbildung und der Verbreitung von Therapiekonzepten sowie der Messung von therapeutischer Kompetenz. Dr. Chawla unterstützt zahlreiche achtsamkeitsbasierte Gruppen in privaten und gemeindebasierten Behandlungssettings in Seattle und an der Ostküste der USA und ist an der Leitung verschiedener Workshops im Rahmen der Therapeutenausbildung beteiligt.

G. Alan Marlatt, PhD †, war Direktor des Addictive Behaviors Research Center, Professor für Psychologie und außerordentlicher Professor an der School of Public Health der University of Washington. Der Schwerpunkt seiner Forschungstätigkeit und seiner klinischen Tätigkeit lag vor allem auf dem Gebiet des Suchtverhaltens. Neben mehr als 250 Artikeln in Fachzeitschriften und Kapiteln in Büchern hat er mehrere Bücher zum Thema Abhängigkeit und Rückfall veröffentlicht, darunter *Relapse Prevention* (1985, 2005), *Assessment of Addictive Behaviors* (1988, 2005), *Harm Reduction* (1998) und *Brief Alcohol Screening and Intervention for College Students (BASICS): A Harm Reduction Approach* (1999). Über 30 Jahre lang hat Dr. Marlatt u. a. vom National Institute on Alcohol Abuse and Alcoholism, dem National Institute on Drug Abuse, ABMRF/The Foundation for Alcohol Research und der Robert Wood Johnson Foundation eine kontinuierliche Forschungsförderung erhalten. Er war Preisträger des Jellinek Memorial Award für herausragende Beiträge zur Alkoholforschung (1990), des Robert Wood Johnson Foundation's Innovators in Combating Substance Abuse Award (2001) und des Research Society on Alcoholism's Distinguished Researcher Award (2004). 2010 wurde ihm der Association of Behavioral and Cognitive Therapy's Career/Lifetime Achievement Award verliehen.

Vorwort der Autoren

Achtsamkeitsbasierte Rückfallprävention (*MBRP – Mindfulness-based relapse prevention*) ist ein Programm, bei dem achtsamkeitsbasierte Meditationspraktiken und bisherige Ansätze zur Rückfallprävention (RP) miteinander verbunden werden. Die von mir entwickelte kognitiv-behaviorale Rückfallprävention diente dazu, Rückfälle im Anschluss an eine Suchtbehandlung zu verhindern bzw. zu überwinden. Auch MBRP soll als ambulantes Nachsorgeprogramm die Aufrechterhaltung der Behandlungserfolge und einen nachhaltigen Lebensstil der Teilnehmer fördern. In diesem Buch stellen wir einen Therapieansatz für die Behandlung von Alkoholproblemen und anderen substanzbezogenen Störungen vor. Darüber hinaus diskutieren wir Möglichkeiten der Bewältigung von Suchtdruck bzw. Suchtmittelverlangen (Craving), die oftmals Auslöser für einen Rückfall sind. Dieses Vorwort soll den Leser auf das in diesem Buch enthaltene Material einstimmen, indem es darlegt, wie meine früheren Forschungsarbeiten und Erfahrungen zur Entwicklung von MBRP geführt haben.

Ein Großteil meiner Forschungsbemühungen entspringt der Suche nach dem, was gelegentlich als »Mittelweg« bezeichnet wird, einem Ausgleich zwischen schädlicher Maßlosigkeit und strikter Abstinenz bzw. zwischen Selbstdisziplin und Selbstmitgefühl (self compassion) im Umgang mit Suchtmitteln. Ich habe meine Laufbahn als Suchtforscher mit einer Studie zur Wirksamkeit von elektrischer Aversionstherapie in der Behandlung von Alkoholabhängigen begonnen. Bei der Aversionstherapie handelt es sich um ein Bestrafungsverfahren, um Suchtmittelverlangen (Craving) in eine aversive Reaktion umzuwandeln, die wiederum – bestimmt durch den Wunsch, Schmerz zu vermeiden – den Drang zu trinken oder Drogen zu nehmen verhindern soll. Wir haben festgestellt, dass dieser Therapieansatz zwar kurzfristig erfolgreich sein mag, dass die Patienten in der Aversionstherapie aber langfristig oft ein höheres Rückfallrisiko aufweisen.

Im Verlauf unserer Forschungsarbeiten haben sich meine Kollegen und ich immer mehr in Richtung eines ausgewogeneren Ansatzes orientiert. Inzwischen haben wir einen weiten Weg zurückgelegt und festgestellt, dass die Einbeziehung von Achtsamkeitsfertigkeiten, die sich auf die Grundsätze des Selbstmitgefühls und der Akzeptanz aller Erfahrungen stützen, d. h. auch von Suchtmittelverlangen, möglicherweise mehr zur Verringerung des Rückfallrisikos beitragen als Aversionsansätze. Achtsamkeitspraktiken sind wirksame und sachdienliche Instrumente für engagierte und zielgerichtete Verhaltensänderungen, bei denen aber gleichzeitig Wohlwollen und Flexibilität im Umgang mit sich selbst eine wichtige Rolle spielen.

Viele Menschen (auch solche, die sich selbst als »süchtig« bezeichnen) halten Abhängigkeit für ein moralisches Problem, das bestraft gehört. Im sogenannten »Krieg gegen Drogen« werden die Konsumenten illegaler Drogen ins Gefängnis gesteckt, um sie für ihr unmoralisches und rechtswidriges Verhalten zu bestrafen – dies ist nichts anderes als eine Ausweitung des Aversionsansatzes. Süchtige werden oft für ihre »schlechte Gewohnheit« des Substanzmissbrauchs verantwortlich gemacht. Häufig fühlen sie sich schuldig und schämen sich für ihren Missbrauch von Alkohol und anderen Drogen und bemühen sich kaum um therapeutische Hilfe, weil sie befürchten, zurückgewiesen und bestraft zu werden. Viele von ihnen enden irgendwann in einer erzwungenen Behandlung, oft aufgrund einer konfrontativen »Intervention« von Familienmitgliedern oder Kollegen, oder sie werden wegen eines mit ihrem Substanzmissbrauch zusammenhängenden Delikts inhaftiert. Dies führt nur dazu, dass sie noch mehr stigmatisiert werden und sich noch mehr schämen.

Auf meiner Suche nach einem Mittelweg habe ich mich gefragt, ob es nicht eine andere, vielleicht positivere Sicht auf Suchtprobleme und ihre Entstehung geben könnte. Ich glaube, die buddhistische Psychologie bietet einen vielversprechenden alternativen und vielleicht ergänzenden Weg zur Überwindung von Suchtverhaltensweisen. Den »Vier Edlen Wahrheiten« Buddhas zufolge ist das Leben im Daseinskreislauf letztendlich leidvoll (Erste Edle Wahrheit), und dieses Leiden entsteht durch Anhaftung (attachment) und Verlangen. Anhaftung offenbart sich in unterschiedlichen Formen, wie z. B. dem Bedürfnis nach Sex, dem Wunsch, ein anderer zu sein, oder Neugier darauf, was als nächstes kommt, bis hin zu aversiven Formen des Verlangens oder der inneren Auflehnung gegen die Realität (Zweite Edle Wahrheit). Die gute Nachricht ist jedoch, dass es einen Ausweg aus diesem Leiden gibt (Dritte Edle Wahrheit), und zwar über den »Edlen Achtfachen Pfad« (Vierte Edle Wahrheit).

Der sogenannte »Edle Achtfache Pfad« setzt sich aus den acht wünschenswerten (bzw. den im Buddhismus als »recht« bezeichneten) Verhaltensweisen und den dazu gehörigen inneren Haltungen zusammen, darunter auch der »rechten Achtsamkeit« auf der Grundlage von Meditation. (Die anderen Schritte auf diesem Pfad stimmen mit vielen kognitiv-behavioralen Behandlungszielen überein, wie z. B. »rechte Einsicht, rechte Absicht, rechte Rede, rechtes Handeln, rechter Lebenserwerb, rechtes Streben und rechte Konzentriertheit«.) Der Achtfache Pfad und die buddhistische Psychologie insgesamt befassen sich genau mit den Fragestellungen, um die es so oft in der Behandlung von Suchtmittelabhängigkeit geht, und bieten daher nicht nur eine Grundlage für unser Verständnis des Suchtverhaltens, sondern spezifische Interventionsmöglichkeiten zur Lösung der Probleme, die ihrer Überwindung oft entgegenstehen.

Doch welchen besonderen Beitrag kann Achtsamkeit auf dem Gebiet des Suchtverhaltens leisten? Nach Jon Kabat-Zinn (1994) bedeutet Achtsamkeit »auf eine bestimmte Weise aufmerksam zu sein: Bewusst, im gegenwärtigen Augenblick und ohne zu urteilen« (S. 4). Wenn wir Achtsamkeit klinisch nutzen, wollen wir Menschen mit Suchtmittelproblemen vor allem helfen, die Dinge »so zu sehen, wie sie sind«, anstatt sich auf »die Zukunft« bzw. auf unsere mit Hilfe einer Substanz veränderten Befindlichkeit zu konzentrieren. Die buddhistische Psychologie legt Wert darauf, dass wir aufkommendes Unbehagen anerkennen, spüren und akzeptieren und dass wir diese Erfahrung unmittelbar erleben anstatt endlos versuchen, vor ihr davonzulaufen. Dies ist ein mitfühlender Ansatz, in dessen Mittelpunkt Akzeptanz und Offenheit stehen anstelle von Schuldgefühlen, Schuldzuweisungen und Scham über das eigene Verhalten. Achtsamkeit sensibilisiert auch dafür, dass sich die Dinge kontinuierlich verändern; unser Fühlen und Denken und unser Körper sind einem kontinuierlichen Wandel unterworfen. Dies gilt z. B. für den Raucher, der sich nicht vorstellen kann, mehr als 45 Minuten ohne Zigarette auszuhalten, und der nicht erkennt, dass sein scheinbar überwältigendes Verlangen vielleicht nachließe, wenn er es einfach aussitzen würde. Achtsamkeit kann ein wertvolles Instrument zur Bewältigung von Suchtdruck und Suchmittelverlangen sein, wenn man diese beobachtet, ohne sich von ihnen überwältigen oder verzehren zu lassen. Auch wenn ein Raucher davon überzeugt ist, sein Bedürfnis zu rauchen werde immer stärker, wenn er ihm nicht nachgibt, und sich deshalb eine Zigarette anzündet – tatsächlich würde der Jieper auf die Zigarette von allein vergehen, wenn er sich nur Zeit dafür ließe.

Achtsamkeit erzeugt darüber hinaus einen Zustand der metakognitiven Bewusstheit, der es ermöglicht, »das große Ganze« zu sehen anstatt seinen üblichen konditionierten und habituellen Verhaltensweisen nachzugeben. Dieses Bewusstsein verstärkt das Gefühl, frei entscheiden zu können. Wie Viktor Frankl (1946) schrieb: »Zwischen Reiz und Reaktion liegt ein Raum. In diesem Raum liegen unsere Freiheit und die Möglichkeit, unsere Antwort zu wählen. In unserer Antwort liegen unser Wachstum und unsere Freiheit.« Achtsamkeitspraktiken sensibilisieren für diesen Raum und eröffnen die Möglichkeit, sachkundig statt automatisch und gewohnheitsmäßig zu reagieren. So kann man sich angesichts eines Auslösers (Triggers) für Substanzkonsum achtsam für ein Verhalten entscheiden, das die Wahrscheinlichkeit eines Rückfalls verringert. Und schließlich kann eine achtsame Herangehensweise auch das Aufschaukeln von negativen emotionalen Zuständen verringern; sie vermindert Stigmatisierung, Schuldzuweisungen und Schuldgefühle, die Menschen erleben, wenn sie mit ihrem Suchtverhalten zu kämpfen haben.

Wenn ich meinen persönlichen Weg von der Aversionstherapie bis zur Achtsamkeit betrachte, dann hat vieles zu diesem Weg beigetragen. Zunächst habe ich versucht herauszufinden, was dazu führt, dass Menschen einen Rückfall erleiden. Einer meiner ersten Patienten war ein Mann mittleren Alters, bei dem eine Alkoholabhängigkeit diagnostiziert worden war. Mein Supervisor im Napa State Hospital, wo ich ein Doktorandenpraktikum absolvierte, empfahl einen auf die Entwicklung von Einsicht ausgerichteten Ansatz, der meinem Patienten helfen sollte zu verstehen, warum er ein Alkoholproblem entwickelt hatte, warum er lebenslange Abstinenz anstreben, sich den Anonymen Alkoholikern anschließen und sich stationär behandeln lassen sollte. Nachdem ich mit ihm daran gearbeitet hatte, ein Verständnis dafür zu entwickeln, warum er das Trinken für den Rest seines Lebens aufgeben sollte, war ich nach dem Abschluss des Programms zuversichtlich, dass seine Motivation, gesund zu werden, stabil genug war. Am Tag seiner Entlassung sah ich, wie er in den Greyhound-Bus nach San Francisco, seiner Heimatstadt, stieg.

Keine drei Tage später kam er schwer betrunken wieder im Napa State Hospital an, wo er in die Entgiftungsstation eingeliefert wurde. Als ich ihn fragte, was nach seiner Entlassung passiert sei, sagte er, die erste Haltestelle des Busses sei im Tenderloin

District von San Francisco gewesen, genau vor der Bar, die er früher immer besucht hatte. Er sagte, er habe vermutet, dass einer seiner Freunde in der Bar sein könnte, und sei deshalb vom Bus direkt in die Bar gegangen. Sein Freund war nicht da, aber der Barkeeper erkannte ihn und spendierte ihm als Willkommensgruß einen doppelten Whiskey. Er beschrieb, wie er im Lauf der nächsten Stunde einen »Kontrollverlust« erlitt und immer weiter trank, bis er schließlich das Bewusstsein verlor. Ein Freund brachte ihn am nächsten Tag wieder ins Krankenhaus. Nachdem er seine Geschichte erzählt hatte, meinte er: »Dr. Marlatt, Sie haben mir sehr überzeugend geholfen zu verstehen, *warum* ich zum Alkoholiker geworden bin, *warum* ich mit dem Trinken aufhören sollte und *warum* Abstinenz für mich die einzige Möglichkeit ist, gesund zu werden. Aber Sie haben nie auch nur ein einziges verdammtes Wort darüber gesagt, *wie* ich das schaffen soll!«

Nach diesem Gespräch wandte ich mich an den Leiter des Alkoholismus-Behandlungszentrums im Napa State Hospital und fragte, warum wir angesichts der hohen Rückfallquote der im Rahmen des Programms behandelten Patienten den Betroffenen keine Informationen dazu gaben, wie sie einen Rückfall verhindern könnten. Er sah mich skeptisch an und erwiderte: »Wir werden ganz bestimmt nicht über Rückfall sprechen, denn damit würden wir ihnen ja die Erlaubnis dazu geben.« Ich konterte mit der Frage, warum wir denn dann Brandschutzübungen hätten, die seien doch auch nicht dazu da, Menschen die Erlaubnis zur Brandstiftung zu geben, sondern dazu, ihr Leben und ihre Gesundheit im Fall eines Brandes zu schützen. Er antwortete, Rückfälle seien ein heikles Thema und man sollte sie keinesfalls fördern. An diesem Punkt merkte ich, dass hier moralische Erwägungen eine Rolle spielten, aber dass diese Sichtweise einfach nicht funktionierte. Was aber sollten wir unseren Patienten stattdessen anbieten? Ich fing an, mich genauer mit den Ursachen des Rückfalls zu befassen. Da der Schwerpunkt meiner Doktorandenausbildung auf der Verhaltenstherapie lag, interessierte ich mich für die Untersuchung einer Reihe verhaltenstherapeutischer Interventionen, die möglicherweise für ein kognitiv-behaviorales Programm zur Rückfallprävention hilfreich sein könnten.

Nach meinem Praktikum im Napa State Hospital und einem kurzen Aufenthalt an der University of British Columbia nahm ich an der University of Wisconsin eine neue Stelle als Assistenzprofessor an. Ich begann meine klinische Arbeit in der Alkoholiker-Station des Mendota State Hospital. Ende der 1960er-Jahre wurde in der Literatur zu den verhaltenstherapeutischen Ansätzen auf dem Gebiet der Behandlung von Alkoholismus die Aversionstherapie gegenüber allen anderen Interventionsformen bevorzugt. Wie bereits erwähnt, soll sie das dringende Verlangen zu trinken in eine aversive Reaktion verwandeln, die dann vom weiteren Konsum abschreckt. Die Behandlung stützt sich auf die Grundsätze der klassischen Konditionierung und soll eine konditionierte Aversionsreaktion bewirken, sobald der Patient mit alkoholischen Getränken und den damit zusammenhängenden Auslösereizen zu Trinken konfrontiert wird.

Um weitere Untersuchungen zur Aversionstherapie bei Suchtbehandlungen durchführen zu können, erhielt ich Gelder, mit denen ich im Untergeschoss des Krankenhauses eine kleine Bar einrichten konnte. Patienten aus dem regulären einmonatigen

Behandlungsprogramm stellten sich freiwillig zur Verfügung und wurden nach dem Zufallsprinzip entweder in die Gruppe mit Aversionstherapie oder in die Kontrollgruppe mit Standardtherapie eingeteilt. Alle Teilnehmer der Studie waren Männer, die meisten von ihnen mit einer langen Abhängigkeitskarriere. Für die elektrische Aversionstherapie wählte jeder Patient eine Stromstärke, die schmerzhaft war, aber keinen körperlichen Schaden verursachte. Bei den zweimal wöchentlich stattfindenden Sitzungen in der Bar (vom Klinikpersonal »Marlatts Bar und GRILL« genannt) wurde den Patienten ihr alkoholisches Lieblingsgetränk angeboten und sie wurden aufgefordert, das Glas hochzunehmen, das Getränk anzuschauen und daran zu riechen, aber nichts davon zu trinken. In diesem Augenblick wurde ein kurzer Elektroschock verabreicht, um eine konditionierte Aversion gegen das alkoholische Getränk zu erzeugen (Okulitch & Marlatt, 1972).

Drei Monate nach der Entlassung der Patienten und danach noch einmal nach einem Jahr (d. h. nach 15 Monaten) führten wir eine Nachuntersuchung durch. Bei der Nachuntersuchung nach drei Monaten zeigten sich bei den Patienten, bei denen eine Aversionsbehandlung durchgeführt worden war, höhere Abstinenzquoten und signifikant geringere Trinkquoten als bei den Patienten der Kontrollgruppe, bei denen die Standardtherapie durchgeführt worden war. Trotz dieser vielversprechenden ersten Ergebnisse zeigten die Patienten aus der Aversionsbedingung nach einem Jahr einen starken Rebound-Effekt und tranken signifikant mehr als die Patienten aus der Kontrollgruppe. Die Aversionseffekte hatten sich nicht nur im Lauf der Zeit abgeschwächt, sondern die Patienten tranken schließlich sogar noch mehr als die Patienten, die das Standardprogramm des Krankenhauses durchlaufen hatten.

Die Forschungsliteratur über die kurz- und langfristigen Auswirkungen von Bestrafung und aversiver Konditionierung bestätigten diese Ergebnisse. Forschungsarbeiten deuteten darauf hin, dass Bestrafung tendenziell zur vorübergehenden Unterdrückung eines Zielverhaltens führt; doch wenn keine alternativen Verhaltensreaktionen erlernt werden, tauchen die unterdrückten Verhaltensweisen tendenziell wieder auf. Uns wurde klar, dass wir Patienten alternative Bewältigungsreaktionen beibringen mussten. Als ich darüber nachdachte, schien es mir wichtig herauszufinden, welche Situation nach einer anfänglichen Zeit der Abstinenz dem ersten Rückfall vorausgeht. Was waren die Auslöser für den ersten Drink? Was geschah an dem Tag, an dem mein Patient zum ersten Mal wieder »aus dem Gleis geworfen wurde«? Wenn wir mehr Informationen über die zum Rückfall führenden Umstände hätten, könnten wir vielleicht Patienten darin schulen, neue und wirksame Bewältigungsfertigkeiten zu erwerben, die einem Rückfall vorbeugen würden.

In meiner Untersuchung der Aversionstherapie ging ich der Frage nach, ob die rückfälligen Patienten ihren ersten Drink in einer Situation zu sich nahmen, die sich vom Therapieumfeld (unserer simulierten Bar) unterschied. Die Aversionstherapie wäre nur begrenzt anwendbar, wenn sich ihre Auswirkungen auf das spezifische Getränk und das Umfeld der Erstbehandlung beschränken würden. In den nachfolgenden Interviews berichteten die Patienten ausführlich über ihre Rückfallepisoden. Die Patienten wurden innerhalb weniger Tage nach dem Rückfall befragt, um

Informationen über den ersten Rückfall, den Ort, an dem er sich ereignete, die Anwesenheit oder Nichtanwesenheit anderer Personen, äußere oder innere Ereignisse vor dem Rückfall und alle damit verbundenen Emotionen und Gefühle zu erhalten. Die Beschreibungen der Rückfallepisoden wurden kodiert und verschiedenen operationalisierten Kategorien zugewiesen.

Die meisten Rückfallepisoden konnten überraschend wenigen Kategorien zugeordnet werden. Die ersten beiden Bereiche, die mehr als die Hälfte aller Rückfälle betrafen, hatten mit einer zwischenmenschlichen Begegnung zu tun. Bei fast einem Drittel der Situationen handelte es sich um Episoden, in denen die Patienten bei einer zielgerichteten Aktivität frustriert wurden und über Gefühle des Ärgers berichteten. Anstatt nun diesen Ärger konstruktiv zum Ausdruck zu bringen, fingen sie schließlich an zu trinken. Bei der zweiten Kategorie spielten soziale Einflüsse insofern eine Rolle, als die Patienten berichteten, sie seien nicht in der Lage gewesen, dem unmittelbaren oder mittelbaren sozialen Druck (mit)zutrinken zu widerstehen. Die anderen Kategorien könnte man als intrapersonal beschreiben, wenn etwa einem durch Umweltreize ausgelösten dringenden Verlangen zu trinken nachgegeben wurde (wie im Fall meines Patienten aus dem Napa State Hospital, der dem Drang zu trinken nachgab, als er die Bar betrat). In nachfolgenden Untersuchungen fanden wir ähnliche Hochrisikosituationen in Verbindung mit Rückfällen auch bei anderen Suchtmitteln, z. B. beim Rauchen und beim Heroinkonsum. Insgesamt schien es einen roten Faden zu geben, der sich durch alle diese Situationen zieht und sie zu potenziellen Auslösern für Rückfälle macht, nämlich das Bedürfnis der Betroffenen, sich im Sinne einer Selbstmedikation zu »behandeln«, wenn sie starke negative Gefühle wie Ärger, Angst, Depression oder zwischenmenschliche Konflikte erleben.

Beim Versuch, Hochrisikosituationen zu bestimmen, stellten wir fest, dass zwar eine ganze Reihe intervenierender Faktoren eine Rolle spielt, dass aber die eigene subjektive Wahrnehmung des »Risikos« der wichtigste Faktor ist. Eine Hochrisikosituation als solche ist definiert als jede Situation, die eine Gefahr für die internale Kontrollüberzeugung (Selbstwirksamkeit) des Betroffenen darstellt und das Risiko eines potenziellen Rückfalls erhöht. In dem Maße, in dem ein hoher Alkoholkonsum, starkes Rauchen oder ein anderer Substanzmissbrauch in ähnlichen Situationen (vor der Verpflichtung zur Abstinenz) vorlag, werden die meisten Konsumenten starke positive Erwartungen (Craving) an den Suchtmittelkonsum als Bewältigungsstrategie knüpfen. Irgendwann glauben sie dann, sie könnten bestimmte Stresssituationen wie z. B. Ärgergefühle nicht bewältigen, mit Substanzkonsumenten unter ihren Bekannten nicht zusammen sein und das Risiko einer negativen Bewertung nicht aushalten, ohne sich auf die Krücke ihres Suchtmittels zu stützen.

Der wichtigste Faktor, der dazu beiträgt, in einer Hochrisikosituation das Risiko eines Rückfalls zu verringern, ist der Zugang zu einer alternativen Bewältigungsreaktion. Wir vermuteten, dass die Selbstwirksamkeit gestärkt und die Wahrscheinlichkeit eines Rückfalls geringer wird, wenn der Betreffende neue Möglichkeiten der Bewältigung von Risikosituationen erwirbt. Die Rückfallprävention konzentriert sich auf Hochrisikosituationen und auf die Vermittlung von Bewältigungsfertigkeiten, um die Selbstwirksamkeit zu stärken und die Wahrscheinlichkeit eines Rückfalls zu verringern. Nach der Veröffentlichung von *Relapse Prevention* (Marlatt & Gordon, 1985) wurde eine Reihe von Therapiestudien durchgeführt, in denen die klinische Wirksamkeit der Rückfallprävention untersucht wurde. Viele davon wurden in der zweiten Auflage zusammenfassend dargestellt (Marlatt & Donovan, 2005). Insgesamt zeigen die Ergebnisse, dass die Rückfallprävention nicht zu höheren Abstinenzraten nach der Therapie führt, dass sie aber die Häufigkeit und Intensität der Rückfallepisoden signifikant reduziert und den Betroffenen hilft, leichter wieder »zurück in die Spur zu finden«, wenn sie »aus der Bahn geworfen« wurden.

In den letzten 25 Jahren haben wir versucht, unterschiedlich leicht zu erlernende Bewältigungsfertigkeiten in unser RP-Programm zu integrieren. Einer der wirksamsten und am leichtesten zugänglichen Bewältigungsmechanismen ist natürlich die Achtsamkeitsmeditation. In der ersten Auflage von *Relapse Prevention* wurde die Meditation im Kapitel über »Änderungen des Lebensstils« als kognitive Bewältigungsstrategie beschrieben, die bei Personen, die aufgrund ihres stressigen Lebensstils rückfallgefährdet sind, mehr Ausgewogenheit bewirken kann:

»Eine der wichtigsten Auswirkungen regelmäßiger Meditation ist die Entwicklung von Achtsamkeit – der Fähigkeit, den kontinuierlichen Fluss der Erfahrung zu beobachten, ohne sich zu ›binden‹ oder mit dem Inhalt der einzelnen Gedanken, Gefühle oder Bilder zu identifizieren. Achtsamkeit ist eine besonders wirksame kognitive Fähigkeit für die Praxis der Rückfallprävention. Wenn es Klienten gelingt, diese Fähigkeit durch regelmäßige Meditation zu erwerben, können sie sich von der Verlockung des Suchtmittelverlangens und von kognitiven Rationalisierungen lösen, die andernfalls zu einem Rückfall führen« (Marlatt & Gordon, 1985, S. 319).

Mein eigenes Interesse an der Meditation entstand Anfang der 1970er-Jahre, nachdem ich meine Stelle an der University of Washington in Seattle angetreten hatte. Ich erlebte den typischen Stress des Publikationsdrucks an der Universität, und mein Blutdruck stieg. Mein Arzt schlug mir vor zu meditieren. Ich wehrte ab und erklärte, dass ich als Verhaltenstherapeut kein Interesse an »fernöstlichen« Praktiken hätte, die mit dem Hinduismus oder Buddhismus zu tun hätten. Er gab mir einen Artikel, aus dem hervorging, dass die regelmäßige Praxis der Transzendentalen Meditation (TM) den diastolischen Blutdruck von Patienten senkte, die wegen Bluthochdrucks behandelt wurden. »Da Sie Wissenschaftler sind«, sagte er, »könnte ich mir vorstellen, dass Sie diese Ergebnisse beeindrucken.« Er riet mir, mich zu einem TM-Kurs anzumelden und es drei Monate lang zu versuchen. Wenn mein Blutdruck dann noch nicht besser sei, würde er Medikamente empfehlen. »Sie können jeden Tag den Blutdruck messen und die Werte in eine Grafik eintragen – entweder es funktioniert oder es funktioniert nicht, das finden Sie dann in Ihrer persönlichen Forschungsstudie heraus.« Ich war einverstanden und meldete mich zur TM an.

TM ist als eine »konzentrative Meditation« bekannt, bei der sich der Meditierende auf ein einzelnes Wort (ein persönliches Mantra, das jeder neue Schüler von seinem TM-Lehrer erhält) konzentriert. Ich wurde angewiesen, jeden Tag zwei Mal zwanzig Minuten mit geschlossenen Augen still zu sitzen und das Mantra bei jedem Ein- und

Ausatmen zu wiederholen. Wenn ich von anderen Gedanken oder Bildern abgelenkt wurde, sollte ich meine Aufmerksamkeit behutsam wieder auf das Mantra lenken und weiterhin still sitzen.

Nachdem ich anfänglich ziemlich skeptisch war, fand ich die Übung, als ich erst einmal damit begonnen hatte, sehr entspannend. Ich meditierte morgens vor der Arbeit und dann wieder nachmittags nach der Arbeit. Zu meiner Freude ging mein diastolischer Blutdruck nach den ersten zwei Wochen täglicher Praxis deutlich zurück. Mein Arzt war ebenfalls zufrieden und ermutigte mich, TM auch langfristig zu praktizieren. Außerdem empfahl er mir das Buch *The Relaxation Response* (1975; *dt.: Gesund im Stress: Eine Anleitung zur Entspannungsreaktion*, 1978) von Herbert Benson. Bensons Buch enthält u. a. eine grundlegende Meditationsübung zur Muskelentspannung und zum Spannungsabbau. Die medizinischen Befunde zeigten eindeutig, dass sich Meditation zum Spannungsabbau eignet. Angesichts der Tatsache, dass sowohl der Konsum von Suchtmitteln als auch das Rückfallrisiko ansteigen, wenn Anspannung und Stress sowohl auf physiologischer als auch auf psychologischer Ebene zunehmen, lag für mich auf der Hand, dass Meditation auch innerhalb der Suchtbehandlung eine nützliche Bewältigungsfertigkeit darstellen könnte.

Infolge unserer persönlichen und beruflichen Erfahrungen mit Meditation beschlossen meine Kolleginnen und ich, durch eine Untersuchung der Wirkfaktoren festzustellen, wie Meditation, Entspannungstraining und körperliche Bewegung das Trinkverhalten von männlichen, starken sozialen Trinkern beeinflussen. Als Versuchspersonen wählten wir keine alkoholabhängigen Patienten, sondern nicht behandelte starke Trinker aus, weil wir feststellen wollten, ob sich die tägliche Ausübung einer körperlichen Entspannungsform (zufallsverteilt wurde den Probanden Meditation, Muskelentspannung oder körperliche Bewegung empfohlen) auf die Menge des von ihnen konsumierten Alkohols auswirkte. Alkoholabhängige Patienten wurden nicht ausgewählt, da bei ihnen Abstinenz in der Regel als einziges akzeptables Behandlungsziel angesehen wird. Die Ergebnisse zeigten, dass sich während des 16-wöchigen Interventionszeitraums im Vergleich zu der Kontrollgruppe alle drei Arten von täglichen Entspannungsübungen signifikant auf die Verringerung des täglichen Alkoholkonsums auswirkten. Der Alkoholkonsum ging um durchschnittlich 50 Prozent zurück (Marlatt & Marques, 1977; Marlatt, Pagano, Rose & Marques, 1984). Darüber hinaus setzten die Teilnehmer auch nach dem Untersuchungszeitraum die Übungen aus eigenem Antrieb fort: 62 Prozent der Bewegungsgruppe (Laufübungen) und 57 Prozent der Teilnehmer der Meditationsgruppe übten regelmäßig weiter.

Mein Interesse an der TM war insofern begrenzt, als es in der theoretischen Literatur kaum Hinweise darauf gab, wie sich TM auf die Veränderung der kognitiven Funktionsfähigkeit und auf das persönliche Stressniveau auswirkt. Anfang der 1980er-Jahre begann ich, mein Interesse an Meditation auch auf die buddhistische Psychologie auszudehnen (Marlatt, 2002). In der buddhistischen Literatur fanden sich zahlreiche Parallelen zur kognitiv-behavioralen Therapie, und ich begann, Meditationskurse mit verschiedenen buddhistischen Lehrern durchzuführen, u. a. auch mit S. N. Goenka, dem renommierten Vipassana-Lehrer (Vipassana ist ein buddhistischer Begriff, der bedeutet, die Dinge so zu sehen, wie sie sind). Nach einem zehntägigen Workshop fragte ich ihn nach der buddhistischen Definition der Sucht. Ich erklärte ihm, dass die meisten Experten in den Vereinigten Staaten Sucht als eine »Krankheit des Gehirns« definieren und fragte dann: »Wie definiert der Buddhismus Sucht?« Er antwortete: »Ja, Sucht ist eine Krankheit – eine Krankheit des *Geistes*.« In diesem Augenblick wurde mir klar, dass Achtsamkeitsmeditation insofern für Menschen mit Suchtverhalten hilfreich sein könnte, als sie ihnen helfen würde, mit Suchtdruck und Substanzverlangen umzugehen, unabhängig davon, ob eine Reduktion des Konsums oder Suchtmittelabstinenz angestrebt wird.

Mehrere Jahre später erhielt ich einen Anruf von einer Psychologin aus einer Haftanstalt in Seattle, die einen teiloffenen Vollzug praktizierte. Die Anruferin interessierte sich für einen zehntägigen Meditations-Kurs auf der Grundlage von Goenkas Lehren, an dem Insassen der Einrichtung auf freiwilliger Basis teilnehmen sollten. Nach dem ersten Kurs im Jahr 1997 bot die Haftanstalt weitere zehntägige Vipassana-Kurse für freiwillige Teilnehmer an. Diese Kurse erfolgen traditionellerweise schweigend, abgesehen von den Meditationsanleitungen des Lehrers, Fragen der Teilnehmer und einem täglichen »Dharma«-Gespräch, in dem die buddhistischen Grundsätze der Achtsamkeitsmeditation erklärt werden.

Die Psychologin sagte, eine Durchsicht der Gefängnisunterlagen habe ergeben, dass Insassen, die einen Vipassana-Kurs gemacht hatten, ein signifikant geringeres Rückfallrisiko aufwiesen als Insassen, die nicht daran teilgenommen hatten. Sie fragte, ob ich daran interessiert wäre, eine klinische Ergebnisstudie durchzuführen, um die Auswirkungen des Vipassana-Kurses unter dem Aspekt des Alkohol- und Drogenkonsums und dem damit zusammenhängenden Rückfallrisiko, wieder kriminell zu werden, zu untersuchen. Wir erhielten ein Forschungsstipendium der Robert Wood Johnson Foundation, mit dem wir Katamneseuntersuchungen bei den Insassen durchführen konnten, die an dem Kurs teilgenommen hatten, und die Ergebnisse mit denen von Insassen vergleichen konnten, die nicht teilgenommen hatten. Die drei Monate nach der Entlassung der Strafgefangenen erhobenen Befunde zeigten eine statistisch signifikante Verringerung des Alkoholkonsums (und alkoholbedingter Schäden), des Kokain- und Marihuanakonsums sowie eine Besserung der psychiatrischen Symptome und eine optimistischere Grundhaltung im Vergleich zur Kontrollgruppe (Bowen et al., 2006).

Wie ließ sich diese Erfahrung auf einen breiteren Therapieansatz übertragen? Die Teilnahme an einem zehntägigen Vipassana-Kurs kann sich auf Menschen mit psychischen Problemen und Suchtproblemen positiv auswirken; wir wussten aber auch, dass vielen Menschen eine so lange Schweige-Klausur zu anstrengend ist. Viele hätten wohl auch Einwände gegen einen Kurs, der auf buddhistischen Lehren basiert. Diese Aspekte wurden bei der Entwicklung von achtsamkeitsbasierten Therapieprogrammen für andere Störungen berücksichtigt, u. a. für chronische Schmerzen und Stress (Achtsamkeitsbasierten Stressreduktion [MBSR] – ursprünglich vor mehr als 30 Jahren von Jon Kabat-Zinn an der University of Massachusetts Medical School entwickelt; Kabat-Zinn, 1990) und für depressive Rückfälle (Achtsamkeitsbasierte kognitive Therapie [MBCT], entwickelt von Zindel Segal an der University of Toronto; Segal, Williams, & Teasdale, 2002). Sowohl die MBSR- als auch die MBCT-Programme werden in Form von Gruppentherapien durchgeführt, die aus acht wöchentlichen Sitzungen im ambulanten Setting bestehen. Bei beiden Programmen werden die Patienten in weltanschaulich neutralen Praktiken der Achtsamkeitsmeditation und in metakognitiven Bewältigungsfertigkeiten geschult, die ihnen helfen, mit schmerzhaften Körperempfindungen und der damit zusammenhängenden Angst (MBSR) bzw. mit Auslösern umzugehen, die nach der Erstbehandlung zu einem depressiven Rückfall führen können (MBCT). Sowohl die MBSR als auch die MBCT haben sich in einer Reihe von Evaluationsstudien als wirksam erwiesen (z. B. Kabat-Zinn et al., 1992; Roth & Creaser, 1997; Teasdale et al., 2000).

Wir beschlossen, auf der Grundlage von Struktur und Format der MBSR und der MBCT ein paralleles Programm für die Behandlung von Suchtverhalten zu entwickeln – das ursprünglich von Witkiewitz, Marlatt und Walker (2005) beschriebene MBRP. Wie in diesem Manual dargestellt, besteht das MBRP aus acht wöchentlichen gruppentherapeutischen Sitzungen, die sich auf kognitiv-behaviorale RP-Fertigkeiten und Achtsamkeitspraktiken stützen. Zweck dieser Übungen sind die Sensibilisierung für Auslöser und habituelle Reaktionen, die Entwicklung einer neuen Beziehung zu diesen Erfahrungen und das Erlernen konkreter Fertigkeiten für die Bewältigung von Hochrisikosituationen.

Ganz im Gegensatz zur Aversionstherapie, bei der die Reaktionen auf das Suchtverlangen bestraft werden sollen, kann Achtsamkeit die Exploration und Akzeptanz von Suchtmittelverlangen bzw. Suchtdruck fördern. Achtsamkeit bietet die Möglichkeit, anstatt dem Wunsch nach unmittelbarer Befriedigung nachzugeben, das Ansteigen der Welle des Suchtmittelverlangens zu beobachten, ohne von ihr »überrollt« zu werden. Eine meiner Klientinnen wies mich einmal darauf hin, dass die englischen Wörter »*addiction*« (Sucht) und »*dictation*« (Diktat) dieselbe lateinische Wurzel haben. Sie meinte das Wort *dicere* (»auferlegen bzw. berechtigt oder scheinbar berechtigt Befehle geben«). Sie stellte fest: »Ich denke immer noch daran, mich zu betrinken, wenn ich depressiv werde, aber seitdem ich den Meditationskurs beendet habe, muss ich mir von meinen eigenen Gedanken nichts mehr befehlen lassen. Ich akzeptiere sie und lasse sie vorüberziehen.« Akzeptanz anstelle der Aversion als Mittel zur Bewältigung von Suchtmittelverlangen erleichtert die Überwindung von substanzbedingten Störungen mit Hilfe einer mitfühlenden Grundhaltung, die wir mit unserem MBRP-Programm zu vermitteln hoffen.

G. Alan Marlatt

Dank

Wir sind den folgenden Personen zu unendlichem Dank für ihren substanziellen Beitrag zur Entwicklung des Achtsamkeitsbasierten Programms zur Rückfallprävention (MBRP) und des Manuals verpflichtet. Diese Lehrer, Kollegen und Freunde haben uns bei der Ausarbeitung des Programms ihre Zusammenarbeit und Unterstützung, ihr Talent und ihre Weisheit angeboten.

Struktur und Inhalt des MBRP sind inspiriert von und stützen sich weitgehend auf die Arbeiten von Jon Kabat-Zinn und seinen Kollegen am Center for Mindfulness in Medicine, Health Care, and Society der University of Massachusetts Medical School und auf die grundlegenden Arbeiten von Kabat-Zinns Programm zur achtsamkeitsbasierten Stressreduktion, das er in seinem Buch *Full catastrophe living* (1990; dt. *Gesund durch Meditation. Das große Buch der Selbstheilung* [2011]) dargestellt hat. Verschiedene Übungen wurden aus den Arbeiten von Zindel Segal, Mark Williams und John Teasdale in ihrem Buch *Mindfulness-based cognitive therapy for depression* (2002; dt. *Die achtsamkeitsbasierte Kognitive Therapie der Depression: Ein neuer Ansatz zur Rückfallprävention* [2008]) übernommen und angepasst.

Wir hatten das große Glück, von Jon Kabat-Zinn, Zindel Segal, Roger Nolan, Judson Brewer, Lisa Dale-Miller, Kevin Griffin und Jhampa Shaneman beraten zu werden und Feedback zu erhalten. Wir danken Judith Gordon, Madelon Boiling, Sandra Coffman, Anil Coumar und Steven Vannoy als Betreuer unserer klinischen Versuche dafür, dass sie uns ihre Zeit und ihr Fachwissen großzügig zur Verfügung stellten. Für ihren Beitrag zur Entwicklung des Programms danken wir Katie Witkiewitz, Mary Larimer, Brian Ostafin, Joel Grow, Sharon Hsu, Seema Clifasefi, Susan Collins, Scott Hunt, George Parks, Anne Douglass und Michelle Garner. Wir danken Kitty Moore für die redaktionelle Unterstützung. Für ihre uneingeschränkte Unterstützung und Inspiration und für die Gelegenheiten zur täglichen Praxis danken wir unseren Familien, Partnern und Freunden. Wir danken unseren Meditationslehrern, deren Gaben uns inspiriert und unsere eigene Erfahrung und unser Verständnis der Praxis vertieft haben, für ihre anscheinend unendliche Weisheit und ihre mitfühlenden Herzen. Zutiefst dankbar sind wir allen Teilnehmern unserer MBRP-Gruppen für ihr Vertrauen, ihr Engagement und ihre aktive Teilnahme.

Das Mindfulness-Based Relapse Prevention Treatment Development Project des Addictive Behaviors Research Center wurde finanziert durch das National Institute on Drug Abuse Grant Nr. 1 R21 DA019562–01A1, G. Alan Marlatt, PhD, Studienleiter.

1 Einleitung

Das Programm zur Achtsamkeitsbasierten Rückfallprävention (Mindfulness Based Relapse Prevention, MBRP) ist als Nachsorgeprogramm für Personen konzipiert, die eine Erstbehandlung wegen einer substanzbezogene Störung abgeschlossen haben. Es integriert kognitiv-behaviorale Rückfallpräventionskompetenzen und achtsamkeitsbasierte Meditationspraxis. Unserer Erfahrung nach eignet sich das Programm am besten für Personen, die eine stationäre oder ambulante Therapie hinter sich haben und dazu motiviert sind, die Behandlungsziele weiterhin einzuhalten und ihren Lebensstil in einer Weise zu ändern, die ihrem Wohlergehen und ihrer Genesung dient.

Wir gehen davon aus, dass Therapeuten, die auf dieses Therapieprogramm aufmerksam werden, ein relativ großes Interesse an der Achtsamkeitspraxis und der Behandlung von substanzbezogenen Störungen oder auch schon entsprechende Erfahrungen haben. Vielleicht suchen Sie, ähnlich wie einige unserer Klienten, nach einem alternativen Ansatz bzw. einer neuen Sicht auf das Verständnis und die Behandlung von Substanzmissbrauch und Rückfall. Vielleicht suchen Sie nach einer neuen Möglichkeit, Ihre Klienten darin zu unterstützen, dass sie sich vom destruktiven Kreislauf dieser und anderer schädlicher Verhaltensweisen befreien. Eine ähnliche Suche hat uns dazu veranlasst, das MBRP-Programm zu entwickeln.

Mit dem MBRP-Programm sollen Personen, die unter suchterzeugenden Denkfallen leiden, Techniken der achtsamen Wahrnehmung erlernen. Die Techniken in diesem Programm sollen eine achtsamere Wahrnehmung von Auslösern, habituellen Mustern und »automatischen« Reaktionen fördern, die das Leben vieler Menschen zu kontrollieren scheinen. Sie kultivieren die Fähigkeit innezuhalten, die gegenwärtige Erfahrung zu beobachten und die Bandbreite an Optionen, die uns in jedem Augenblick zur Verfügung stehen, achtsamer wahrzunehmen. Darüber hinaus arbeiten wir an der Befreiung von tief verankerten und oft katastrophalen habituellen Denk- und Verhaltensmustern.

In das MBRP-Programm sind unsere gesamten Erfahrungen mit der Behandlung von substanzbezogenen Störungen eingeflossen. Gleichzeitig ist es Ausdruck unserer persönlichen Meditationserfahrungen und unseres Wunsches, andere an dem teilhaben zu lassen, was sich in unserem eigenen Leben als wertvoll erwiesen hat – in der Hoffnung, dadurch Leiden zu verringern. Dieses Programm ist mithilfe der Inspiration und Unterstützung der Pioniere im Bereich der Achtsamkeitstherapie zustande gekommen. Diese Vorreiter haben den Weg für die Integration dieser fruchtbaren Praktiken und Traditionen in die westliche Wissenschaft, Psychologie und Medizin geebnet.

Auf die Bedeutung von persönlicher Meditationspraxis als Grundlage für die Durchführung dieses Programms kann gar nicht deutlich genug hingewiesen werden. Obwohl sich das MBRP-Programm auf die Grundsätze der kognitiven und der

Verhaltenspsychologie stützt, ist es die Achtsamkeitspraxis, die es von vielen anderen Therapieansätzen für substanzbezogene Störungen unterscheidet. Wir hoffen, dass dieses Programm in der Tradition der achtsamkeitsbasierten Stressreduktion und der achtsamkeitsbasierten kognitiven Therapie in der Achtsamkeitsmeditation verwurzelt bleibt. Vertrautheit und Erfahrung mit kognitiver Therapie, der Durchführung von Gruppentherapie oder der Arbeit mit Suchtmittelabhängigen sind wünschenswert, aber vielleicht nicht so wichtig wie die Entwicklung einer persönlichen Achtsamkeitspraxis. Gerade ihre eigene Erfahrung ermöglicht es MBRP-Therapeuten, die Einstellungen und das Verhalten vorzuleben, die sie bei den Teilnehmern fördern wollen und die das Herzstück des Programms bilden. Wir haben die Erfahrung gemacht, dass es in diesem Punkt einfach keine Abkürzungen gibt: Erst durch unsere persönliche Praxis und die Erfahrung der damit verbundenen Herausforderungen und Einsichten können wir als Therapeuten die Eigenschaften glaubhaft verkörpern, die durch das MBRP-Programm gefördert werden sollen.

Wenn das Konzept der Achtsamkeit für Sie etwas Neues ist, empfehlen wir Ihnen nachdrücklich, sich persönlich mit der Achtsamkeitsmeditation vertraut zu machen, bevor Sie mit der Durchführung dieses Programms beginnen. Sie könnten sich zunächst mit den Literaturangaben zu Meditationstechniken befassen, die am Ende in den Arbeitsblättern auf S. 200 f. aufgeführt sind. Abgesehen von den hier aufgeführten Büchern und Tonaufnahmen empfehlen wir eindringlich die unmittelbare Anleitung durch einen erfahrenen Lehrer und die Teilnahme an mindestens einem intensiven Meditations-Workshop. Solche Workshops werden in verschiedenen Zentren im deutschsprachigen Raum angeboten. Wenn diese sog. »Einsichtsschulung« oder Vipassana-Meditation anbieten, entsprechen sie am ehesten dem Vorgehen in diesem Programm.

In Teil I dieses Buches werden der Hintergrund und die Grundlagen der Entwicklung des MBRP-Programms dargestellt. Darüber hinaus enthält er eine Diskussion unserer Erfahrungen und Empfehlungen für die Durchführung des Programms. Dies umfasst u. a. Beispiele für Schwierigkeiten, auf die wir gestoßen sind, Schlussfolgerungen, die wir gezogen haben, und Punkte, die einer weiteren Klärung bedürfen. Außerdem geben wir einen kurzen Überblick über die ersten Forschungsarbeiten zur Evaluierung der Wirksamkeit des MBRP-Programms.

Im Teil II des Buches wird der Leser durch jede der acht Sitzungen geführt. Diese Kapitel enthalten eine ausführliche Diskussion der Themen und Achtsamkeitsübungen jeder Sitzung sowie den therapeutischen Umgang mit typischen Erfahrungen bzw. Fragen von MBRP-Teilnehmern. Sie enthalten eine Aufzählung der erforderlichen Materialien, eine Struktur und Gliederung sowie Arbeitsblätter, Handouts und Beispieltexte für die angeleiteten Meditationsübungen. Der Schwerpunkt der ersten drei Sitzungen liegt auf der Einübung von achtsamer Wahrnehmung und auf der Integration von Achtsamkeitstechniken in den Alltag. Im Mittelpunkt der nächsten drei Sitzungen stehen die Akzeptanz aller gegenwärtigen Wahrnehmungen und die Anwendung von Achtsamkeitstechniken auf die Rückfallprävention. In den beiden letzten Kapiteln geht es um Selbstfürsorge, Unterstützungsnetze und einen ausgewogenen Lebensstil. Jede Sitzung baut auf die vorhergehende auf, daher sollten die Sitzungen in der hier beschriebenen Reihenfolge durchgeführt werden. Die mit diesem Programm angebotene Struktur in Verbindung mit der täglichen persönlichen Achtsamkeitspraxis des Therapeuten soll den Klienten neue Perspektiven eröffnen und ihnen Kompetenzen vermitteln, die ihnen nicht nur angesichts der alltäglichen Herausforderungen bei der Überwindung ihrer Suchtproblematik Orientierung geben, sondern auch hinsichtlich der auf den gegenwärtigen Augenblick gerichteten Achtsamkeit, des Mitgefühls und der Freiheit, die Achtsamkeit mit sich bringen kann.

Teil I

2 Durchführung der achtsamkeitsbasierten Rückfallprävention (MBRP)

Wir haben MBRP von Anfang an als Integration der üblichen kognitiv-behavioral orientierten Rückfallprävention und achtsamkeitsbasierter Meditationstechniken konzipiert. Daher geht es beim MBRP-Programm um die Ermittlung von persönlichen Auslösern und Risikosituationen, in denen die Teilnehmer besonders rückfallgefährdet sind, sowie um praktische Bewältigungsfertigkeiten, die sie in solchen Augenblicken anwenden können. Neben diesen Bewältigungsfertigkeiten erlernen die Teilnehmer Achtsamkeitstechniken, die es ihnen ermöglichen, ihre Wahrnehmung in Bezug auf alles Erleben – inneres (Gefühle, Gedanken, körperliche Empfindungen) und äußeres (Umwelteinflüsse) – zu schärfen und zu verändern, um dadurch ein stärkeres Gefühl von Entscheidungsfreiheit, aber auch Mitgefühl zu entwickeln.

Das Programm stützt sich auf die Achtsamkeitsbasierte Stressreduktion (MBSR; Kabat-Zinn, 1990), die Achtsamkeitsbasierte kognitive Therapie (MBCT; Segal, Williams & Teasdale, 2002) und Daleys und Marlatts (2006) Ansatz zur Rückfallprävention. Nach zahlreichen Anpassungen in Inhalt, Struktur und Stil verfügen wir nun über ein Programm, das verstärkt an die Bedürfnisse und Erfahrungen der MBRP-Teilnehmer angepasst ist. Natürlich entwickelt sich MBRP immer noch weiter und wird insofern ein »Work in Progress« bleiben, das sich mit jeder neuen Teilnehmerguppe weiter verändert. Wir legen also eine Beschreibung von MBRP auf seinem gegenwärtigen Stand vor, hoffen aber, dass eine immer größere MBRP-Community es zu einem immer wirksameren Programm weiterentwickeln wird.

Die folgenden Seiten enthalten eine kurze Beschreibung unserer Erfahrungen mit der Durchführung von MBRP, eine Diskussion der Probleme, mit denen wir konfrontiert waren, und eine Darstellung der Schlüsse, die wir daraus gezogen haben. Wir beschreiben unsere eigenen Erfahrungen und Überlegungen hinsichtlich der Auswahl und Schulung von MBRP-Therapeuten, der Durchführung von MBRP-Gruppen und der Lösung einer Reihe von logistischen, theoretischen und klinischen Problemen. Wir hoffen, dass – ebenso wie wir selbst ungemein von den Erfahrungen und dem Rat unserer MBSR- und MBCT-Mentoren profitiert haben – auch unsere Erfahrungen für all jene von Nutzen sein werden, die sich auf einen ähnlichen Weg machen.

2.1 Durchführung von MBRP-Gruppen

Stil und Struktur

MBRP ist ein strukturiertes Therapieprogramm mit einem festgelegten Ablauf für die einzelnen Sitzungen, der Übungen und Arbeitsblätter auf der Grundlage der Kognitiven Verhaltenstherapie und traditioneller Achtsamkeitskurse umfasst. Lebendig wird das Programm allerdings erst durch die Kreativität und gemeinsame Neugier aller Beteiligten. Da die Lehrer der Achtsamkeitsmeditation zur Erkundung der eigenen Erfahrung und zum Vertrauen in diese Erfahrung ermutigen, werden die Grundprinzipien der MBRP von den Teilnehmern so oft wie möglich erfragt und durch erfahrungsorientierte Übungen und gemeinsame Reflexion erkundet. Dies ermutigt die Teilnehmer, ihre eigenen Denkgewohnheiten und Verhaltensmuster zu erkennen und durch die Beobachtung ihres eigenen Erlebens die Wirklichkeit zu entdecken.

Gemeinsame Reflexion

Stil und Struktur der Gruppen sollen widerspiegeln, dass der Schwerpunkt auf dem unmittelbaren eigenen Erleben liegt. In der Regel beginnen die Sitzungen mit Erfahrungsübungen, auf die eine kurze Phase der Diskussion bzw. der gemeinsamen Reflexion (»inquiry« nach Segal et al., 2002) folgt. Diese Diskussionen sollen auf das gegenwärtige Erleben der Teilnehmer fokussiert sein und wo immer möglich einen Zusammenhang zum Thema Rückfall und seiner Überwindung sowie zu Suchtmittelverlangen und Fragen ihres Lebensstils herstellen. Wenn sich die gemeinsame Reflexion auf das unmittelbare Erleben der Teilnehmer fokussiert, entspricht dies einem zentralen Anliegen von Achtsamkeitsübungen: wahrzunehmen, was tatsächlich im gegenwärtigen Augenblick aufkommt, und sich nicht in Interpretationen und sog. »Geschichten« zu verlieren. Oft neigen Teilnehmer dazu, Geschichten *über* ihr Erleben zu erzählen, und auch Therapeuten sind gewöhnt, mit diesen Aussagen zu arbeiten und mögliche Lösungen anzubieten. Hier nun wird anders verfahren: Der Therapeut soll kontinuierlich jede Interaktion auf eine Beschreibung des unmittelbaren Erlebens im gegenwärtigen Augenblick (d. h. der Körperempfindungen, Gedanken und Gefühle) zurücklenken und jede Interpretation, Analyse bzw. »Geschichte« über dieses Erleben verhindern. Wenn ein Teilnehmer anfängt, eine Geschichte zu erzählen, über ein Konzept zu diskutieren oder sein Erleben zu bewerten, ermutigt der Therapeut ihn genau wie in der Meditationsübung selbst, »loszulassen und neu zu beginnen«, indem er den Teilnehmer wieder auf das augenblickliche Erleben hinlenkt. So wird die gemeinsame Reflexion selbst zu einem Beispiel dafür, dass unser Denken dazu neigt, in Gedanken und Geschichten abzudriften, und zu einer weiteren Übung in der erneuten Fokussierung auf unser Erleben in der Gegenwart.

Wie in Abbildung 2.1 (abgewandelt aus der MBCT) dargestellt, steht im Mittelpunkt des Reflexionsprozesses die Differenzierung zwischen unmittelbarem Erleben (oft Körperempfindungen oder Gefühle) und mentalen Ausuferungen bzw. Reaktionen auf dieses Erleben (Geschichte, Bewertungen). Das primäre Ziel ist die Beobachtung der unmittelbaren Erfahrung. Die wiederholte Unterscheidung zwischen der ursprünglichen Erfahrung und unseren Reaktionen darauf kann helfen zu erkennen, wann unsere Aufmerksamkeit abgelenkt wurde. Unsere Reaktionen oder »Hinzufügungen« können physisch (z. B. Anspannung oder Abwehr), kognitiv (z. B. Gedanken oder Geschichten) oder emotional (z. B. Frustration oder Verlangen) sein und weitere Reaktionen auslösen. Eine unmittelbare Erfahrung wie eine intensive Körperempfindung kann z. B. gefolgt sein von einem Gedanken über die Erfahrung, wie beispielsweise »Ich kann das nicht«, und von einer emotionalen Reaktion auf den Gedanken, wie etwa einem Gefühl des Versagens. Dieses Ausufern kann durch einen weiteren Gedanken fortgesetzt werden, z. B. »Ich wusste doch, dass ich besser nicht in diese Gruppe gegangen wäre.«

Der Prozess der gemeinsamen Reflexion hilft den Teilnehmern, zwischen ihrem ursprünglichen Erleben (z. B. einer Körperempfindung) und den eventuell darauf folgenden Gedanken und Reaktionen zu unterscheiden, indem sie immer wieder aufgefordert werden, ihren Fokus auf das auszurichten, was tatsächlich in diesem Augenblick geschieht. Mit zunehmender Übung lernen die Teilnehmer zu erkennen, wann sie in Geschichten und mentalen Ausuferungen verstrickt sind, und zu verstehen, dass es an ihnen liegt, innezuhalten und zur gegenwärtigen Erfahrung zurückzukehren. Das Einüben dieses Prozesses der Erkenntnis und der Rückkehr zur Gegenwart legt die Grundlagen für die bewusste Wahrnehmung und das Nichtreagieren auf unser Erleben. Es lindert damit zumindest teilweise das unangemessene Leiden, das unser Denken oft verursacht.

Im Prozess der gemeinsamen Reflexion kann sich auch zeigen, inwiefern die in der Meditation aufkommenden Erfahrungen (sowohl das unmittelbare Erleben als auch die Reaktion darauf) für die Teilnehmer eher vertraut oder eher ungewohnt sind. Der Therapeut kann z. B. fragen »Inwiefern ist das ähnlich oder anders als Ihre üblichen Gedanken?« oder »Ist Ihnen das an Ihrem Denken schon einmal aufgefallen?«. Oder er fragt nach dem Zusammenhang zwischen dieser Erfahrung und dem sonstigen Leben des Teilnehmers (z. B. »Wie könnte die Erfahrung, die Sie eben gemacht haben, mit Ihrem Suchtmittelkonsum oder einem Rückfall zusammenhängen?«). Der Zusammenhang zwischen dem, was in der Meditation erfahren wird, und den habituellen Mustern und Verhaltensweisen ist vielleicht nicht in jedem Einzelfall offensichtlich; doch für das übergreifende Ziel des Programms ist dies von entscheidender Bedeutung.

Letztendlich sollen in der Phase der gemeinsamen Reflexion die allen Teilnehmern gemeinsamen Tendenzen unseres Bewusstseins und nicht die individuelle Geschichte eines Einzelnen im Vordergrund stehen. Wer beginnt, seine Denkgewohnheiten klarer zu erkennen, mag zuweilen den Eindruck haben, dass sie etwas ganz »Persönliches« und Spezielles seien, und sich daher frustriert und unzulänglich fühlen. Der Hinweis, dass unser aller Bewusstsein einfach so funktioniert und dass das kein Anzeichen dafür sein muss, dass »mit mir etwas nicht stimmt«, kann dazu beitragen, dass wir unser Denken mit mehr Mitgefühl erkunden. Der Therapeut kann fragen »Erlebt das sonst noch jemand?« oder »Ist es nicht interessant, wie unser Bewusstsein funktioniert?«, um zu betonen, dass solche Erfahrungen allgemeiner Art und nicht auf den Einzelnen beschränkt sind. Abbildung 2.1 veranschaulicht diese Tendenz unseres Bewusstseins und zeigt, wie die gemeinsame Reflexion diese Prozesse bewusst machen kann.

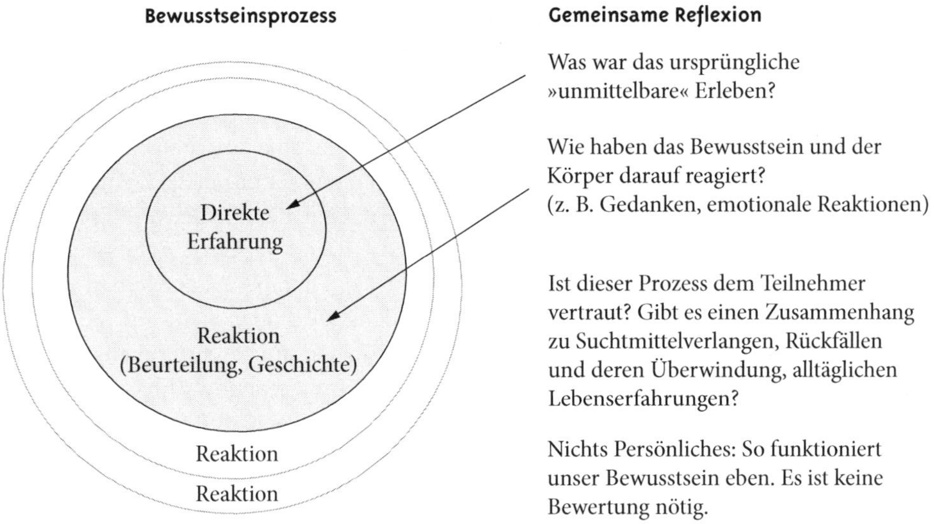

Bewusstseinsprozess	Gemeinsame Reflexion

Was war das ursprüngliche »unmittelbare« Erleben?

Wie haben das Bewusstsein und der Körper darauf reagiert? (z. B. Gedanken, emotionale Reaktionen)

Ist dieser Prozess dem Teilnehmer vertraut? Gibt es einen Zusammenhang zu Suchtmittelverlangen, Rückfällen und deren Überwindung, alltäglichen Lebenserfahrungen?

Nichts Persönliches: So funktioniert unser Bewusstsein eben. Es ist keine Bewertung nötig.

(Diagramm enthält: Direkte Erfahrung / Reaktion (Beurteilung, Geschichte) / Reaktion / Reaktion)

Abbildung 2.1. Der Prozess der gemeinsamen Reflexion. Bearbeitet mit Genehmigung von Zindel V. Segal (persönliche Mitteilung, 8. März 2010)

Üben zu Hause

Jede Woche werden Hausaufgaben gegeben, und in jeder Sitzung werden die Übungen der vergangenen Woche wiederholt. Auf die Bedeutung des täglichen Übens sollte immer wieder hingewiesen werden, dies sollte aber nicht zu Selbstbeschuldigungen und -beurteilung führen. Die mit dem Üben häufig verbundenen Überwindungs-probleme sollten entspannt, mit Mitgefühl und Neugier besprochen werden. Wenn Teilnehmer sich mit dem täglichen Üben schwertun, ist dies kein Hinweis darauf, dass wieder einmal keine Veränderung erreicht wurde, sondern eher eine weitere Gelegen-heit, um die Tendenzen unseres Bewusstseins zu beobachten. Wenn die Gruppen-gespräche darüber funktional, nicht wertend und neugierig angegangen werden, kann dies dazu beitragen, häufig auftretende Schwierigkeiten zu entpathologisieren und die Teilnehmer darin zu bestärken, dass sie diese Schwierigkeiten als Teil der Übung und nicht als Problem oder Misserfolg ansehen. Der Therapeut kann dies vorleben, indem er fragt: »Hat jemand Schwierigkeiten mit dem Üben zu Hause? Welche Gedanken oder Gefühle nehmen Sie bei sich wahr, wenn Ihnen einfällt, dass Sie nicht geübt haben?«

Manche Therapeuten neigen dazu, den Teilnehmern die Vorzüge der Meditation möglichst gut »verkaufen« zu wollen, um sie auf diese Weise zum Üben zu animieren. Solche Überredungsversuche lösen bei den Teilnehmern oft Skepsis, Schuldgefühle und Abwehr aus. Alternativ dazu scheinen behutsam angeleitete Gespräche mit offenen Fragen (z. B. »Wie könnten solche Übungen Ihrer Meinung nach dazu beitragen, einen Rückfall zu vermeiden?« oder »Was würde Ihnen helfen, regelmäßiger zu üben?«) eher dazu zu führen, dass die Teilnehmer der Gruppe ihre eigenen Gründe und Motivation für das selbstständige Üben zuhause finden, sodass ihr Engagement gestärkt und ihr Widerstand geringer wird. Dieser Gesprächsstil scheint am besten geeignet zu sein, um ein kooperativeres, klientenzentriertes Klima zu schaffen.

Co-Therapeuten

Die Unterstützung durch einen Co-Therapeuten kann eine unschätzbar wertvolle Hilfe sein, wenn es darum geht, sich selbst und die Teilnehmer durch die Dynamik und die Herausforderungen der MBRP-Therapie zu navigieren; denn leider verfällt man als Therapeut allzu leicht wieder in seinen gewohnten Stil und »belehrt« oder »weist an« anstatt in der Gruppe Themen zu erfragen. Ein Co-Therapeut kann einen darauf aufmerksam machen oder eine andere Herangehensweise oder Sicht auf die Dinge vorschlagen. Vor allem bei ihren ersten Gehversuchen mit Achtsamkeitstherapie lernen Co-Therapeuten voneinander, weil sie zwei Stimmen und Stile zusammenbringen und darauf achten, dass sich jeder an das Grundverständnis dieses Behandlungsansatzes und die Schwerpunktthemen der Sitzungen hält. Sie unterstützen sich gegenseitig und ergänzen sich in ihren Kompetenzen, Perspektiven und Erfahrungen.

2.2 Therapeuten: Auswahl, Schulung und persönliche Praxis

Wer eignet sich zum MBRP-Therapeuten?

Um die verschiedenen Aspekte des MBRP-Programms angemessen umsetzen zu können, sollten Therapeuten praktische Erfahrungen mit der Behandlung von substanzbezogenen Störungen und mit Gruppentherapie haben. Wie bereits in der Einleitung erwähnt, kommt es jedoch vor allem darauf an, dass sie sich mit Achtsamkeitstechniken auskennen und entsprechende persönliche Erfahrung besitzen. Bei der Entwicklung des MBRP-Programms wollten wir vor allem die Unterschiede zur üblichen, kognitiv-behavioralen Rückfallprävention herausarbeiten. Wir wollten keine kognitiv-behaviorale Therapie mit Achtsamkeitsübungen entwickeln, sondern einen Therapieansatz, der in der Praxis der Achtsamkeit verankert ist und bei dem die für die Rückfallprävention erforderlichen Bewältigungsfertigkeiten in einer mit dem Achtsamkeitskonzept übereinstimmenden Form vorgestellt und eingeübt werden. Von der Einführung über die Schulung bis hin zur Durchführung der Gruppentherapie ist die persönliche Achtsamkeitserfahrung des Therapeuten für die Therapie von zentraler Bedeutung. Wir sind überzeugt davon, dass dies das Programm zu einem einzigartigen Angebot innerhalb der verschiedenen Therapieschulen macht. Auf die Bedeutung der persönlichen Achtsamkeitspraxis des Therapeuten soll weiter unten näher eingegangen werden (s. den folgenden Abschnitt »Bedeutung der persönlichen Achtsamkeitspraxis«).

Bedeutung der persönlichen Achtsamkeitspraxis des Therapeuten

Wie bereits erwähnt ist der wahrscheinlich wichtigste Faktor bei der Durchführung von MBRP die persönliche Erfahrung des Therapeuten mit achtsamkeitsbasierter Meditation. Andere in der Praxis der Achtsamkeitsmeditation zu unterstützen setzt eigene gelebte Erfahrung im Umgang mit den dabei typischerweise auftretenden

Schwierigkeiten voraus; es reicht nicht, einfach ein Therapiemanual zu »verstehen« oder an einem kurzen Workshop teilzunehmen.

Oft beginnen Therapeuten zu Beginn ihrer MBRP-Ausbildung damit, selbst zu meditieren. Doch wie jeder aus der Praxis weiß, ist kontinuierliches Üben schwierig und braucht oft Monate oder Jahre, um selbstverständlich zu werden. Trotz bester Absichten haben Therapeuten, die noch nicht lange meditieren, häufig Probleme mit Termindruck (d. h., sie tun sich schwer damit, Zeit für regelmäßiges Üben einzuplanen), mit bestimmten Erwartungen und falschen Vorstellungen in Bezug auf Achtsamkeit sowie mit persönlichem Unbehagen, Selbstzweifeln und negativer Selbstbeurteilung. Auch wenn diese Schwierigkeiten für die meditative Reise nicht ungewöhnlich sind, können sie für Therapeuten, die keinen Intensiv-Workshop gemacht haben oder durch einen Lehrer oder eine Gemeinschaft unterstützt werden, entmutigend und schwer zu umschiffen sein. Daher empfehlen wir allen, die noch keine Erfahrung mit der Achtsamkeitsmeditation haben, sich zunächst mit den auf Arbeitsblatt 8.1 aufgeführten Büchern und Meditationsaufzeichnungen zu befassen und zumindest an einem siebentägigen Workshop in der Tradition der Einsichtsmeditation bzw. der Vipassana-Tradition teilzunehmen. Über diese Meditationspraktiken entdeckt man dann eine andere Art des Umgangs mit persönlichem Erleben, die nach unserer Beobachtung schon für sich genommen positive Veränderung bewirken kann.

Da die Meditation ihrem Wesen nach immer eine persönliche, innere Erfahrung ist, fällt es oft sogar erfahrenen Therapeuten schwer, die Meditationspraxis eines Teilnehmers angemessen zu beurteilen bzw. zu verstehen. Ein Therapeut, der die Nuancen der Meditationspraxis nur eingeschränkt versteht, reagiert also nicht unbedingt hilfreich auf Fragen, Zweifel und Missverständnisse von Gruppenteilnehmern. In den ersten Sitzungen wird von den Teilnehmern oft die Erwartung geäußert, dass das Meditieren ein Gefühl der Ruhe und des Friedens mit sich bringen müsste, und dass sie etwas »falsch machen« oder etwas »nicht funktioniert«, wenn sie feststellen, dass sie durch Gedanken, Gefühle oder unangenehme Körperempfindungen abgelenkt werden. Therapeuten mit einer umfassenden persönlichen Meditationserfahrung reagieren auf solche Äußerungen aus ihrer eigenen Erfahrung heraus. Sie können selbst dann Schwierigkeiten antizipieren und erkunden, wenn die Teilnehmer (TN) nicht in der Lage sind, sie zu formulieren. Wie das folgende Beispiel zeigt, greifen diese Therapeuten (TH) oft Einzelheiten auf, die sie aus ihrer persönlichen Erfahrung mit Achtsamkeit kennen. (Dieser und alle nachfolgenden Dialoge stammen aus MBRP-Sitzungen und wurden anonymisiert und im Sinne einer größeren Klarheit redigiert.)

TN: Ich habe jeden Tag mit der CD geübt, die Sie uns gegeben haben, aber ich habe es jedes Mal nur etwa zehn Minuten lang geschafft. *[An diesem Punkt kann der Therapeut validieren, dass der Teilnehmer jeden Tag übt. Wer für seine eigenen Reaktionen während der Meditation sensibilisiert und mit ihnen vertraut ist, fragt darüber hinaus vielleicht, was am Ende der zehn Minuten geschah.]*

TH: Sie haben es also geschafft, mit der CD jeden Tag zu üben. Es ist nicht leicht, jeden Tag für so etwas Neues in Ihrem Alltag Raum zu schaffen. Mich interessiert Ihr Erleben unmittelbar bevor Sie die CD ausgeschaltet haben.

TN: Ich wollte einfach aufstehen und etwas anderes machen.

TH: Waren Sie unruhig? *[Lenkt zurück zum ersten Schritt des Reflexionsprozesses: Wahrnehmung der unmittelbaren körperlichen, emotionalen oder kognitiven Erfahrung.]*

TN: Ja, genau.

TH: Wie fühlte sich die Unruhe an?

TN: Es war einfach so ein kribbeliges Gefühl, wie wenn es schwer ist, still zu sitzen und sich auf den Atem und die Stimme auf der CD zu konzentrieren.

TH: Haben Sie das an irgendeiner bestimmten Körperstelle gespürt? *[Erkundet weiter die unmittelbare Erfahrung.]*

TN: Auf jeden Fall in meinen Händen, und irgendwie überall.

TH: Hmm. Erinnern Sie sich, wie sich das in Ihren Händen angefühlt hat?

TN: Sie haben irgendwie gekribbelt und gezuckt.

TH: Und wissen Sie noch, wie Sie auf diese Unruhe reagiert haben? Sind Ihnen irgendwelche Gedanken durch den Kopf gegangen? *[Fragen nach Reaktionen auf die unmittelbare Erfahrung.]*

TN: Ja, schon. Ich habe mich ein bisschen dafür geschämt, dass ich nicht mehr als zehn Minuten still sitzen kann.

TH: Okay, Sie haben also Scham festgestellt. Und was war mit Gedanken? Erinnern Sie sich an welche? *[Unterscheidet zwischen Gedanken und Gefühlen.]*

TN: Ich glaube, dass ich es nicht mehr aushalte und dass ich aufstehen muss.

TH: Okay, also ein Gefühl der Unruhe in den Händen und an anderen Stellen im Körper, ein Drang aufzustehen und etwas zu tun, und vielleicht auch ein Gedanke wie »Ich kann das nicht. Ich muss aufstehen.« Anscheinend haben Sie auch Scham festgestellt. *[Zeigt körperliche, emotionale und kognitive Reaktionen auf.]*

TN: Ja, ich hatte das Gefühl, dass ich eigentlich länger als zehn Minuten still sitzen können müsste.

TH: Da war also der Gedanke: »Ich müsste länger still sitzen können«? *[Unterscheidet zwischen Gedanken und Gefühlen.]*

TN: Ja, genau so war es.

TH: Wie wäre es, wenn Sie diese Erfahrung einfach wahrnehmen würden, so wie wir den Atem wahrgenommen haben, mit derselben Aufmerksamkeit und Neugier, einfach als eine weitere Erfahrung im gegenwärtigen Augenblick? Dass Sie also wahrnehmen, wie sich Unruhe anfühlt und wie Sie darauf reagieren. Vielleicht merken Sie, dass Sie dem Gefühl ein wenig nachgeben können, einfach zulassen können, dass es da ist, und es beobachten, und sei es nur für einen Augenblick. Und danach entscheiden Sie, ob Sie aufstehen wollen oder nicht.

In diesem Gespräch fördert der Therapeut die bewusste Wahrnehmung der körperlichen, emotionalen und kognitiven Komponenten einer Erfahrung und eventuell aufkommender Impulse. Er hilft dem Teilnehmer, die ursprüngliche Erfahrung und die verschiedenen Reaktionen darauf zu erkennen. Außerdem ist er selbst ein Vorbild für die Neugier, die Offenheit und die nicht wertende Haltung, die der Teilnehmer während und im Zusammenhang mit der Meditation seinem Erleben gegenüber einnehmen soll. Auf diese Weise wird die persönliche Erfahrung des Teilnehmers validiert und sein Verständnis der Übung vertieft, sodass er es über die formale Meditation hinaus auf die achtsame Wahrnehmung allen Erlebens übertragen kann. Man beachte auch, dass der Therapeut nicht in eine Problemlösung verfällt (also z. B. vorschlägt, was der Teilnehmer tun könnte, um länger üben zu können).

Therapeuten, die selbst keine Erfahrung damit haben, wie es ist, durch die eigene innere Erfahrungswelt zu navigieren, reagieren nicht unbedingt mit derselben Achtsamkeit, Neugier und Akzeptanz. Wenn sie selbst mit Meditation noch nicht so viel Erfahrung haben, fallen sie möglicherweise in Standardreaktionen zurück, die sie als »richtig« oder logisch ansehen, vermitteln subtil, wie man es »richtig« macht oder nehmen Missverständnisse der Teilnehmer in Bezug auf die Übungen vielleicht gar nicht wahr. So werden Gelegenheiten verpasst, durch die das Verständnis und die Erfahrung der Teilnehmer vertieft werden könnten.

Für noch wenig erfahrene Therapeuten stellt auch die Anleitung der Meditationsübungen eine Herausforderung dar. Sie werden ausdrücklich dazu ermutigt, die Meditationsübungen spontan und aus ihrer eigenen Erfahrung heraus anzuleiten anstatt die Meditationsanweisungen abzulesen oder den Versuch zu unternehmen, mit einer bestimmten »Meditationsstimme« einen spezifischen Zustand bei den Teilnehmern herbeizuführen. Therapeuten mit umfangreicher eigener Meditationserfahrung tun sich in der Regel leichter mit der Anleitung von Übungen, da sie diese persönlich durchgeführt haben. Dadurch werden die Übungen nicht nur für Teilnehmer wie Therapeuten lebendiger, sondern die Rolle des Therapeuten verlagert sich auch von der eines »Lehrers« hin zu jemandem, der die Übung ebenso wie die Teilnehmer macht, sodass das Gemeinschaftsgefühl und die Verbundenheit der Gruppe gestärkt werden. Kabat-Zinn (2003) stellt hierzu fest: »Ohne die Grundlage einer persönlichen Achtsamkeitspraxis und der Verkörperung dessen, was wir lehren, besteht das Risiko, dass achtsamkeitsbasierte Interventionen zu Karikaturen der Achtsamkeit werden, da ihnen die radikale, bewusstseinserweiternde Essenz der Achtsamkeit fehlt.«

2.3 MBRP und Suchtmittelabstinenz

Obwohl MBRP Suchtmittelabstinenz sehr unterstützt, ist es den Teilnehmern letztlich selbst überlassen, für welche Veränderungen sie sich entscheiden. Da MBRB als Nachsorgeprogramm konzipiert wurde, haben die Teilnehmer in der Regel schon eine Suchtbehandlung hinter sich und sich daher selbst oder aufgrund des vorausgegangenen Therapieprogramms für Suchtmittelabstinenz entschieden. Das MBRP-Programm ist jedoch nicht unbedingt auf bestimmte »Ziele« ausgerichtet. Die achtsamkeitsbasierten Übungen ermutigen die Teilnehmer, mit ihren eigenen Gedanken, emotionalen Reaktionen und Verhaltensmustern vertraut zu werden. Bei manchen führt dies zu einer Verringerung ihres Suchtmittelkonsums oder zu einer Änderung ihrer Konsummuster, bei anderen zu vollständiger Abstinenz. Ein erstmaliger erneuter Suchtmittelkonsum wird als ein nicht ungewöhnliches Ereignis im Prozess der Veränderung betrachtet und stellt eher eine Lerngelegenheit als ein Versagen dar, bei dem wieder ganz von vorn begonnen werden muss. Der übergreifende Schwerpunkt von MBRP auf der Förderung der Achtsamkeit ermöglicht eine flexible Berücksichtigung sowohl der persönlichen Bedürfnisse der einzelnen Teilnehmer als auch der offiziellen Veränderungsziele unterschiedlicher Therapieprogramme.

Der Umgang mit etwaigen Diskrepanzen bezüglich der angestrebten Veränderungsziele kann eine Herausforderung darstellen. Dies zeigt sich besonders deutlich in der in Sitzung 6 enthaltenen Diskussion des Rückfallkreislaufs, wo zwischen einem einmaligen erneuten Konsum (sog. »Ausrutscher« oder »Lapse«) und einem vollständigen Rückfall in den Rückfallkreislaufs (»Relapse«) unterschieden wird. Häufig erweist es sich als sinnvoll, die Diskussion der Gruppe zu überlassen anstatt ein bestimmtes Modell oder eine bestimmte Theorie des Rückfalls vorzulegen. Die Teilnehmer können sich über frühere Rückfälle und über die spezifischen Ereignisse austauschen, die zu ihrem erstmaligen erneuten Konsum geführt haben. Dies führt oft ganz natürlich zu einer Besprechung verschiedener Punkte in der Ereigniskette, an denen Gelegenheit gewesen wäre, »innezuhalten«, aus dem Modus des »Auto-Piloten« auszusteigen und den Zwangsprozess habituellen Verhaltens zu durchbrechen. Ein solches kooperatives Vorgehen führt tendenziell zu einer offeneren und gehaltvolleren Diskussion über die Macht von Gedanken im Verlauf eines Rückfalls – vor allem nach dem erstmaligen erneuten Konsum – und den potenziellen Nutzen von Achtsamkeit für die Änderung dieses Verhaltensmusters. Ähnlich wie die Anonymen Alkoholiker fördert MBRP die Fähigkeit zu unterscheiden, was wir kontrollieren können und was nicht, und zu akzeptieren, was wir nicht kontrollieren können.

2.4 Praktische Fragen

In der Regel ergeben sich eine Reihe ganz praktischer Fragen bei der Durchführung von MBRP, vor allem im Rahmen von Behandlungseinrichtungen. Diese betreffen die Zeitplanung, die Schweigepflicht, die Motivation der Teilnehmer und Hindernisse in Bezug auf das regelmäßige Üben. Im Folgenden besprechen wir einige Punkte, auf die wir gestoßen sind und zu denen uns oft Fragen gestellt werden.

Zeitplanung
Therapeuten in Behandlungseinrichtungen unterliegen oft Einschränkungen, was die Länge der Sitzungen und die Terminplanung für Gruppentherapiesitzungen anbe-

langt. Zwei Stunden reichen normalerweise, um das für die einzelnen Sitzungen beschriebene MBRP-Material durchzuarbeiten. Bei kürzeren Sitzungen müssen entweder die Übungen oder die Gespräche verkürzt werden, weitere 15 oder 30 Minuten erlauben, die Erfahrungen und Beobachtungen der Gruppe eingehender zu besprechen. Wenn es der Zeitplan erlaubt, empfehlen wir, mit längeren Sitzungen zu experimentieren (in der MBSR und der MBCT dauern die Sitzungen oft zweieinhalb Stunden). Häufig ist es auch schwierig, einen halben oder einen ganzen Tag für die Achtsamkeitstherapie anzusetzen, wie von der MBSR und der MBCT empfohlen. Jeder achtsamkeitsorientierte Therapeut, der schon einmal auf einem Intensiv-Workshop war, weiß, dass längere Phasen der Achtsamkeit von großem Nutzen sind. Die zeitlichen und räumlichen Einschränkungen in Behandlungsinstitutionen und anderen Therapiesettings schließen solche Möglichkeiten jedoch oft aus.

Rechtliche Fragen

Teilnehmer, die vom Gericht die Auflage bekommen haben, sich einer Alkohol- oder Drogentherapie zu unterziehen, haben oft eine ambivalente Veränderungsmotivation und sind nicht ohne weiteres bereit, während der Therapie offen über ihren Suchtmittelkonsum zu sprechen. Dies kann die Ehrlichkeit und Offenheit und die nicht wertende Haltung dem eigenen Erleben gegenüber beeinträchtigen, die durch die MBRP entwickelt und vorgelebt werden soll. Außerdem kann es dazu führen, dass manche Teilnehmer nach einem Rückfall nicht mehr in die Gruppe zurückkehren. Im Idealfall wird in der Gruppe über Rückfälle im Verlauf der Behandlung gesprochen, sodass die Teilnehmer auch dann Akzeptanz und Unterstützung erfahren, wenn sie rückfällig geworden sind. Gerade Rückfälle während der Behandlung bieten die Gelegenheit, die Tendenz des Denkens in einem kritischen Moment zu beobachten und die Teilnehmer gleichzeitig darin zu unterstützen, dass sie nicht bewerten, sondern wieder einen neuen Veränderungsanlauf hinsichtlich ihres Suchtmittels unternehmen.

Üben zu Hause

Die engagierte Beteiligung in den Gruppensitzungen und ein regelmäßiges Üben zu Hause sind grundlegende Voraussetzungen für die erfolgreiche Integration der MBRP-Techniken in den Alltag der Teilnehmer. Die Vermittlung und Unterstützung der täglichen Meditation und regelmäßige Teilnahme an den Gruppensitzungen sind daher während der gesamten acht Wochen von größter Bedeutung. Die Teilnehmer stützen sich in den ersten Wochen oft sehr stark auf die angeleiteten Meditationen der CD und üben erst später in Stille ohne Anleitung. Bereits vorhandene Meditations-CDs wie z. B. die von Jon Kabat-Zinn (2009a, b) sind eine Möglichkeit; eigens angefertigte CDs haben jedoch viele Vorteile. Teilnehmer hören oft lieber die vertraute Stimme ihres Therapeuten, und die Übereinstimmung zwischen den Anleitungen in den Sitzungen und auf den CDs kann die Motivation zum Üben unterstützen. Viele Teilnehmer sagen auch, sie ließen sich lieber von einer weiblichen Stimme durch die Meditation führen. Außerdem kann es sinnvoll sein, Meditationen unterschiedlicher Länge anzubieten. Bei selbst aufgezeichneten CDs kann zudem eine Anleitung für die

Lovingkindness-Meditation (»Metta«) und für speziell auf das Suchtmittelverlangen zugeschnittene Meditationen und Übungen aufgenommen werden. Deshalb ermutigen wir Therapeuten, wann immer möglich ihre eigenen CDs aufzuzeichnen. Wir selbst bieten in der Regel folgende vier CDs an:

► CD 1: Body-Scan
► CD 2: Atemmeditation, Berg-Meditation, Nüchtern-Atmen, Wellenreiten (Urge Surfing)
► CD 3: Sitzmeditation (mit bewusster Wahrnehmung von Atem, Geräuschen, Körperempfindungen, Gedanken, Gefühlen), Bewegung, Stille mit Glocken (Glockengeläut nach 10, 20 und 30 Minuten für diejenigen, die lieber in Stille üben wollen)
► CD 4: Lovingkindness-Meditation

Oft steht die Wohnsituation der Teilnehmer dem täglichen Üben entgegen. Bei z. B. problematischer oder unsicherer Wohnsituation tun sich Teilnehmer schwer, Zeit und Ort für die Meditationspraxis zu finden. In solchen Fällen verleihen wir preiswerte Wiedergabegeräte und überlegen in der Gruppe, wann und wo die Teilnehmer üben könnten. Obwohl die Wohnsituation einiger Teilnehmer eine echte Hürde darstellen kann, gelingt es vielen, sich mit den Einschränkungen ihrer Situation zu arrangieren und kreative Lösungen für die Integration formaler Übungen in ihren Alltag zu finden. Sie üben z. B. auf langen Busreisen oder ziehen sich in eine Bücherei oder sogar in ihren geparkten Wagen zurück, wo sie eine Auszeit aus dem Chaos ihres Alltags nehmen und üben können. Einige Behandlungseinrichtungen und Kliniken stellen zu bestimmten Zeiten Räumlichkeiten zur Verfügung, um die Teilnehmer beim Üben zu unterstützen.

Regelmäßige Teilnahme

Um die achtsamkeitsbasierten Fertigkeiten und Techniken zu erlernen, ist eine regelmäßige Teilnahme an den Gruppensitzungen erforderlich. Teilnehmer, die nicht regelmäßig zu den Sitzungen kommen können, sind in den nachfolgenden Sitzungen natürlich oft weniger engagiert. Besonders aufgefallen ist uns dies in Bezug auf die erste Sitzung. Wer die erste Sitzung verpasst, holt nie mehr richtig auf und engagiert sich nie mehr so sehr in der Gruppe wie die anderen Teilnehmer. Obwohl wir uns bemühen, Materialien und Übungen der verpassten Sitzungen »nachzureichen«, haben wir festgestellt, dass es Ebenen der Achtsamkeitsübungen und der dabei gemachten Erfahrungen gibt, die nur in »Echtzeit« integriert werden können, und dass der gemeinsame Erfahrungsaustausch in der Gruppe eine grundlegende Voraussetzung für ein umfassenderes Verständnis und ihre Verinnerlichung ist.

Geschlecht und Gruppengröße

Das strukturierte MBRP-Programm enthält keine Angaben zur Zusammensetzung der Gruppen nach Geschlecht; dennoch sollte dieser Punkt bei der Organisation einer Gruppe berücksichtigt werden. Manche Teilnehmer, insbesondere Frauen mit interpersonellem Trauma, profitieren eher von geschlechtsspezifischen Gruppen.

Die ideale Gruppengröße liegt unserer Erfahrung nach bei sechs bis zwölf Teilnehmern, obwohl wir auch schon Gruppen mit 18 Teilnehmern hatten. In einer großen Gruppe hat der Einzelne weniger Zeit, um über seine persönlichen Erfahrungen und Anliegen zu sprechen oder Fragen zu stellen, für den Therapeuten ist es schwieriger, alle vorgesehenen Übungen durchzuführen und trotzdem noch genug Zeit für die gemeinsame Reflexion zu haben, die ein wichtiger Teil des Programms ist. Andererseits haben die Teilnehmer einer kleinen Gruppe (weniger als sechs Teilnehmer) weniger Möglichkeiten, von den Erfahrungen anderer Teilnehmer zu lernen, die ihnen sehr viel Unterstützung geben und ihre eigenen Erfahrungen validieren können.

Vorgespräche

In unserem Bemühen, den Verbleib in der Gruppe und die therapeutische Allianz zu stärken und in Anlehnung an die in der MBSR und der MBCT üblichen Erstgespräche mit künftigen Gruppenmitgliedern haben wir festgestellt, dass kurze Einzeltreffen mit den einzelnen Teilnehmern vor dem Kurs dazu beitragen können, Erwartungen zu klären, die Grundprinzipien der für den Kurs erforderlichen intensiven Mitarbeit zu erläutern und den künftigen Teilnehmern Gelegenheit zur Formulierung ihrer Fragen und Bedenken zu geben. In der Regel besprechen wir die Grundstrukturen des Kurses (z. B. Zeitplan, Erwartungen, Teilnahme), weisen auf die Bedeutung des Übens zu Hause hin und stellen Fragen zur Motivation und zu etwaigen Teilnahmehindernissen. Es ist besser, bei den Betreffenden ihre eigene Motivation und ihre Bereitschaft zur Mitarbeit zu erfragen als ihnen das Therapieprogramm zu »verkaufen«. Selbst kurze Vorgespräche scheinen das Teilnehmerinteresse und -engagement zu erhöhen, die therapeutische Beziehung zu stärken und die regelmäßige Gruppenteilnahme zu fördern.

2.5 Was ist zu beachten?

Obwohl wir im Verlauf der Konzeption, Schulung, Durchführung und Evaluation von MBRP wichtige und unschätzbar wertvolle Lehren gezogen haben, gibt es nach wie vor Bereiche und Themen, die einer weiteren Klärung bedürfen und von denen wir einige im Folgenden ansprechen wollen.

Lovingkindness

Metta oder Lovingkindness (»Liebende Güte«) ist eine zentrale Übung in der Theravada-Tradition, in der die Vipassana-Meditation verwurzelt ist. Bei der Übung wird die Aufmerksamkeit auf eine Reihe von Aussagen gelenkt, mit denen eine freundliche und wohlwollende Haltung sich selbst, Freunden und geliebten Menschen, Fremden oder »neutralen« Menschen, schwierigen Menschen und letztendlich allen Lebewesen gegenüber kultiviert wird. MBSR und MBCT arbeiten zwar mit anderen Techniken und Übungen der Vipassana-Meditation, aber nicht ausdrücklich mit Metta-Übungen. Auch wir hatten bei der Entwicklung von MBRP zunächst keine Metta-Übungen vorgesehen. Erst nachdem wir verschiedene Gruppen durchgeführt hatten, fragten wir uns, ob dies richtig war. Selbstverurteilung und Selbstkritik sind bei Menschen mit Substanzmissbrauch weit verbreitet und spürbar. Häufig internalisieren sie nicht nur das in Gesellschaft und Familie erlebte Urteil und Stigma, sondern sie tun sich auch sehr schwer damit, sich selbst die negativen Konsequenzen ihres Suchtmittelkonsums zu vergeben. Daher haben wir festgestellt, dass die Kultivierung von Freundlichkeit und Wärme sich selbst gegenüber eine notwendige und zentrale Komponente der Genesung und Heilung ist. Wir haben angefangen, verschiedene Aspekte von Metta und Vergebung in einige der Meditationsanleitungen und eine formale Metta-Übung in die letzten beiden Sitzungen aufzunehmen. Der Nutzen dieses Programmelements ist zwar noch nicht empirisch belegt; dennoch empfehlen wir sehr, es mit einzubeziehen.

Körperhaltung

Die scheinbar nebensächliche Frage der Körperhaltung sollte durchaus bedacht werden. Einige Teilnehmer sitzen zwar – weil sie sich dann körperlich wohler fühlen – am liebsten auf Stühlen, viele aber entscheiden sich dafür, auf Polstern, Matten oder Kissen auf dem Boden zu sitzen. Auf dem Boden zu sitzen erzeugt oft eine Atmosphäre der Vertrautheit und der gemeinsamen Erfahrung, wobei sich die Rolle des Therapeuten weg von einer Autorität hin zum Mitmeditierenden verschiebt. Dabei kann aber unbeabsichtigt auch der Eindruck entstehen, dass die Achtsamkeitspraxis eine bestimmte Körperhaltung erfordert und dass sie etwas ist, das man »auf dem Kissen« und nicht im Alltag praktiziert. Auf dem Boden zu sitzen oder zu liegen kann außerdem eine gewisse Schläfrigkeit und eine etwas lasche Körperhaltung fördern. Wenn jeweils ein Zafu oder ein ähnliches Sitzkissen unter dem Stuhl platziert wird, kann mit verschiedenen Sitzhaltungen experimentiert und gleichzeitig eine gewisse Förmlichkeit des Übens beibehalten werden. Wir empfehlen Therapeuten, in ihren Gruppen zu experimentieren und herauszufinden, was für sie und ihre Teilnehmer am besten geeignet ist.

Arbeit mit Traumata

Der Nutzen und die Sicherheit der Arbeit mit Teilnehmern mit einem Trauma in der Vorgeschichte sind ein häufiges und wichtiges Thema. Ein sicheres Umfeld zu schaffen ist für alle Teilnehmer zwingend erforderlich, besonders aber für Teilnehmer mit einer Traumaanamnese. Hier sollte vor allem die Intention der Achtsamkeitsübungen im Auge behalten werden, Klarheit und Mitgefühl dem eigenen Erleben gegenüber zu fördern. Ziel ist, dass wir unsere Erfahrungen – vor allem die schmerzlichen – mit Neugier, Präsenz und Freundlichkeit beobachten, um eine andere Beziehung zu ihnen aufzubauen. Achtsamkeitsübungen sind zwar manchmal unangenehm und schwierig; sie sollten aber nie bedrohlich sein und werden deshalb am besten in einem sicheren und unterstützenden Rahmen durchgeführt. Hier kann die individuelle Anpassung der Übungen hilfreich sein. Beispielsweise sollte immer die Möglichkeit angeboten werden, bei Sitz- und Body-Scan-Übungen auf einem Stuhl zu sitzen oder die Augen geöffnet zu halten. Teilnehmer mit einem Trauma in der Vorgeschichte können sich – vor allem in der ersten Sitzung – überwältigt fühlen, wenn sie sich hinlegen sollen, und dies kann das für die Gruppe nötige Gefühl der Sicherheit und des Wohlbefindens beeinträchtigen. Manche Teilnehmer meditieren durchgängig mit offenen Augen oder machen lieber Gehmeditationen als Sitzmeditationen. Am besten wählen sie selbst die Art des Übens, die ihren Bedürfnissen entspricht.

Geschlossene versus offene Gruppen

In ihrer derzeitigen Fassung ist für MBRP ein »geschlossenes« Gruppenformat vorgesehen, bei dem alle Teilnehmer gemeinsam mit Sitzung 1 beginnen und mit Sitzung 8 den Kurs abschließen. Die Übungen bauen aufeinander auf und haben daher eine bestimmte Reihenfolge. Wir und einige unserer Kollegen haben aber auch mit anderen Formaten experimentiert – indem wir z. B. in Sitzung 4 neue Teilnehmer aufgenommen und nur für die neuen Teilnehmer eine Einführungssitzung durchgeführt haben (Brewer et al., 2009) oder einen »offenen« Kurs angeboten haben, bei dem die Teilnehmer jederzeit in die Gruppe einsteigen oder sie verlassen konnten. Auch wenn ein geschlossenes Gruppenformat, bei dem die Teilnehmer den ganzen achtwöchigen Kurs gemeinsam erleben, viele Vorteile hat, können an einem offenen Kurs mehr Personen teilnehmen und »erfahrene« Teilnehmer können die neuen Teilnehmer informieren und unterstützen. Wir freuen uns darauf, aus unseren eigenen künftigen Erfahrungen und den Erfahrungen unserer Kollegen mit diesen verschiedenen Gruppenformaten zu lernen.

2.6 Forschungsergebnisse zu MBRP

Unser Forschungsteam am Addictive Behaviors Research Center der University of Washington hat vor kurzem eine randomisierte kontrollierte Pilotstudie durchgeführt, in der der in diesem Manual beschriebene achtwöchige MBRP-Kurs mit verschiedenen Standardnachsorgegruppenangeboten verglichen wurde (für einen ausführlichen Bericht s. Bowen et al., 2009). Die Standardnachsorgegruppen waren an das 12-Schritte-Programm der Anonymen Alkoholiker angelehnt und umfassten sowohl prozessorientierte als auch psychoedukative Gruppensitzungen. Zu den Inhalten gehörten Trauer und Verlust, Selbstsicherheit, Selbstwertgefühl, Zielsetzung, rationales Denken und Fertigkeiten der Rückfallprävention. Alle Teilnehmer der Studie (N = 168) hatten kurz zuvor aufgrund von Alkohol- bzw. anderen Suchtmittelproblemen eine stationäre oder ambulante Kurzzeittherapie durchlaufen. Sie entsprachen der üblichen Therapiepopulation einer Großstadt. Mehrere Klienten waren obdachlos, und viele hatten vom Gericht die Auflage erhalten, sich einer Therapie zu unterziehen. Die Stichprobe der Studie war überwiegend männlich (64 %), das Durchschnittsalter lag bei 40 Jahren. Die meisten Studienteilnehmer waren Weiße (52 %), Afro-Amerikaner (30 %) oder indianischer Abstammung (10 %). Etwa 72 Prozent hatten mindestens einen High School-Abschluss. Allerdings waren 41 Prozent arbeitslos, und 62 Prozent verdienten weniger als 5.000 Dollar pro Jahr. Obwohl viele dieser Personen mehrfachabhängig waren, handelte es sich bei der Primärdroge um Alkohol (45 %), dicht gefolgt von Kokain/Crack (36 %) und Methamphetaminen (14 %).

Die Studienteilnehmer wurden randomisiert einem achtwöchigen MBRP-Kurs oder für die Dauer des achtwöchigen Programms ihrer derzeitigen Standardnachsorgegruppe zugewiesen. Alle Teilnehmer wurden unabhängig von ihrer Zuweisung aufgefordert, weiterhin an Selbsthilfegruppen teilzunehmen. Nach dem Abschluss des achtwöchigen Programms kehrten die MBRP-Teilnehmer in ihre Standardnachsorgegruppe zurück. Die ausschließlich der Standardnachsorge zugewiesenen Personen der Kontrollgruppe konnten nach dem Abschluss der Studie kostenlos an einem MBRP-Kurs teilnehmen.

Die Teilnehmer wurden an vier Messzeitpunkten vor der Therapie, am Ende der Therapie (unmittelbar nach dem achtwöchigen Programm) und schließlich zwei und vier Monate nach der Therapie gebeten, retrospektive Angaben zu ihrem Suchtmittelkonsum in den letzten 60 Tagen zu machen. Dabei wurden auch etwaige negative Folgen des Suchtmittelkonsums, Suchtmittelverlangen, Depression, Angst und das Niveau von Achtsamkeit und Selbstakzeptanz erfragt.

Ein wichtiges Ziel der ersten randomisierten kontrollierten Studie zu MBRP war die Evaluierung der Machbarkeit des Programms: Würde es von den Teilnehmern gut angenommen werden? Würden sie an den Therapiesitzungen teilnehmen und dort die Meditationsübungen sowie die Übungen außerhalb der Sitzungen durchführen? Nach unseren Unterlagen nahmen die MBRP-Teilnehmer durchschnittlich an 65 Prozent der Sitzungen teil. Die meisten (86 %) gaben an, sie hätten unmittelbar nach dem Therapieprogramm weiter meditiert, ein erheblicher Anteil (54 %) meditierte nach dem Abschluss der Therapie sogar noch mindestens vier Monate lang (durchschnittlich an 4,74 Tagen der Woche und fast 30 Minuten täglich). Die Ergebnisse eines Feedback-Fragebogens, der in der letzten Sitzung ausgefüllt wurde, waren positiv. Die Teilnehmer beurteilten den MBRP-Kurs als für sich persönlich sehr wichtig (durchschnittliche Wertung 8,3 auf einer Skala von 0 bis 10) und wollten mit großer Wahrscheinlichkeit sowohl die formalen Meditationsübungen, einschließlich Body-Scan, Sitzmeditation und Yoga (8,9 von 10), als auch die informellen Meditationsübungen wie »Wellenreiten« und »Nüchtern-Atmen« (8,9 von 10) fortführen.

Auch über die offenbar gegebene Akzeptanz und Machbarkeit hinaus waren die Ergebnisse vielversprechend. Die MBRP-Teilnehmer zeigten in dem viermonatigen Katamnesezeitraum eine signifikant größere Abnahme des Suchtmittelverlangens als die Teilnehmer der Standardnachsorgegruppen. Außerdem berichteten sie über eine größere Zunahme ihrer Selbstakzeptanz und ihrer Tendenz, achtsam zu handeln. Diese Veränderungen entsprechen einigen der Kernziele von MBRP, wie z. B. der Akzeptanz sowohl angenehmer als auch unangenehmer Erfahrungen und der achtsamen Wahrnehmung von ihren situativen Auslösern, um dadurch aus automatisierten Verhaltensweisen heraustreten und sich für besser geeignete Handlungsoptionen entscheiden zu können.

Die Teilnehmer in beiden Bedingungen gaben an, dass sich insgesamt die Zahl der Tage mit Alkohol- und Drogenkonsum verringert hätten. In der MBRP-Gruppe war der Rückgang der Konsumtage allerdings signifikant stärker; der Durchschnitt lag in dieser Gruppe bei 0,06 Konsumtagen während des achtwöchigen Kurses gegenüber

2,57 Konsumtagen bei den Teilnehmern der Standardnachsorgegruppe. Diese Unterschiede waren auch zwei Monate nach der Therapie noch signifikant (2,08 Konsumtage bei den MBRP-Teilnehmern vs. 5,43 Konsumtage bei den Teilnehmern der Standardnachsorgegruppe), während sich nach vier Monaten die Konsumtage bei der MBRP-Gruppe dem Niveau der Standardnachsorgegruppe annäherten.

Trotz dieser insgesamt ermutigenden Ergebnisse befassten wir uns intensiv mit der Frage, warum die Therapieeffekte zum letzten Erhebungszeitpunkt nachließen. Möglicherweise lag dies an der Konzeption der Studie, die dazu führte, dass die MBRP-Teilnehmer nach dem Abschluss des achtwöchigen Programms in eine Standardnachsorgegruppe zurückkehrten. In diesen Standardnachsorgegruppen wurden die in der MBRP erlernten Achtsamkeitsübungen und neuen Perspektiven in der Regel nicht weiter geübt. Vielleicht wurden in den Standardgruppen sogar Positionen vertreten, die im Gegensatz zu den Übungen in der MBRP-Gruppe standen und die deshalb für die Teilnehmer verwirrend oder widersprüchlich waren. Möglicherweise wurde in diesen Gruppen nicht dazu ermutigt, das Suchtmittelverlangen zu akzeptieren und achtsam wahrzunehmen, sondern vielmehr auf Bewältigungsstrategien wie Ablenkung und Vermeidung unangenehmer Erfahrungen abgehoben. Diese Überlegungen veranlassten unser Forschungsteam, weitere Unterstützung und die Fortführung des in der MBRP erlernten Ansatzes anzubieten. Wie die meisten Meditationserfahrenen wissen, ist es außerordentlich schwierig, ohne einen Lehrer oder die Gruppe der Mitmeditierenden selbstständig weiterzuüben. Ohne eine Gemeinschaft und die Möglichkeit, beim Üben unterstützt zu werden, fallen die Betroffenen leicht in ihre habituellen Denkmuster und in frühere reaktive oder »automatische« Verhaltensweisen zurück. Daher empfehlen wir, für künftige Anwendungen und Modifikationen der MBRP im Anschluss an das Therapieprogramm kontinuierliche wöchentliche oder monatliche Übungsgruppen oder eine andere nachhaltige Unterstützung vorzusehen.

Insgesamt sind die Ergebnisse der Studie ein empirischer Nachweis für das Potenzial von MBRP als Nachsorgebehandlung und stützen den theoretischen Rahmen für die Achtsamkeitsmeditation als Therapie der Wahl bei substanzbezogenen Störungen. Die Teilnahmequoten, die Fortführung der Meditationsübungen durch die Teilnehmer und die positiven Beurteilungen des Kurses bestätigen die Machbarkeit, die Verträglichkeit und die Akzeptanz, die das Programm bei Teilnehmern gefunden hat. Die Zunahme der Achtsamkeit und Akzeptanz und die Abnahme des Suchtmittelverlangens und des Suchtmittelkonsums sind erste Nachweise für eine spezifische Wirksamkeit von MBRP. Die Ergebnisse stehen im Einklang mit Befunden aus ähnlichen Studien. In einer von Zgierska et al. (2008) durchgeführten Pilotstudie wurden Machbarkeit und Wirksamkeit der MBPR an einer Stichprobe von 19 alkoholabhängigen Personen nach einer stationären Kurzzeittherapie untersucht. Ähnlich wie in unserer Studie äußerten sich die Teilnehmer sehr zufrieden über das Programm, das Niveau der Einhaltung der täglichen Meditationsübungen während des Kurses und zwei Monate danach war hoch. Darüber hinaus berichteten die Teilnehmer über einen verringerten Alkoholkonsum, ein höheres Achtsamkeitsniveau und einen Rückgang verschiedener potenzieller Rückfallauslöser, wie z. B. Depression, Angst, Stress und

Suchtmittelverlangen. In dieser Studie wurden auch verschiedene biologische Marker für Stress und Gesundheit untersucht und moderat geringere Werte ermittelt, die auf eine bessere Gesundheit und mehr Wohlbefinden hindeuten.

Brewer und Kollegen (2009) haben vor kurzem die Auswirkungen von Achtsamkeitstraining und Kognitiver Verhaltenstherapie (KVT) bei Personen mit alkohol- und/oder kokainbezogenen Störungen miteinander verglichen. Nach einer randomisierten Zuweisung und dem Abschluss der Therapie nahmen sowohl die Achtsamkeitstraining-Gruppe als auch die KVT-Gruppe an einem personalisierten Stressprovokationstest teil. Anschließend füllten sie einen Selbstbeurteilungsfragebogen aus, und es wurden psychophysiologische Messungen der Hautleitfähigkeit, der Herzfrequenz und der Variabilität der Herzfrequenz durchgeführt. Die Ergebnisse zeigten, dass die Achtsamkeitsgruppe geringere psychologische und physiologische Stressreaktionen als die KVT-Gruppe aufwies.

Insgesamt gesehen liefern diese Studien überzeugende erste Hinweise auf die Wirksamkeit von MBRP. Weitere Replikationsstudien zur Evaluierung des Nutzens einer längerfristigen Unterstützung nach der Therapie, zur Ermittlung der Veränderungsmechanismen und zur Klärung der Frage, für wen diese Therapieform am besten geeignet ist, werden zu einer weiteren differenzierten Bewertung des Programms beitragen. In den folgenden Kapiteln wird das Programm beschrieben, wie es in der dargestellten Untersuchung durchgeführt wurde. Wir gehen davon aus, dass MBRP weiterentwickelt werden wird, wenn in künftigen Studien Stärken und Schwächen dieses Ansatzes ermittelt werden konnten und die Anwendung bei spezifischen Populationen spezifische Änderungen erfordert. Auf diese Weiterentwicklung von MBRP freuen wir uns.

Teil II
Therapiemanual

3 Rahmenbedingungen

Wie in Teil I beschrieben, ist dieses Buch für Therapeuten gedacht, die einen eigenen Bezug zur der Achtsamkeitsmeditation haben, diese täglich selbst praktizieren und im Idealfall über eine formale Ausbildung in MBRP, MBSR oder MBCT verfügen. Wir empfehlen, vor dem Therapiemanual zunächst Teil I zu lesen.

Die folgenden Kapitel bieten einen Rahmen für die Durchführung von MBRP-Gruppen. Bei den abgedruckten wörtlichen Instruktionen für die Meditationsübungen handelt es sich lediglich um Vorschläge und Beispiele, die die therapeutische Anleitung von Meditationen erleichtern sollen. Wie bereits in der Einleitung erwähnt, kann der Therapeut den Teilnehmern bei der Anleitung jeder der Übungen mit seinem persönlichen Engagement glaubwürdig Spontaneität, Präsenz und Offenheit gegenüber dem eigenen Erleben vorleben. Dies schafft eine Authentizität, die verlorengehen könnte, wenn er sich an ein vorformuliertes Skript hielte. Gleichzeitig lebt der Therapeut dadurch jenes »Vertrauen in das eigene Erleben« und Fokussierung auf die Gegenwart vor, die für die MBRP von grundlegender Bedeutung sind. Wir ermutigen daher den Therapeuten, die Meditationsübungen nicht nur anzuleiten, sondern auch an ihnen selbst teilzunehmen, sie aus seinem eigenen Erleben während der Übungen heraus anzuleiten, anstatt den Teilnehmern einfach Anweisungen zu geben oder von einem Skript abzulesen.

3.1 Überblick über die Sitzungen

In den folgenden acht Abschnitten werden die einzelnen Gruppensitzungen dargestellt (s. folgenden Kasten). Jedes Kapitel enthält zunächst einen Überblick über die Themen der jeweiligen Sitzung und dann eine detaillierte Besprechung der Techniken und Übungen sowie der häufig auftretenden Ereignisse und Schwierigkeiten. Zur Veranschaulichung haben wir außerdem Auszüge aus Therapiegesprächen in wörtlicher Rede eingefügt.

Das MBRP-Programm
- ▶ Sitzung 1: Autopilot und Rückfall
- ▶ Sitzung 2: Achtsame Wahrnehmung von Auslösern und Suchtmittelverlangen
- ▶ Sitzung 3: Achtsamkeit im Alltag
- ▶ Sitzung 4: Achtsamkeit in Rückfallrisikosituationen
- ▶ Sitzung 5: Akzeptanz und bewusstes Verhalten
- ▶ Sitzung 6: Ein Gedanken ist ein Gedanke ist ein Gedanke
- ▶ Sitzung 7: Selbstfürsorge und ausgewogener Lebensstil
- ▶ Sitzung 8: Soziale Unterstützung und weiteres Üben

Die spezifischen Übungen und Arbeitsblätter für die jeweilige Sitzung finden Sie im Anhang des Buches und bei den Online-Materialien.

Obwohl jede Therapiesitzung ein zentrales Thema hat, sollen alle Sitzungen jeweils auf den Materialien und Übungen der Vorwoche aufbauen. Ähnlich wie in der MBSR und der MBCT beginnt der Kurs in den ersten drei Therapiesitzungen mit einer erfahrungsorientierten Einführung zu unserer Neigung, in den Modus des »Autopiloten« zu fallen. Indem die Teilnehmer sich diese tief verwurzelte habituelle Tendenz bewusst machen und üben, ihre Aufmerksamkeit stattdessen auf den gegenwärtigen Augenblick zu lenken, beginnen sie, sowohl in der Sitzung als auch in ihrem Alltag aus diesem automatisierten Modus herauszutreten. Gleichzeitig geht es um die bewusste Wahrnehmung der Rolle des Autopiloten im Moment eines Rückfalls. In den Therapiesitzungen 4 bis 6 setzen sich die Teilnehmer mit der Anwendung der bis dahin erlernten Techniken auf Situationen auseinander, in denen sie besonders rückfallgefährdet sind. Es werden individuelle Risikoprofile erstellt und der Einsatz von Achtsamkeitsfertigkeiten in kritischen Situationen geübt. Die Sitzungen 7 und 8 dienen schließlich der Erweiterung des Horizonts der Teilnehmer auf die Gestaltung und Beibehaltung eines Lebensstils, der sowohl der Überwindung der Suchtproblematik als auch der Übung der Achtsamkeit dienlich ist.

Die erste Meditationsübung des Kurses ist die Body-Scan-Meditation. Über die gesamten acht Wochen hinweg ist die Fokussierung auf den Körper, die immer wieder durch Gehmeditation, achtsames Sich-Bewegen und anschließende Reflexion unterstützt wird, von zentraler Bedeutung. Der eigene Körper als Basis von Achtsamkeit sorgt zuverlässig dafür, dass die Aufmerksamkeit auf den gegenwärtigen Augenblick gelenkt werden kann. Diese Übung bietet den Teilnehmern auch die Gelegenheit, an sich zu beobachten, wie unser Denken auf unangenehme Erfahrungen reagiert, und zu lernen, wie man auch »mit« Unbehagen oder Suchtverlangen leben kann, anstatt habituell und oft destruktiv dagegen anzurennen. Die Übungen vermitteln nach und nach, wie man mit emotionalem Unbehagen arbeitet, und ermutigen zu mehr Güte und Akzeptanz dem eigenen inneren Erleben gegenüber. Sobald die Teilnehmer eine gewisse Erfahrung mit der Beobachtung von Empfindungen und emotionalen Zuständen haben, werden sie in die Beobachtung ihrer damit verbundenen Gedanken als Gegenstand der bewussten Wahrnehmung eingeführt. In den letzten Sitzungen werden schließlich Übungen zur aktiven Kultivierung von Selbstfürsorge und Selbstmitgefühl eingeführt.

3.2 Anfang und Ende der Sitzungen

Neben der Planung der spezifischen Struktur und der Vorbereitung von Materialien für die einzelnen Gruppentherapiesitzungen kann auch eine Meditationsphase des Therapeuten vor jeder Sitzung seine bewusstere Wahrnehmung und stärkere Ausbildung jener Eigenschaften fördern, die wir bei unseren Teilnehmern unterstützen wollen. Wenn der Sitzungsraum vom Therapeuten in einem ruhigeren, klareren

Bewusstseinszustand betreten wird, erzeugt dies bei den Teilnehmern eine Atmosphäre von Erdung, Sicherheit und Akzeptanz.

Oft enden die Gruppensitzungen in einem Durcheinander von Papieren, Details zur Terminplanung und damit, dass die Teilnehmer ihre persönlichen Sachen zusammensuchen. Dem Üben im Alltag dient es, wenn die Teilnehmer aufgefordert werden, in einem solchen Moment innezuhalten, ohne eine bestimmte Stellung einzunehmen, und sich kurz auf ihren Atem, auf Geräusche oder auf das, was in ihrem Körper geschieht, zu konzentrieren. Sie können dazu ermutigt werden, in dieser Achtsamkeitshaltung zu bleiben, während sie ihre Sachen zusammensuchen und dann in ihren Tag oder Abend hinausgehen.

4 Das MBRP-Programm

4.1 Sitzung 1: Autopilot und Rückfall

Das Leben endet nicht mit dem Tod
das Leben endet Minute für Minute
jeden sich dahinziehenden Tag
in allen kleinen Dingen, die wir achtlos tun
Stephen Vincent Benet

Materialien

▶ Rosinen (oder getrocknete Cranberries), Schale, Löffel
▶ Body-Scan-CDs
▶ Hefter mit Arbeitsblättern
▶ Glocke
▶ Flip Chart/Stift
▶ Arbeitsblatt 1.1: Überblick über die Sitzungen
▶ Arbeitsblatt 1.2: Definition von Achtsamkeit
▶ Arbeitsblatt 1.3: Sitzung 1: Autopilot und Rückfall
▶ Arbeitsblatt 1.4: Protokollbogen für das Üben zu Hause

Thema

Wenn wir Verlangen nach Alkohol oder Drogen verspüren, verhalten wir uns oft reaktiv, d. h. ohne wirklich bewusste Wahrnehmung dessen, was eigentlich geschieht und was die Konsequenzen unseres Handelns sein werden. In der ersten Sitzung wird das Konzept des »Autopiloten« eingeführt – d. h. jenes Verhaltensmodus, bei dem der Mensch ohne bewusste Wahrnehmung reagiert, und es wird auf den Zusammenhang zwischen Autopilot und Rückfall eingegangen. Wir beginnen damit, dass wir mit Hilfe achtsamer Wahrnehmung Autopilotmomente erkennen und dann lernen, wie wir von automatischen, oftmals selbstschädigenden Verhaltensweisen zum Beobachten dessen gelangen, was in diesem Moment in unserem Denken geschieht, ohne dass wir »automatisch« reagieren. In dieser Sitzung wird die Rosinen-Übung genutzt, um unsere Fähigkeit zu achtsamer Wahrnehmung zu stärken und dem Autopilotmodus gegenüberzustellen. Anschließend wird die Body-Scan-Meditation eingeführt, um unsere Aufmerksamkeit auf unser aktuelles Körpererleben konzentrieren zu können.

▶

Das wichtigste Ziel der ersten Sitzung ist es, einige Grundlagen der Achtsamkeitspraxis zu vermitteln, bei den Teilnehmern ein Gespür für den Modus des Autopiloten zu entwickeln und sie erste Schritte zur Unterscheidung zwischen automatischer und achtsamer Wahrnehmung machen zu lassen. Darüber hinaus wird auf den Zusammenhang zwischen Autopilotmodus und Rückfall eingegangen. Die Teilnehmer sollen die grundlegenden Komponenten der achtsamen Wahrnehmung durch Übungen erleben, in denen die Verlangsamung, die Lenkung ihrer Aufmerksamkeit auf den gegenwärtigen Augenblick und die Beobachtung ihres Denkens und der verschiedenen Sinnesempfindungen gefördert werden.

4.1.1 Eröffnung

Die erste Sitzung dient der Herstellung von instrumentellen Gruppenbedingungen, die es ermöglichen, einen Raum für Selbsterkundung und engagierte Mitarbeit zu schaffen. Um die erfahrungsorientierte Ausrichtung des Kurses zu unterstreichen, sollten die anfänglichen logistischen und erläuternden Ausführungen des Therapeuten möglichst kurz sein. Die Vorstellung der Teilnehmer beschränkt sich in der Regel auf die Nennung des Namens und eine (kurze) Begründung für die Teilnahme an dem

Kurs. Oft nennen Teilnehmer hierbei externale Motive wie z. B. die Notwendigkeit, ihre Bewährungsauflagen einzuhalten, oder das Honorar, das sie für ihre Teilnahme an einer Forschungsstudie erhalten. Auch wenn dies die entscheidenden Teilnahmegründe sind, kann eine zweite Reflexionsrunde sinnvoll sein, um auf ein tieferes Teilnahmemotiv oder ein nachhaltigeres Veränderungsziel zu stoßen. Der Therapeut kann z. B. die Teilnehmer in einer zweiten Vorstellungsrunde bitten, einen Augenblick lang darüber nachzudenken, was ihnen in ihrem Leben wirklich wichtig ist (z. B. die Beziehung zu ihrer Familie oder ein volles, reiches Leben). Er kann z. B. fragen: »Was ist Ihnen hier am wichtigsten? Wenn die Behandlung Ihnen wirklich helfen könnte, das Leben zu haben, das Sie sich wünschen, was würde sich dann ändern?« Auch hier sollten die Äußerungen der Teilnehmer allerdings kurz gehalten werden.

4.1.2 Erwartungen an die Gruppe und Regeln in Bezug auf Vertraulichkeit und Datenschutz

In der Diskussion über Fragen der Vertraulichkeit und allgemeine Gruppenregeln fragen wir die Teilnehmer oft, was es bräuchte, damit sie ein Gefühl der Sicherheit und des Wohlbefindens haben, und was dazu beitragen könnte, ihre Gruppenteilnahme bzw. ihr -engagement zu fördern. Angesprochen werden vor allem die regelmäßige Teilnahme, die rechtzeitige Absage, wenn ein Teilnehmer verhindert ist, Vertraulichkeit, engagierte Mitarbeit, Ehrlichkeit, eine nicht wertende Haltung sowie grundlegende Achtung der Bedürfnisse und Erfahrungen anderer Gruppenmitglieder. Eine Gruppendiskussion über diese Punkte zu Therapiebeginn stärkt die Gruppenkohäsion und fördert bei den Teilnehmern eine Haltung von Achtung und Engagement, die ihrerseits die Chancen erhöht, von der Gruppenteilnahme zu profitieren.

4.1.3 Sitzungsstruktur und -ablauf

Die Besprechung der Grundstruktur und des Ablaufs des Kurses, wie z. B. Termine, Pausen usw., sind wichtig, sollten aber ebenfalls möglichst kurz gehalten werden, um die erfahrungsorientierte Ausrichtung des Programms bereits von der ersten Sitzung an zu unterstreichen. Sinnvollerweise wird den Teilnehmern gesagt, dass sich die Gruppengespräche auf ihr aktuelles Erleben konzentrieren und nicht auf »Geschichten« aus der Vergangenheit, Rationalisierungen oder argumentative Auseinandersetzungen. Während des gesamten Kurses sollen die Therapeuten das Gespräch immer wieder darauf hin lenken, dass die Gruppenmitglieder zu ihrem momentanem Erleben zurückkehren, und mit Hilfe einer Glocke eine Pause »einläuten«, wenn die Gruppe hiervon abschweift. Die Therapeuten erläutern, dass die Sitzungen viele Materialien und Übungen enthalten und dass deshalb nicht jeder Teilnehmer nach jeder Übung Gelegenheit hat, sich über seine Erfahrung auszutauschen. Da aber immer wieder ähnliche Themen und Übungen bearbeitet werden (Arbeitsblatt 1.1), haben alle Teilnehmer irgendwann Gelegenheit, über ihre persönlichen Erfahrungen zu sprechen.

AB
1.1

Die Teilnehmer sollten alle Bewertungen oder Überlegungen zum Wert der Übungen möglichst bis zum Ende des Kurses zurückstellen und stattdessen bereit sein, erst einmal alles, was auf sie zukommt, neugierig und offen anzunehmen. Am Ende des achtwöchigen Kurses haben sie ja immer noch ausreichend Gelegenheit, den Wert der Übungen für ihr Leben zu beurteilen und zu entscheiden, ob sie damit weitermachen wollen oder nicht. Solange sie bereit sind, den Kurs zu besuchen, sind sie dagegen aufgefordert, »ins Wasser zu springen« und sich in vollem Umfang zu beteiligen.

Bei der Diskussion über das Üben zu Hause sollte den Teilnehmern vermittelt werden, dass die Übungen innerhalb einer Sitzung lediglich eine Einführung sind, sie dabei zwar auf jeden Fall etwas lernen können, der Kurs aber dann am wirkungsvollsten ist, wenn sie die Übungen in ihren Alltag integrieren, was – vor allem am Anfang – eine gewisse Überwindung und Anstrengung erfordert. Tägliche Meditationsübungen und das Ausfüllen der Arbeitsblätter außerhalb der Gruppe sind ebenso wichtig wie die Teilnahme an allen acht Sitzungen. Jede Gruppensitzung baut auf Themen und Übungen der vorherigen Wochen auf; daher sind die regelmäßige wöchentliche Teilnahme und intensives Üben zu Hause entscheidend für den Nutzen des Programms.

4.1.4 Übung 1.1: Rosinen-Übung, Autopilot und Rückfall

Jede Gruppensitzung beginnt mit einer Achtsamkeitsübung, gefolgt von einer gemeinsamen Reflexion (sog. »inquiry«), in der der Therapeut das Erleben der Teilnehmer während der Übung erkundet. Wie im Abschnitt 4.1.1 über die Eröffnung der Sitzung beschrieben, wird die gemeinsame Reflexion durch offene Fragen geleitet und durch dieselbe nicht wertende, auf die Gegenwart fokussierte therapeutische Haltung gefördert, wie sie auch in den Achtsamkeitsübungen bei den Teilnehmern angestrebt wird.

Wie bei der MBSR und der MBCT wird bei der ersten Achtsamkeitsübung im MBRP-Programm eine einzige Rosine achtsam beobachtet und anschließend gegessen. In einigen der Gruppen ersetzen wir die Rosinen durch getrocknete Cranberries, weil Rosinen manche unserer Teilnehmer an Wein und damit Alkohol erinnern. Auch wenn diese Assoziation eine gute Gelegenheit bieten würde, um auf die Erfahrung des Suchtmittelverlangens einzugehen, wollen wir diese erste Übung möglichst einfach halten. Auf die achtsame Beobachtung von Suchtmittelverlangen wird weiter unten eingegangen. Die Rosinen-Übung ist ein wunderbares Beispiel für eine Tätigkeit, die wir wahrscheinlich schon Hunderte von Malen ausgeführt haben, ohne groß darauf zu achten. Außerdem ist Essen eine »Baucherfahrung«, bei der Körperempfindungen und Reaktionen wie »Mögen/Appetenz« oder »Nicht mögen/Widerwille« wahrgenommen werden können. Die Verlangsamung und achtsame Wahrnehmung der verschiedenen Empfindungen, Gedanken, Impulse und sogar Gefühle, die mit dieser einfachen Tätigkeit verbunden sind, können veranschaulichen, wie ein typisches automatisches Verhalten, wenn es bewusst beobachtet wird, ein breites Spektrum an Erfahrungen enthält. Die Teilnehmer erfahren den Unterschied zwischen achtsamer

Übung
1.1

Wahrnehmung und einem eher automatischen Reaktionsmodus und haben Gelegenheit, über den Zusammenhang zwischen Autopilot, Abhängigkeit und Rückfall zu diskutieren.

Nach der Übung erkundigen sich die Therapeuten nach den Erfahrungen der einzelnen Teilnehmer, nach ihren Empfindungen, Gedanken, Gefühlen und Impulsen sowie nach etwaigen Reaktionen auf diese Erfahrungen, wie Bewertungen, Widerwillen oder Genuss. Der Schwerpunkt liegt auf der unmittelbaren Erfahrung, auf die die Therapeuten in der gemeinsamen Reflexion gegebenenfalls immer wieder hinlenken. Die Teilnehmer stellen fast immer fest, dass sie eine Rosine noch nie »wirklich« geschmeckt oder ihre Eigenschaften genau wahrgenommen haben und dass sie normalerweise eine ganze Handvoll davon essen, ohne auch nur wahrzunehmen, dass sie sie verzehren. Daraus ergeben sich oft Diskussionen über die Parallelen zwischen dieser Erfahrung und der Situation, dass sie blind dem Verlangen oder Drang nach Suchtmitteln nachgeben, ohne auf die zahlreichen Zwischenschritte zu achten, die in die Abwärtsspirale eines Rückfalls führen.

Deutlich wird dies im folgenden Beispiel:

TH: Was haben Sie bei dieser Übung wahrgenommen?

TN 1: Ich habe gemerkt, dass ich darüber nachgedacht habe, dass diese Rosine einmal lebendig war, und ich habe gemerkt, dass sie Samen in sich hatte. Dann habe ich automatisch gedacht »Traube – das war einmal eine Traube. Jetzt ist es eine Rosine.«

TH: Es kamen also Gedanken über die Geschichte dieses Gegenstands auf. Sie haben außerdem eine der weniger auffälligen Eigenschaften des Gegenstands, wie die Samen, wahrgenommen.

TN 2: Ich habe die Farbe wahrgenommen, ein wunderschönes Rot. Es war so, als sei eine Seite schrumpelig mit winzig kleinen Samenkörnchen. Die andere Seite hat geglänzt. Dann bin ich gedanklich abgeschweift und habe daran gedacht, dass ich diese Informationen zu einem anderen Planeten beame. Danach habe ich wieder an die Rosine gedacht. Ich habe mich gefreut, als Sie gesagt haben: »Stecken Sie die Rosine in den Mund.«

TH: Sie haben also eine Menge ganz unterschiedlicher Dinge registriert. Die Farbe und die Oberfläche des Gegenstands und die Tendenz unserer Gedanken, in eine Fantasie abzuschweifen. Das war Ihnen offensichtlich auch bewusst und Sie konnten Ihre Aufmerksamkeit wieder auf das aktuelle Geschehen lenken. Und schließlich haben Sie ein Gefühl der Vorfreude bzw. Appetenz verspürt.

TN 2: Aber als ich reingebissen habe, habe ich den Geschmack nicht gemocht.

TH: Wenn Sie sagen, Sie haben den Geschmack nicht gemocht, was ist da passiert? Wie haben Sie das »Nicht-Mögen« erlebt?

TN 2: Als die Rosine hinten in meinem Mund ankam, bevor ich sie geschluckt habe, war da so eine Reaktion in meinem Mund, meinem Hals und meinem Mund, und ich dachte »Ich mag das nicht.«

TH: Also eine körperliche Reaktion und der Gedanke »Ich mag das nicht.«

TN 3:   Ich hatte den Gedanken, dass ich mehr will.

TH: Ahh. Also ein Bewusstsein davon, dass diese Erfahrung enden würde, und der Wunsch, dass sie weitergeht, dass Sie mehr davon haben wollen. Haben Sie noch irgendwelche Empfindungen gehabt, neben dem Gedanken, dass Sie mehr wollen?

TN 3:   Ja, ich habe gemerkt, wie mir das Wasser im Mund zusammenläuft.

In diesem Therapieausschnitt hebt der Therapeut auf die unmittelbare sensorische Erfahrung des Teilnehmers ab und lenkt Kommentare, die in Geschichten oder Interpretationen abdriften, behutsam wieder darauf zurück. Außerdem unterscheidet er zwischen Gedanken und Empfindungen. Damit bezweckt er, dass die Teilnehmer nicht nur ihre Aufmerksamkeit auf ihr unmittelbares Erleben richten, sondern dass sie auch die Tendenz ihres Denkens wahrnehmen, von der Gegenwart abzuschweifen, und dass sie lernen, ihre Aufmerksamkeit behutsam und ohne zu urteilen wieder zurückzulenken. Außerdem wird die Vorstellung eingeführt, dass Gedanken nur »Gegenstände des Bewusstseins« und keine objektiven Tatsachen oder Wahrheiten sind.

TH: Lassen Sie mich eine Fragen stellen: Nehmen Sie denn alle diese Einzelheiten auch wahr, wenn Sie normalerweise eine Rosine essen?

TN 1:   Nein, ich noch nie. Ich esse sie einfach.

TH: Wie unterscheidet sich unsere Übung davon, wie Sie normalerweise eine Rosine essen?

TN 1:   Normalerweise schiebe ich einfach eine Handvoll in den Mund.

TH: Also macht die Geschwindigkeit etwas aus. Sie essen normalerweise schneller.

TN 1:   Ja, vor allem, wenn ich abends nach Hause komme. Dann esse ich einfach und achte normalerweise nicht darauf.

TH: Ihre Gedanken sind dann also woanders, nicht bei dem, was Sie gerade tun. Vielleicht geht Ihnen der Tag nochmal durch den Kopf, oder Sie überlegen, was Sie als Nachtisch essen könnten, oder Sie machen sich Sorgen wegen eines Termins am nächsten Tag. Sie essen also automatisch.

TN 1:   Ich weiß ja, was ich esse, also achte ich nicht darauf. Ich schaue das Essen nicht an. So habe ich es schon tausend Mal gemacht.

TN 2:   Ja, ich habe noch nie so langsam gegessen, das Essen angeschaut, es gefühlt und es genossen.

TN 1:   Es ist, wie wenn man eingesperrt war und seine Freiheit zurückbekommt. Wenn man sie hat, schätzt man sie nicht. Aber wenn sie einem genommen wird, begreift man plötzlich wieder, was Freiheit ist. Plötzlich schätzt man alles viel mehr und nimmt alles wahr, was vorher selbstverständlich war.

TH: Alles, was Sie für selbstverständlich gehalten haben, nehmen Sie plötzlich wieder wahr und schätzten es – auch die sogenannten »kleinen« Dinge. Und irgendwie besteht für Sie ein Zusammenhang zwischen dieser Erfahrung und Freiheit – interessant.

Sie haben davon gesprochen, dass das Essen automatisch geht, dass Sie das schon tausend Mal so gemacht und nicht darauf geachtet haben. Unsere Sitzungen haben jede Woche ein Thema, und diese Woche geht es genau darum: um den »Autopiloten«. Fallen Ihnen andere Beispiele für Situationen in Ihrem Leben ein, in denen Sie gewissermaßen auf Autopilot geschaltet haben?

TN 3:   Wenn ich zur Arbeit fahre. Da frage ich mich hinterher: »Was war denn da?« Die ganze Zeit ist einfach weg.

Auch dieser Dialog veranschaulicht, dass der Therapeut möglichst Ideen und Themen der Teilnehmer erfragt, anstatt ihnen die wichtigsten Themen »beizubringen« oder auf die Bedeutung des Übens hinzuweisen. Wenn er die Teilnehmer fragt, inwiefern sich die Erfahrung mit der Rosine von ihren üblichen Verhaltensweisen unterscheidet, sensibilisiert er sie für ihre Tendenz, mit eingeschaltetem Autopiloten zu leben. Wir haben die Erfahrung gemacht, dass diese Themen – mit einer behutsamen Hinführung, offenen Fragen und einem Fokus auf das aktuelle Erleben – durch die Teilnehmer von ganz allein zur Sprache gebracht werden. Dabei unterscheiden die Teilnehmer mehr und mehr zwischen Achtsamkeit und ihren üblichen Erfahrungen und erkennen letztendlich auch den Zusammenhang zwischen ihren üblichen Verhaltensweisen und einem Rückfall. Hilfreich ist es auch, alle Teilnehmer einzubeziehen und zu fragen, ob andere Teilnehmer in der Gruppe ähnliche oder andere Erfahrungen gemacht haben, um darauf hinzuweisen, dass solche Erfahrungen nicht auf eine Person beschränkt sind. In der Regel haben mehrere Teilnehmer in der Gruppe solche Erfahrungen gemacht. Anschließend stellt der Therapeut den Zusammenhang zwischen der Übung und dem Thema Rückfall her:

TH: Warum also machen wir diese Übung in einer Gruppe zur Rückfallprävention? Was könnte das alles mit Rückfall und Abhängigkeit zu tun haben?

TN 1:   Wenn man anfängt zu trinken, ist man auf Autopilot. Das hat man schon tausend Mal so gemacht. Man weiß schon, wo man automatisch hingeht und was man tun wird. Das ist ganz unbewusst.

TN 2:   Bei mir passiert das lange, bevor ich tatsächlich das Suchtmittel konsumiere. Das kann schon einen Monat vorher sein. Da taucht dann plötzlich ein Gedanke auf, oder ich tue etwas … Ich habe zum Beispiel Drogen verkauft, aber keine konsumiert. Dabei wusste ich schon ganz genau, dass ich irgendwann welche nehmen würde. Ich habe mich total selbst belogen. Wenn man nicht innehält und aufpasst, ist man schon wieder auf dem Weg dahin und merkt es nicht.

TH: Es geht also darum, die Geschwindigkeit herunterzufahren und festzustellen, wo wir sind und was unsere Gedanken tun. Wenn wir das, was im Augenblick passiert, bewusster wahrnehmen, können wir bessere Entscheidungen treffen.

In diesem Kurs üben wir, Empfindungen, Gedanken und Gefühle wahrzunehmen, vor allem in Bezug auf Suchtmittelverlangen und Rückfall. Wir
üben, eine andere Beziehung zu diesen Erfahrungen zu entwickeln, insbesondere zu den schwierigen, sodass wir nicht einfach in unser übliches Verhaltensmuster verfallen. Wir versuchen nicht, alle schwierigen Erfahrungen zu
vermeiden, sondern wir lernen, eine andere Beziehung zu ihnen zu entwickeln, sodass wir mehr Möglichkeiten haben, uns anders zu verhalten.
Auf diese Weise sollen sie nach Möglichkeit nicht mehr so viel Kontrolle über
uns haben.

4.1.5 Was ist Achtsamkeit?

Mit der Rosinen-Übung können die Teilnehmer eigene Achtsamkeitserfahrungen
erkunden und anfangen, sich darüber mit anderen auszutauschen. Nach der Übung
bitten wir sie, aus der darin gemachten Erfahrung heraus zu beschreiben, was »Achtsamkeit« für sie bedeutet. Dabei fallen oft Begriffe wie bewusste Wahrnehmung,
Entscheidungsfreiheit, auf die Gegenwart fokussiert oder »im gegenwärtigen Augenblick« sein, mit automatischen Reaktionen aufhören oder ein Gefühl der Verbundenheit empfinden. Es kann hilfreich sein, diese Begriffe auf ein Flip Chart zu schreiben
und sich daraus ergebende Fragestellungen festzuhalten. In der Regel verteilen wir
dazu ein Arbeitsblatt (AB 1.2) mit Kabat-Zinns Beschreibung der Achtsamkeit: »Achtsamkeit bedeutet, auf eine bestimmte Weise aufmerksam zu sein: bewusst, im gegenwärtigen Augenblick und ohne zu urteilen.«

AB
1.2

Die Aspekte der Aufmerksamkeit und der Fokussierung auf das aktuelle Erleben
werden von den Teilnehmern häufig angesprochen, während Offenheit und Freundlichkeit der eigenen Erfahrung gegenüber seltener erwähnt werden. Diesen Aspekt der
Übung stellen wir im Lauf des Kurses immer wieder heraus: Achtsamkeit bedeutet
nicht nur, auf das zu achten, was gerade geschieht, sondern auch, Mitgefühl zu
empfinden und allen aufkommenden Erfahrungen gegenüber eine möglichst nicht
wertende Haltung einzunehmen. Die Teilnehmer erleben in aller Regel, dass sie über
sich selbst, ihr Erleben und ihre Fähigkeit, die Übung durchzuführen, urteilen. Wir
üben, auch diesen Reaktionsweisen neugierig anstatt urteilend und wertend zu
begegnen, indem wir zum einen diese Haltung gegenüber allem, was die Teilnehmer
in der Sitzung ansprechen, vorleben, und sie zum anderen ausdrücklich darauf
hinweisen, dass sie sich selbst gegenüber »gütig« sein sollen. Die Teilnehmer sollten
im Verlauf des Kurses immer wieder dazu ermutigt werden, allen Erfahrungen – ob
angenehm oder unangenehm – Raum zu geben und sie neugierig und bewusst
wahrzunehmen. Kommen beispielsweise aversive Empfindungen auf die Rosinen-
Übung auf, bietet dies eine hervorragende Gelegenheit, um die Bedeutung der
bewussten Wahrnehmung auch unangenehmer Gefühle zu unterstreichen und eine
neugierige und nicht wertende Haltung auch dem gegenüber vorzuleben, was wir nicht
mögen.

4.1.6 Übung 1.2: Body-Scan-Meditation

Wie bei der MBSR und der MBCT handelt es sich bei der ersten klassischen Meditationsübung des Kurses um die Body-Scan-Meditation. In der Vipassana- oder »Einsichts«-Meditation, aus der diese Übung kommt, wird die bewusste Wahrnehmung des eigenen Körpers als erste Grundlage der Achtsamkeit beschrieben. Darauf aufbauend wird dann die achtsame Wahrnehmung anderer Erfahrungsebenen, wie z. B. von Gefühlen und Gedanken einbezogen. Auch hier ist es wieder unerlässlich, als Therapeut Offenheit und Neugier gegenüber allen während des Body-Scans aufkommenden Erfahrungen zu betonen, Teilnehmererwartungen im Hinblick darauf, was man erleben oder nicht erleben sollte, aus dem Weg zu räumen, und die Teilnehmer daran zu erinnern, dass es nur darum geht, auf ihre wie auch immer gearteten Erfahrungen während der Übung zu achten.

Übung 1.2

Im Kontext der Rückfallprävention kann das Einüben der achtsamen Wahrnehmung körperlicher Erfahrungen besonders wertvoll sein, da sich klassisch konditionierte Reaktionen auf Suchtmittelreize (sog. cue reactivity), Suchtmittelverlangen und der Drang zu konsumieren häufig körperlich manifestieren, bevor dann die nachfolgende Kette von Rückfallgedanken und -verhaltensweisen in Gang gesetzt wird. Im Modus des Autopiloten verlieren wir oft den Kontakt zu unserem unmittelbaren körperlichen Erleben in einer Risikosituation. Unsere Wahrnehmung wieder auf unsere ursprünglichen Körperempfindungen zurückzulenken bietet daher die Möglichkeit, wieder in bewussten Kontakt zu unserem aktuellen Erleben im Moment einer Risikosituation zu gelangen. Dies kann ein erster Schritt sein, um aus automatischen Verhaltensmustern heraus zu achtsameren Entscheidungen zu gelangen.

Da dies die erste »offizielle« Meditationsübung ist, sollte es den Teilnehmern überlassen werden, ob sie dabei auf dem Boden liegen oder auf einem Stuhl sitzen möchten und ob sie die Augen lieber offen oder geschlossen halten wollen, je nachdem, wie sie sich sicherer und wohler fühlen. Entscheidend ist, dass die Teilnehmer sich ausreichend Zeit nehmen, um für sich eine ausbalancierte und stabile Haltung – vor allem, wenn sie sitzen – zu finden, in der sie 25 bis 30 Minuten verharren können.

In der gemeinsamen Reflexion nach der Body-Scan-Meditation berichten die Teilnehmer in der Regel über ganz unterschiedliches Erleben, von Erfahrungen der Ruhe und Entspannung bis hin zu Erfahrungen von Unruhe und körperlichem Unbehagen. Oft ergibt sich ein Therapiegespräch wie das folgende:

TH: Was haben Sie beobachtet und erfahren?
TN 1:   Das war wirklich sehr entspannend.
TH: Was war an dieser Erfahrung körperlich oder geistig »entspannend«?
TN 1:   So ein Gefühl des Loslassens und ein tieferes Atmen.
TH: Also vielleicht das Loslassen von Spannungen und ein Vertiefen des Atems.
TN 2:   Ich habe bemerkt, dass meine Gedanken zuerst abgeschweift sind, aber später war das dann nicht mehr so stark.
TH: Ah ja. Hat sonst noch jemand bemerkt, dass seine Gedanken abschweifen?

In diesem Beispiel beginnt der Therapeut mit der ersten Ebene des Erkundungs-prozesses, indem er auf die unmittelbare Erfahrung der »Entspannung« abhebt. Danach spricht er an, dass das Abschweifen der Gedanken keine rein persönliche Erfahrung ist. Damit normalisiert und validiert er eine Erfahrung, die Teilnehmer oft zu Selbstbeurteilung verleitet oder bei ihnen die Erwartung weckt, dass die Gedanken nicht abschweifen sollten, wenn man sich wirklich voll konzentriert. Der Therapeut beginnt damit, dass er diese Tendenz der Gedanken anerkennt (»Ah ja«) und dann die anderen Teilnehmer nach ähnlichen Erfahrungen fragt (»Hat sonst noch jemand bemerkt, dass seine Gedanken abschweifen?«). Der Therapeut kann auch von seinen eigenen Erfahrungen mit der Übung berichten, um etwaige falsche Vorstellungen bei den Teilnehmern zu verringern und zu zeigen, wie weit verbreitet diese Tendenz ist. Im weiteren Gespräch kann er den Aspekt der »gedanklichen Ausuferung« erkunden, indem er Fragen zu den Reaktionen der Teilnehmer auf ihre abschweifenden Gedan-ken und deren Beurteilung stellt. Wie der folgende Gesprächsausschnitt zeigt, werden nicht jedes Mal alle Ebenen der Reflexion angesprochen, und es gibt auch keine bestimmte Reihenfolge:

TH: Was ist bei denjenigen, bei denen die Gedanken abgeschweift sind, passiert, als Sie es bemerkt haben? Wie haben Sie reagiert?

TN 1:   Na ja, ich habe bemerkt, dass ich woanders bin, dass ich nicht tue, was ich eigentlich tun soll.

TH: Sie haben also bemerkt, dass Ihre Gedanken abschweifen, und dann haben Sie einen Gedanken gehabt wie »Ich tue nicht, was ich eigentlich tun soll«?

TN 2:   Ja, so etwas wie »Ich mache das falsch«.

TH: Also den Gedanken »Ich mache das falsch«. Hat sonst noch jemand eine Beurteilung bei sich festgestellt?

TN 2:   Ja, bei mir war es genauso.

TH: Es kann hilfreich sein, wenn man feststellt, dass »Ich mache das falsch« lediglich ein Gedanke ist, und dass man dann seine Aufmerksamkeit behut-sam wieder auf den eigenen Körper lenkt. Wie wir schon früher besprochen haben, geht es bei der Achtsamkeit nicht darum, dass man keine Gedanken hat oder dass man absolut konzentriert ist, sondern darum, dass man bewusst wahrnimmt, was gerade geschieht. Wenn die Gedanken also hundert Mal abschweifen, nehmen wir das einfach zur Kenntnis und kehren dann hundert Mal wieder zu unserem Körper im Hier und Jetzt zurück. Genau das üben wir hier: Achtsam wahrzunehmen, was unsere Gedanken machen.

Oft berichten die Teilnehmer auch, dass sie vor sich hin dösen oder schläfrig werden:

TN: Ich musste darum kämpfen, wach zu bleiben, weil ich so entspannt war.

TH: Ah ja, hat sich sonst noch jemand schläfrig gefühlt? Wenn wir uns hinlegen und die Augen schließen, ist das für unseren Körper und unseren Geist oft ein Signal zum Einschlafen, vor allem, wenn wir müde sind. Wie hat sich das angefühlt?

TN: Ich bin irgendwie weggedriftet und dann hochgeschreckt und wieder aufgewacht.

TH: Haben Sie irgendwelche Gedanken wahrgenommen?

TN: Ich dachte »Ich muss wach bleiben«.

TH: Sie haben das also auch ein wenig bewertet? Manchmal ist es interessant, die Erfahrung der Schläfrigkeit mit Neugier zu betrachten. »Wie fühlt sich Schläfrigkeit eigentlich an? Wie ist es, wenn man in den Schlaf gleitet und dann wieder daraus erwacht? Welche Gedanken löst diese Erfahrung aus?« Wenn Schläfrigkeit immer wieder einsetzt, kann es helfen, die Übung im Sitzen und in einer wacheren Haltung zu machen oder die Augen leicht zu öffnen, damit ein wenig Licht eindringt – das alles können Sie im Verlauf der Woche ausprobieren.

Auch hier validiert der Therapeut wieder die Erfahrung der Teilnehmer, vermittelt Einsichten und Strategien auf der Grundlage seiner eigenen Erfahrungen und bleibt weiterhin neugierig und nicht wertend. In gewisser Weise ist dies eine Gratwanderung als Therapeut, den Teilnehmern einerseits hilfreiche Fertigkeiten im Umgang mit Schwierigkeiten beim Üben zu vermitteln und andererseits den Fokus ausschließlich auf das Erleben der Teilnehmer zu richten, ohne diese korrigieren oder beeinflussen zu wollen.

4.1.7 Üben zu Hause

Am Ende der Gruppensitzung wird auf die Bedeutung des Übens zu Hause hingewiesen (Arbeitsblatt 1.3). Dies lässt sich am besten mit einer Analogie veranschaulichen, z. B. damit, dass man ja auch täglich trainieren muss, um einen Muskel aufzubauen, der dann immer stärker wird, oder indem man fragt, ob ein Teilnehmer über eine bestimmte Fertigkeit verfügt und wie er diese entwickelt hat. Wir betonen, dass das Üben ein zentraler Aspekt des Programms ist und dass der Nutzen des Programms unmittelbar damit zusammenhängt, wie intensiv die Teilnehmer üben. Gleichzeitig wird aber auch verdeutlicht, dass Teilnehmer nicht danach beurteilt werden, ob sie üben oder nicht. Die Teilnehmer werden lediglich nachdrücklich dazu ermutigt, sich in den acht Wochen des Programms intensiv auf die Achtsamkeitsübungen einzulassen, nicht zuletzt durch tägliches Üben zu Hause. Dabei soll der Protokollbogen für das Üben zu Hause (Arbeitsblatt 1.4) helfen, das in den Gruppensitzungen Erlernte weiter zu praktizieren und die im Verlauf des Übens aufkommende Erfahrungen aufzuzeichnen, aber nicht zu bewerten. Anhand dieser Aufzeichnungen kann der Therapeut auch auf Bedenken oder Hindernisse reagieren, die möglicherweise im Lauf der Woche auftreten.

AB
1.3

AB
1.4

4.1.8 Achtsamkeit im Alltag

In der Tradition der MBSR und der MBCT besteht die Übung zu Hause in der ersten Woche darin, dass die Teilnehmer ebenso aufmerksam, bewusst und neugierig, wie sie die Rosine gegessen haben, eine alltägliche Tätigkeit, wie z. B. Zähneputzen oder Geschirrspülen, ausführen. Wie bei der Rosine gilt auch hier, dass die Tätigkeit so ausgeführt werden soll, als sei es das erste Mal. Normalerweise geben wir den Teilnehmern ein paar Beispiele und bitten sie dann, selbst eine Tätigkeit auszusuchen und diese entweder jeden Tag auszuführen oder sich für jeden Tag eine andere Tätigkeit auszusuchen. Auf diese Weise können sie ohne weiteres beginnen, Achtsamkeit in ihren Alltag und Augenblicke der bewussten Wahrnehmung in ihr Leben zu integrieren. Dabei sollen die Teilnehmer erkennen, dass alle Achtsamkeitsübungen (formale und informelle) dazu dienen, ihre Achtsamkeitspraxis insgesamt zu vertiefen, sodass es wahrscheinlicher wird, dass die im Kurs gelegten Grundlagen in den alltäglichen »Routine«-Tätigkeiten ebenso zur Verfügung stehen wie in Rückfallrisikosituationen.

Gelegentlich fragt ein Teilnehmer in den ersten Sitzungen, ob man nicht auch Alkohol oder Drogen »achtsam« konsumieren könne. Wir beantworten diese Frage oft, indem wir auf den in der Regel automatisierten Suchtmittelgebrauch der Teilnehmer verweisen. Es stimmt zwar, dass wir jede Erfahrung – also auch den Suchtmittelkonsum – bewusst und achtsam erleben können, mit zunehmender Achtsamkeitspraxis wächst aber das Bewusstsein der Teilnehmer für alle Schritte, die vor dem Konsum liegen, d. h. für vorausgehendes Suchtverlangen, Gedanken und Gefühle des Unbehagens, die oft Auslöser für den Suchtmittelkonsum sind. Wir können uns auch die Gefühle bewusst machen, die dieses Verlangen antreiben, wie z. B. Angst, Langeweile oder Einsamkeit, und wir können ein Mitgefühl für unser eigenes Leiden entwickeln anstelle des reflexhaften Bedürfnisses, es zu lindern oder ihm zu entkommen. Die Achtsamkeitspraxis hilft uns auch, die Dinge klarer zu sehen und unseren Horizont zu erweitern. Mit zunehmender Klarsicht können wir schließlich bessere Entscheidungen treffen und erkennen, wie wir unser Leiden verschlimmern bzw. lernen, wie wir es verringern.

4.1.9 Abschließende Bemerkungen

Um die Wahrnehmungsfähigkeit der Teilnehmer zu fördern, beenden wir jede Sitzung mit einigen Augenblicken der Stille, gefolgt vom Klang der Glocke. Der Therapeut kann eine kurze Übung anleiten, wie z. B. die achtsame Wahrnehmung des Körpers oder des Atems, oder die Gruppe einfach einige Augenblicke stillsitzen lassen, je nachdem, was die Gruppe braucht oder wie sie sich gerade fühlt.

4.2 Sitzung 2: Achtsame Wahrnehmung von Auslösern und Suchtmittelverlangen

*Zwischen Reiz und Reaktion liegt ein Raum. In diesem Raum liegen unsere Freiheit und die Möglichkeit,
unsere Antwort zu wählen. In unserer Antwort liegt unser Wachstum und unsere Freiheit.*

Viktor E. Frankl

Materialien
▶ Flip Chart/Stift
▶ Glocke
▶ Arbeitsblatt 2.1: Häufige Schwierigkeiten in der Meditationspraxis (und im Alltag)
▶ Arbeitsblatt 2.2: Wahrnehmung von situativen Auslösern
▶ Arbeitsblatt 2.3: Sitzung 2: Achtsame Wahrnehmung von Auslösern und Suchtmittelverlangen
▶ Arbeitsblatt 2.4: Protokollbogen für das Üben zu Hause

Thema
Im Mittelpunkt dieser Sitzung stehen das Erkennen von situativen Auslösern (sog. Triggern) und Übungen, die helfen sollen, diese wahrzunehmen, ohne automatisch zu reagieren. Zunächst lernen wir, Auslöser zu identifizieren und dann zu beobachten, wie oft sie zu einer Kette von Empfindungen, Gedanken, Gefühlen und bestimmten Verhaltensweisen führen. Achtsamkeit kann diesen Prozess in unser Bewusstsein holen, automatische Reaktionsgewohnheiten aufbrechen und dadurch Flexibilität und Entscheidungsfreiheit fördern.

Ziele
▶ Weiteres Einüben der bewussten Wahrnehmung von Körperempfindungen.
▶ Üben der bewussten Wahrnehmung von körperlichen, emotionalen und kognitiven Reaktionen auf situative Auslöser.
▶ Veranschaulichen, wie diese Reaktionen oft zu habituellen Verhaltensweisen führen und uns dazu bringen, nicht mehr bewusst wahrzunehmen, was tatsächlich im gegenwärtigen Augenblick geschieht.
▶ Einführung der Achtsamkeit als einer Möglichkeit, in diesem üblicherweise vollkommen automatisiert ablaufenden Prozess eine »Pause« einzulegen.

Überblick über die Sitzung
▶ Eröffnung
▶ Übung 1.2: Body-Scan-Meditation
▶ Besprechung des Übens zu Hause und der dabei aufgetretenen Schwierigkeiten
▶ Übung 2.1: Die Straße entlanggehen

- Übung 2.2: Wellenreiten (*Urge Surfing*) und gemeinsamer Austausch über Suchtmittelverlangen
- Übung 2.3: Berg-Meditation
- Üben zu Hause
- Abschluss

Üben zu Hause
- Übung 1.2: Body-Scan-Meditation
- Arbeitsblatt 2.2: Wahrnehmung von situativen Auslösern
- Arbeitsblatt 2.4: Protokollbogen für das Üben zu Hause
- Achtsames Ausüben einer alltäglichen Tätigkeit

4.2.1 Eröffnung

Der Therapeut kann die Sitzung eröffnen, indem er nochmals gemeinsam mit den Teilnehmern alle Namen durchgeht oder sie bittet, ein oder zwei Dinge zu nennen, die ihnen seit der letzten Sitzung aufgefallen sind, oder zu beschreiben, wie sie sich gerade fühlen. Die Einführungsphase sollte allerdings kurz gehalten werden.

4.2.2 Body-Scan-Meditation

Ab der zweiten Woche beginnt jede Sitzung mit einer 20- bis 30-minütigen Meditation, gefolgt von einem gemeinsamen Austausch darüber, wie die Übung erlebt wurde. In Sitzung 2 wird die Body-Scan-Meditation aus Sitzung 1 (Übung 1.2) wiederholt. Die erfahrungsorientierte Ausrichtung des Kurses wird dadurch unterstützt, dass jede Sitzung mit einer Übung beginnt.

> Übung
> 1.2

4.2.3 Besprechung des Übens zu Hause und der dabei aufgetretenen Schwierigkeiten

Es kann hilfreich sein, bei dieser ersten Besprechung des Übens zu Hause auf das Ausfüllen der Arbeitsblätter abzuheben. Ein noch so kurzes Eingehen auf die Teilnehmer, die ihre Arbeitsblätter ausgefüllt haben, kann deren Bemühungen unterstützen und diejenigen Teilnehmer motivieren, die ihre Arbeitsblätter noch nicht ausgefüllt haben.

Inzwischen haben die Teilnehmer zum ersten Mal eine Woche lang zu Hause die Body-Scan-Meditation mithilfe der CD geübt und sind meistens auch schon auf bestimmte Schwierigkeiten gestoßen. Daher ist es ein wichtiges Ziel der zweiten Sitzung, diese Schwierigkeiten anzuerkennen und zu besprechen, sich mit Bedenken und Fragen der Teilnehmer zu befassen und Missverständnisse im Hinblick auf die

Meditation zu klären. Ablauf und therapeutischer Stil gleichen denen der vorhergehenden Sitzung: Den Erfahrungen der Teilnehmer soll von therapeutischer Seite neugierig und ohne zu urteilen begegnet werden. Einige der häufigsten von Teilnehmern in dieser Sitzung angesprochenen Schwierigkeiten während der Übungen zu Hause sind körperliches Unbehagen, Einschlafen oder Müdigkeit, ein Gefühl der Rastlosigkeit, Selbstbewertungen sowie die Erwartung, dass die Übung unbedingt ein Gefühl des Friedens und der Entspannung erzeugen müsste.

Diese Schwierigkeiten ähneln denen in der traditionellen buddhistischen Lehre. Obwohl es weder nötig noch empfehlenswert ist, gegenüber den Teilnehmern in der MBRP die buddhistische Terminologie zu verwenden, kann dieser Rahmen dem Therapeuten helfen, die bei der Achtsamkeitsmeditation häufig auftretenden Schwierigkeiten zu ermitteln (Arbeitsblatt 2.1). In der traditionellen Lehre der Achtsamkeitsmeditation werden fünf Kategorien von Schwierigkeiten beschrieben:

AB 2.1

(1) »Aversion«, die alle Formen der Angst, des Zorns, der Gereiztheit und des Grolls umfassen kann;
(2) »Verlangen und Begehren«, d. h. die Erfahrung des Wollens – die sich in einer so subtilen Form wie dem Verlangen nach Entspannung oder Frieden bis hin zu extremen Form als intensiver Suchtdruck äußern kann;
(3) »Rastlosigkeit und Unruhe«, die körperlich als ein starkes Bedürfnis, sich zu bewegen, oder als mentale Unruhe erlebt werden können;
(4) »Trägheit und Dumpfheit«, die sich als Schläfrigkeit oder mentale Antriebslosigkeit äußern;
(5) »Zweifel«, d. h. Selbstzweifel oder Zweifel hinsichtlich des Sinns oder Nutzens der Übungen.

Wenn diese Schwierigkeiten auftauchen, sind Therapeuten manchmal versucht, sie beiseite zu schieben, um sich wieder der Meditation zuwenden zu können, ganz so, als seien diese Teilnehmererfahrungen für die weiteren Meditationsübungen hinderlich. Natürlich gibt es viele Möglichkeiten, auf solche Reaktionen therapeutisch einzuwirken, es gehört jedoch zu dieser Meditation, sie einfach zu beobachten, so wie es zu der Body-Scan-Meditation gehört, den Körper zu beobachten. Wir üben, diese Empfindungen und Erlebnisse anzuerkennen und ihnen gegenüber eine neugierige Haltung zu kultivieren, anstatt ihnen zu widerstehen oder den Versuch zu unternehmen, sie auszumerzen. Im Folgenden beschreiben wir einige Schwierigkeiten, wie sie häufig von den Teilnehmern erlebt werden.

Aversion

Die erste Gelegenheit, mit der Schwierigkeit der Aversion zu arbeiten, ergibt sich oft aus der Erfahrung körperlichen Unbehagens. Nachdem die Teilnehmer eine Woche lang geübt haben, sind ihnen die Empfindungen von körperlichen Unbehagen oder Schmerzen sowie ihre Reaktion auf derartige Empfindungen oft bewusster. Häufig reagieren sie darauf mit Gereiztheit, negativer Selbstbewertung und dem Wunsch, das Unbehagen zu »beheben« oder »loszuwerden«. Manche Teilnehmer berichten auch von Verwirrung, Zweifeln und Enttäuschung, weil sie fälschlicherweise erwartet hatten, dass die Meditation von einem »angenehmen« oder »wohligen« Gefühl begleitet sein würde. Oft – und vor allem in den ersten Sitzungen – muss wiederholt auf den Zweck und die Absicht der Achtsamkeitsmeditation hingewiesen werden. In dieser zweiten Woche sprechen wir vor allem über die zunehmende Bewusstmachung und Akzeptanz aller Phänomene und der eigenen Reaktionen darauf – auch dann, wenn es sich um unangenehme und unerwünschte Erlebnisse handelt. Nach unserer Erfahrung kommt es in dieser Sitzung darauf an, über Schwierigkeiten während der Übungen zu Hause zu reflektieren, auch wenn die Teilnehmer dies nicht von sich aus ansprechen. Geschieht dies nicht, besteht die Gefahr, dass die Teilnehmer bei auftretenden Schwierigkeiten entmutigt werden, weil sie das Gefühl haben, sie würden es »nicht kapieren« bzw. »nicht richtig« machen. Gerade in den ersten Sitzungen kann es besonders wertvoll sein, häufig auftretende Schwierigkeiten zu besprechen, d. h. die (angenehmen und unangenehmen) Erfahrungen aller Mitglieder der Gruppe zu reflektieren und dabei zu betonen, dass keine Erfahrung »richtiger« oder »besser« ist als andere.

TN 1: Mich hat ein Jucken am Knie völlig abgelenkt, ich konnte mich gar nicht auf die Anleitungen konzentrieren. Ich habe versucht, es zu ignorieren, aber ich musste immer wieder daran denken.

TH: Wie hat sich das Jucken angefühlt?

TN 1: Es hat mich genervt. Ich wollte mich kratzen.

TH: Sie haben also das Jucken wahrgenommen, dann das Genervtsein und den Drang, sich zu kratzen. Wie hat sich der Drang angefühlt?

TN 1: Eine Art Rastlosigkeit. Ich hatte das Gefühl, es hindert mich, die Übung zu machen.

TH: War da auch ein Gedanke?

TN 1: Ja, ich dachte, das hindert mich daran, die Übung zu machen. Ich kann mich nicht konzentrieren.

TN 2: Mir ging es mit der Anspannung in meinem Rücken genauso.

TH: Okay, danke. Diese Erfahrung ist ziemlich häufig: Es kommt ein gewisses Unbehagen auf und der Wunsch, es zu beseitigen. Sie werden bei den Übungen diese Woche sehen, wie es ist, dem Jucken und der Anspannung bewusst und neugierig zu begegnen. Sie stellen einfach fest, wie sich ein Jucken wirklich anfühlt. Kribbelt es? Brennt es? Sie betrachten es genauer, einfach als das, was im gegenwärtigen Augenblick geschieht. In dieser Übung geht es einfach darum, sich bewusst zu machen, was man gerade erlebt. Achten Sie auch auf Ihre Reaktion, wie z. B. den Drang sich zu kratzen oder die Körperhaltung zu verändern, oder auch das Gefühl der Frustration. Wie fühlt sich das an? Natürlich können Sie sich notfalls kratzen oder Ihre Körperhaltung verändern, aber bevor Sie das tun, sollten Sie Ihre Erfahrung einfach einen Augenblick lang wahrnehmen anstatt sofort zu reagieren, wie wir das normalerweise tun. Was meinen Sie, warum wir das tun sollten?

TN 3: Ich weiß nicht. Warum sollte ich bei dem Schmerz bleiben, vor allem, wenn ich ihn weg bekommen kann?

TH: Stimmt, niemand spürt gern Unbehagen. Warum also sollten wir trotzdem üben, bei ihm zu bleiben?

TN 1: Wahrscheinlich, damit wir nicht einfach automatisch reagieren.

TH: Wir üben also innezuhalten, bevor wir reagieren. Wie könnte uns das bei der Arbeit mit dem Rückfall helfen?

TN 1: Na ja, wenn wir Suchtmittelverlangen haben, reagieren wir genauso automatisch, ohne wirklich darüber nachzudenken.

TH: Ja, manchmal ist uns nicht einmal bewusst, dass wir Verlangen haben, bis es dann überwältigend wird und wir es ausagieren. Das Verlangen nach dem Suchtmittel ist manchmal eine sehr körperliche Erfahrung, und hier lernen wir, mit den Empfindungen in unserem Körper vertrauter zu werden und zu sehen, wie es ist, wenn wir ein Unbehagen einfach zur Kenntnis nehmen, ohne gleich darauf zu reagieren.

TN 2: Schmerzen zu vermeiden ist einer meiner wichtigsten Gründe für den Suchtmittelkonsum. Nicht nur körperliche Schmerzen, auch emotionale. Man sieht ja, wohin mich das gebracht hat. Vermeiden funktioniert einfach nicht. Vielleicht kurzfristig, aber dann wird alles nur noch schlimmer.

TH: Ja, irgendwie macht es den Schmerz noch schlimmer, stimmt's? Und manchmal ist der Kampf gegen den Schmerz schlimmer als der Schmerz selbst. Hier geht es nicht darum, Sie zu bestrafen, indem Sie bei dem Schmerz bleiben, sondern darum, dem Schmerz und dem Kampf dagegen sozusagen freundlicher zu begegnen, ihm Raum zu geben, sodass wir freier sind und unsere Beziehung dazu in einer Weise ändern können, die unser Leiden verringert. Wenn wir anfangen, aufmerksamer zu sein, stellen wir fest, dass es einen Unterschied gibt zwischen dem Schmerz selbst und unserer Reaktion auf den Schmerz, z. B. dem Gedanken »Dieses Gefühl sollte ich nicht haben«. Auf diesen Gedanken reagieren wir dann niedergeschlagen oder zornig. Vielleicht sollten wir also weiter mit diesen Empfindungen üben und sie ein wenig erkunden. Auch hier sind wir wieder freundlich uns selbst gegenüber. Wenn Sie wirklich festgefahren sind oder gegen die Erfahrung ankämpfen, dann lassen Sie los, verändern Ihre Position, und tun, was Sie erstmal tun müssen, um für sich zu sorgen.

Hier führt der Therapeut die Vorstellung ein, dass die bewusste Wahrnehmung von Empfindungen des Unbehagens einfach ein weiteres Phänomen im gegenwärtigen Augenblick ist und dass es beim Üben nicht nur darum geht, sich auf den Atem zu konzentrieren und alle anderen Erfahrungen auszuschließen, sondern alle Phänomene – auch das Unbehagen – neugierig wahrzunehmen. Dann stellt er den Zusammenhang zum Erleben von Suchtmittelverlangen und zu unserer Tendenz, automatisch zu reagieren, her. Er unterstreicht, dass es bei Achtsamkeit nicht unbedingt darum geht, unser Erleben zu ändern, sondern darum, eine andere Beziehung dazu zu entwickeln. Hierzu gehört auch, dass wir Raum für schwierige Erfahrungen schaffen. Dies hilft den Teilnehmern zu entdecken, dass manchmal nicht die Empfindung oder das Gefühl selbst so schmerzlich ist, sondern die Aversion dagegen bzw. die ständigen Versuche, unsere Erfahrung zu kontrollieren.

Verlangen und Begehren

Die Schwierigkeit des Verlangens und Begehrens taucht oft in Form der Sehnsucht nach Frieden und Entspannung auf. Wer anfängt, sich mit Achtsamkeit zu beschäftigen, meint oft, tiefe Konzentration und ein wohliges Gefühl seien Anzeichen dafür, dass man »richtig« übt und alles andere sei »falsch«. Konzentration kommt und geht aber wie jeder andere Bewusstseinszustand. Meditierende haben jedoch leicht das Gefühl, dass etwas mit ihrer Meditation nicht stimmt, wenn sie merken, dass sie abgelenkt werden. Viele Meditationsneulinge kommen mit der Vorstellung an, dass der Zweck einer Meditation Entspannung sei; deshalb erwarten sie, dass sie umgehend von Stress, Mühsal und Unbehagen befreit werden. Oft sind sie enttäuscht, wenn die Übungen dies nicht immer bewirken. Deshalb müssen die Teilnehmer unbedingt darauf hingewiesen werden, dass wir üben, um unser Bewusstsein zu schärfen und eine Raum schaffende, nicht bewertende Haltung gegenüber allen Erfahrungen zu entwickeln, d. h. auch gegenüber Unbehagen und Stress. Erfahrungen des Friedens und der Entspannung werden deshalb genauso erkundet wie Erfahrungen des Unbehagens, ohne dass wir deshalb aus den Augen verlieren, dass die ersteren Zustände das Ziel der Übung sind.

TN 1:   Ich fand diese Übung sehr entspannend.

TH: Haben Sie in Ihrem Körper bestimmte Empfindungen wahrgenommen?

TN 1:   Einfach ein Gefühl der Entspannung. Ich war nicht mehr so unruhig. Ich habe festgestellt, dass meine Gedanken nicht mehr dauernd abschweifen. Diesmal hat es wirklich funktioniert.

TH: Was meinen Sie mit »funktioniert«?

TN 1:   Ich habe mich ruhiger gefühlt. Normalerweise sind meine Gedanken überall gleichzeitig, und das ist einer meiner größten Auslöser für Alkoholtrinken. Eben bin ich einfach zu dem zurückgekehrt, was gerade geschah. Ich war wirklich überrascht, wie gut das funktioniert.

TH: Sie haben also bemerkt, dass Ihre Gedanken nicht so sehr abschweifen und dass Sie sich ruhiger fühlen.

TN 1:   Ja.

TH: Meinen Sie, es ist wird immer entspannend sein, wenn Sie meditieren?

TN 1:   (lacht) Nein, wahrscheinlich nicht.

TH: Das hört sich ja nach einer sehr angenehmen Erfahrung an. Es ist gut, daran zu denken, dass diese Erfahrung jedes Mal durchaus anders sein kann. Manchmal fühlt man sich friedlich und entspannt und erlebt alle diese angenehmen Empfindungen, und manchmal fühlt man sich schläfrig oder rastlos und unruhig. Dann sollten wir unbedingt daran denken, dass das nicht heißt, dass die Meditation »nicht funktioniert« oder dass wir etwas falsch machen, sondern dass dies einfach ein anderer Bewusstseinszustand ist, den wir im gegenwärtigen Augenblick wahrnehmen sollten. Wir gehen allzu leicht in die Falle, dass wir meinen, beim Üben müsse sich ein ganz bestimmtes Gefühl einstellen, und dass wir dann kritisch mit uns ins Gericht gehen, wenn unsere Erwartungen nicht erfüllt werden. Aber was wir üben, ist alles bewusst wahrzunehmen, alle Arten von Zuständen, ob angenehm oder unangenehm, damit wir unser Denken besser kennenlernen und allen diesen Zuständen mit demselben Interesse, derselben Neugier und derselben Offenheit begegnen.

Rastlosigkeit und Unruhe

Körperliche oder geistige Rastlosigkeit ist in der Meditation eine häufige Erfahrung (z. B. rasende Gedanken, excessives Planen oder Grübeln). Häufig tritt sie bei Menschen auf, die ein hohes Angstniveau aufweisen oder die nicht daran gewöhnt sind, lange Zeit still zu sitzen. Wie bei allen diesen Schwierigkeiten kann es hilfreich sein, die Aufmerksamkeit auf die Erfahrung selbst zu lenken statt den Versuch zu unternehmen, sie zu unterdrücken oder zu kontrollieren. Man kann damit beginnen, dass man ihr Vorhandensein einfach anerkennt und ihr mit Neugier begegnet, indem man vielleicht feststellt, wo im Körper sie sich äußert, und herausfindet, ob es eine Reaktion auf diese Erfahrung gibt.

TN 1: Ich hatte keine Lust mehr auf die Wiederholungen und darauf, immer wieder dasselbe zu hören. Ich habe irgendwann gestern Abend festgestellt, dass mich das richtig unruhig macht. Deshalb habe ich einfach ausgeschaltet.

TH: Wie hat sich diese Unruhe angefühlt?

TN 1: Einfach rastlos, und irgendwie habe ich mich gefragt: »Wann hört das denn endlich auf? Ich will nur noch ausschalten.«

TH: Das hört sich an, als wären da bestimmte körperliche Empfindungen gewesen und der Gedanke »Ich will endlich ausschalten.« Erinnern Sie sich an das, was wir letztes Mal besprochen haben. Alles, was aufkommt, gehört zur Achtsamkeitspraxis dazu. Das gilt für die Unruhe, für den Gedanken »Ich will, dass das aufhört«, den Impuls, auf diesen Gedanken zu reagieren, für all das. Es könnte interessant sein, das alles ein wenig zu erkunden: die Erfahrung der Unruhe und die damit verbundenen Empfindungen und Gedanken und dabei alle Bewertungen der Erfahrung wahrzunehmen. Einfach noch einen kurzen Moment bei all dem zu bleiben.

TN 2: Manchmal merke ich beim Üben, dass ich mich in Gedanken über die Anleitungen verstricke. Warum sagt sie das oder das? Warum ist hier eine so lange Pause? Was kommt als nächstes? Und dann fange ich mich wieder und versuche, zu der Übung zurückzukehren.

TH: Sie haben also gemerkt, dass Ihre Gedanken in Fragen und Analysen gefangen waren, und haben dann Ihre Aufmerksamkeit wieder zurück gelenkt. Gab es da auch eine Beurteilung?

TN 2: Ja, so etwas wie »Hör mal, du analysierst wieder viel zu viel.«

TH: Okay. Auch ein Gefühl?

TN 2: Ja, ein bisschen Frustration.

TH: Okay, danke. Auch hier – und darauf kommen wir während des Kurses immer wieder zurück – geht es nicht darum, die Gedanken oder auch die Beurteilung loszuwerden. Wir kämpfen nicht und versuchen nicht, etwas loszuwerden. Wir versuchen nicht einmal unbedingt, uns entspannt zu fühlen. Wir halten einfach inne und nehmen bewusst wahr, was gerade geschieht. Wenn Sie also merken, dass Sie anfangen zu analysieren oder eine Geschichte zu entwickeln, dann ist der Augenblick, in dem Ihnen das bewusst wird, ein Augenblick der Achtsamkeit. Jedes Mal, wenn Ihnen so etwas bewusst wird, lassen Sie einfach los und beginnen von neuem – ohne sich zu zwingen oder zu kämpfen, auch wenn Sie das immer und immer wieder machen müssen. Und wenn Sie merken, dass Sie kämpfen, dann nehmen Sie das einfach mit derselben behutsamen Aufmerksamkeit zur Kenntnis, lassen los und beginnen von neuem.

Trägheit und Dumpfheit

Meditationsneulinge dösen häufig auch weg, vor allem bei der Body-Scan-Meditation, bei der sie oft mit geschlossenen Augen auf dem Boden liegen. Zum Teil mag das eine natürliche Reaktion des Körpers darauf sein, dass wir innehalten und uns eine Auszeit von der Hektik unseres Lebens nehmen. Treten Schläfrigkeit im Verlauf eines Kurses jedoch häufiger auf, kann es sich auch um einen weiteren Bewusstseinszustand handeln, der unserer Aufmerksamkeit bedarf. Zunächst können wir die Erfahrung der Schläfrigkeit selbst betrachten: Wie fühlt sich das an? Kann man aufmerksam sein, wenn man plötzlich aufschreckt? Wie reagieren die Gedanken auf das Gefühl der Schläfrigkeit? Beurteilt man sich selbst? Bei anhaltender Schläfrigkeit der Teilnehmer können wir Vorschläge zur Arbeit mit diesem Bewusstseinszustand machen.

TN: Ich habe den Fehler gemacht, im Schlafzimmer zu üben, und bin dabei eingeschlafen.

TH: Wie haben Sie auf die Schläfrigkeit reagiert?

TN: Na ja, zuerst war es okay, weil es entspannend war, aber nachdem es ein paar Mal passiert ist, war ich ein wenig frustriert über mich selbst.

TH: War die Frustration mit irgendwelchen körperlichen Erfahrungen verbunden?

TN: In meinem Körper?

TH: Ja, wie haben Sie gewusst, dass Sie frustriert sind?

TN: Nur so ein Gefühl der Unruhe und das Gefühl, dass ich der CD nicht zuhöre.

TH: Sie haben also ein körperliches Gefühl der Unruhe erlebt und den Gedanken gehabt »Ich höre der CD nicht zu«?

TN: Ja.

TH: In so einem Augenblick können Sie Ihre Aufmerksamkeit auch auf die Erfahrung der Frustration lenken: »Hmm. Wie fühlt sich Frustration an?« Sie können auch auf Dösen achten, kurz bevor Sie einschlafen, den Übergang bzw. das Hochschrecken, wenn Sie aufwachen, die Gedanken wahrnehmen, die Ihnen durch den Kopf gehen, und das emotionale und körperliche Gefühl der Frustration. Das alles können Sie zu einem Teil Ihrer Übung machen, tatsächlich ist das in dem Augenblick Ihre Übung, denn das ist genau das, was geschieht. Wir üben, was immer wir erleben, mit einer neugierigen, offenen und entspannten Aufmerksamkeit zu beobachten, ohne diese Erfahrung als »richtig« oder »falsch« zu beurteilen. Wir lassen sie einfach sein, was sie ist. Wenn Sie merken, dass Sie immer wieder schläfrig werden, können Sie aber auch aufrecht sitzen und eine wachere Körperhaltung einnehmen. Sie können sogar im Stehen üben. Sie können beim Üben auch die Augen geöffnet lassen, sodass ein wenig Licht hinein kommt, oder zu einer anderen Tageszeit üben. Probieren Sie es einfach aus und schauen, was dabei herauskommt.

Auch hier lenkt der Therapeut die Aufmerksamkeit wieder auf die Beobachtung des gegenwärtigen Augenblicks, einschließlich der Erfahrung der Schläfrigkeit, und ermutigt zur neugierigen Erkundung von deren Eigenschaften und der Reaktion der Gedanken (z. B. Selbstbewertung, Irritation, Frustration). Außerdem bietet er, wenn sie öfter auftritt, Möglichkeiten der Beeinflussung an.

Zweifel

Wie bereits erwähnt, können unterschiedliche Zweifel auftreten, z. B. im Hinblick auf die Übungen selbst oder aber darauf, ob man in der Lage ist, sich richtig auf die Übungen einzulassen. In den ersten Phasen der Meditation sind negative Selbstbeurteilungen ein häufiger Ausdruck von Aversion und Zweifel. Häufig treten Zweifel zusammen mit anderen Schwierigkeiten wie Schläfrigkeit, Rastlosigkeit oder Unbehagen während der Übungen oder als Reaktion darauf auf. Ebenso können sie eine Reaktion auf einen Gedanken, eine Empfindung oder einen emotionalen Zustand sein. Wir haben festgestellt, dass es hilfreich ist, die Teilnehmer nach Erfahrungen des Bewertens zu fragen, vor allem als Reaktion auf schwierige oder unangenehme Erfahrungen (z. B. Schläfrigkeit, Schmerzen oder Ärger). Der gemeinsame Austausch über negative Selbstbewertungen fördert nicht nur eine bewusstere Wahrnehmung, sondern bietet auch die Gelegenheit, »loszulassen« oder sich selbst und seinen Erfahrungen gegenüber eine offenere, freundlichere, mitfühlendere Haltung einzunehmen. Außerdem können die Teilnehmer, wenn sie die Kommentare der anderen Gruppenmitglieder hören, erkennen, dass alle Menschen zu negativen Selbstbewertungen neigen.

4.2.4 Übung 2.1: Die Straße entlang gehen

Ziel der Übung 2.1 ist es, die Teilnehmer die erste Reaktion der Gedanken auf einen uneindeutigen Reiz beobachten und sie feststellen zu lassen, welche Kaskade an Gedanken, Gefühlen, Körperempfindungen und Impulsen folgt. Das Szenario ist

Übung
2.1

absichtlich einfach gehalten und soll nur kurz eingeführt werden. Wichtig ist, dass der Schlüsselreiz mehrdeutig bleibt, d. h. die Tatsache, dass die vorgestellte Person in dem Szenario nicht zurückwinkt, soll in einem neutralen Tonfall und einer neutralen Sprache dargestellt werden, sodass der Therapeut dem Verhalten der Person keine bestimmte Bedeutung verleiht. Nur so können die Teilnehmer ihre eigenen Gedanken auf die Situation projizieren.

Nach der Übung werden die Teilnehmer aufgefordert, alle Gedanken und Bilder zu beschreiben, die ihnen durch den Kopf gegangen sind, ebenso wie alle Gefühle, Empfindungen oder Verhaltensimpulse. Was sie berichten, wird am besten auf der Flip Chart notiert. Wir ordnen Gedanken, Gefühle und Körperempfindungen oft in drei Spalten, um sie zu unterscheiden und aufzuzeigen, wie diese Erfahrungen sich gegenseitig beeinflussen (z. B. ein Gedanke, der ein Gefühl auslöst). Wie schon erwähnt, ist es manchmal hilfreich zu erfragen, ob den Teilnehmern die jeweilige Reaktion vertraut ist, um sie beim Erkennen von Mustern in ihren Gedanken, Vermutungen und Reaktionen zu unterstützen, wenn sie auf bestimmte, irgendwie unklare oder beunruhigende Auslöser oder Situationen stoßen.

Diese Übung ermöglicht den Teilnehmern auch zu erkennen, wie unterschiedlich ein und dasselbe Ereignis interpretiert werden kann, und dies tatsächlich als »Interpretation« oder als Geschichte und nicht als Tatsache zu erkennen. Wir haben festgestellt, dass sich die Teilnehmer oft schwertun, Gedanken von Gefühlen oder Empfindungen zu unterscheiden. Wenn sie in der Lage sind, ihre Reaktionen zu erkennen und zu benennen, können sie ihre Reaktionen bewusster wahrnehmen und in der scheinbar automatischen Kette von Erfahrungen eine Pause einlegen. Wir nutzen diese Übung auch als Vorbereitung auf die nächste Übung, bei der es darum geht, sich seine eigenen Gedanken, Gefühle und Empfindungen in einer Rückfallrisikosituation bewusst zu machen, die Suchtmittelverlangen und Suchtdruck auslösen kann.

TH: Was haben Sie in dieser Übung wahrgenommen?
TN 1:   Ich war beunruhigt.
TH: Okay, und war mit diesem Gefühl ein Gedanke verbunden? Was ist zuerst passiert? Erinnern Sie sich?
TN 1:   Zuerst habe ich mich gefreut, ihn zu sehen. Als er dann nicht zurückgewinkt hat, dachte ich »Warum grüßt er mich denn nicht?« und fühlte mich beunruhigt.
TH: Ihr Gefühl war also Freude, als Sie ihn gesehen haben. Wie hat sich diese Freude angefühlt?
TN 1:   So ein leichtes Gefühl, vor allem im Oberkörper.
TH: Leichtigkeit, und als er dann nicht zurückgewinkt hat, hatten Sie einen Gedanken wie »Warum grüßt er mich denn nicht?« und ein Gefühl der Beunruhigung. War es so?
TN 1:   Ja.

TH: Und wie haben Sie diese Beunruhigung erlebt? Waren da Gedanken? Empfindungen im Körper?

TN 1: Es war nicht körperlich, eher im Kopf … Ein Gedanke hat den anderen gejagt; zuerst war da der Gedanke »Warum winkt er denn nicht zurück? Hat er mich nicht gesehen?«, vielleicht ging es ja um etwas Persönliches, irgendetwas, das ich getan hatte.

TH: Okay, da war also dieser erste Gedanke, dem dann andere Gedanken folgten – vielleicht Geschichten dazu, warum das passiert, vielleicht haben Sie versucht, sich einen Reim darauf zu machen. Das klingt auch, als sei da ein gewisser Selbstzweifel gewesen, die Vermutung, dass Sie etwas falsch gemacht haben könnten. Ist Ihnen diese Reaktion vertraut?

TN 1: Ja. Wenn etwas schief läuft, neige ich dazu, mir selbst die Schuld zu geben.

TH: Okay. Haben Sie den Drang verspürt, in einer bestimmten Weise zu reagieren?

TN 1: Ja, ich wollte nach Hause gehen. Allein sein.

TH: Danke, dass Sie uns das erzählt haben. Ist noch jemand hier, der eine ähnliche oder eine andere Erfahrung gemacht hat?

TN 2: Ich bin ihm hinterher gerannt und habe gerufen, damit er auf mich aufmerksam wird.

TH: Okay. Wissen Sie noch, was Sie unmittelbar bevor Sie ihm hinterher gelaufen sind, gefühlt oder gedacht haben?

TN 2: Verwirrung, und dann der Gedanke »Hat er mich wirklich nicht gesehen?« Dann der Drang, ihm hinterher zu rennen, es aus der Welt zu schaffen.

TH: Da war also das Gefühl der Verwirrung, dann ein Gedanke und dann ein Drang. Haben Sie im Zusammenhang mit dem Drang eine Empfindung gespürt?

TN 2: Ich habe gemerkt, wie sich mein Atem veränderte. Er wurde irgendwie schneller, abrupter.

Der Therapeut kann nach ein paar weiteren Beispielen fragen und die Gedanken, Körperempfindungen, Gefühle und Impulse in verschiedenen Spalten an der Flip Chart notieren. Dies kann dazu beitragen, dass die Teilnehmer selbst anfangen, diese Unterscheidungen zu treffen und die scheinbar automatische und oft überwältigende Flut an Erfahrungen zu entwirren. Vielleicht erkennen sie auch schon, wie Gedanken, Gefühle und Empfindungen oft überhand nehmen und sich gegenseitig auslösen.

TH: Hier sehen Sie also, wie unterschiedlich die Reaktionen auf dasselbe Ereignis sein können. Welche ist richtig? (*Die Teilnehmer sind der Meinung, dass keine der Interpretationen »richtig« ist.*) Richtig oder Falsch gibt es also nicht, stimmt's? Alles ist nur Interpretation und Reaktion. Warum könnte es so wichtig sein, diese Reaktionen bewusster wahrzunehmen? (*In der Diskussion kann auf das Gruppengespräch in der vorherigen Woche Bezug genommen werden, in dem es darum ging, aus automatischen Reaktionsweisen herauszutreten und uns mehr Freiheit für sachgerechte Entscheidungen zu geben.*)

Wenn die Teilnehmer gefragt werden, was sie aus der Übung gelernt haben, sagen sie oft, sie würden jetzt erkennen, wie ihre Interpretation eines Ereignisses ihre Gedanken und Gefühle beeinflusst und wie automatisiert dieser Prozess anscheinend abläuft. Außerdem fangen sie an zu erkennen, dass ihre Interpretation nicht unbedingt die »Wahrheit« widerspiegelt, dass sie u. U. unnötigen Stress verursacht und sie zu bestimmten Verhaltensweisen verleitet. Diese Übung legt den Grundstein für die folgende Übung, in der die Teilnehmer aufgefordert werden, in einer Rückfallrisikosituation auf denselben Prozessablauf zu achten.

4.2.5 Übung 2.2: Wellenreiten (Urge Surfing)

Übung
2.2

Mit der Übung 2.2 soll die Reaktion der Teilnehmer auf Suchtmittelverlangen und Suchtdruck weg von Angst und Abwehr hin zu einem neugierigeren und freundlichen »Erleben« verlagert werden. Die Übung ermutigt die Teilnehmer, ihr Suchtmittelverlangen nuancierter zu erleben und zunächst die körperlichen Empfindungen und die damit zusammenhängenden Gedanken und Impulse zu beobachten und so eine oft überwältigende Erfahrung auseinanderzunehmen, die normalerweise Automatismen, Gefühle der Niederlage und der Furcht oder Versuche, das Verlangen zu kontrollieren, auslöst. Die Teilnehmer üben eine neugierige, mitfühlende, aufmerksame Haltung im Gegensatz zu einer habituellen oder automatisierten Reaktionsweise. Sie werden aufgefordert, »unter« bzw. »hinter« ihr Suchtmittelverlangen zu schauen. Dem überwältigenden Verlangen nach einem Suchtmittel liegt oft ein tieferes Bedürfnis zugrunde, wie z. B. eine Befreiung von belastenden Gefühlen oder der Wunsch nach Freude, Frieden oder Freiheit. Die Anerkennung dieser zugrundeliegenden Bedürfnisse kann ein erster Schritt sein, um zu erkennen, wie irreführend der Suchtmittelkonsum als Zuflucht ist, und welches die unerfüllten Bedürfnisse in unserem Leben sind.

Die Teilnehmer werden aufgefordert, für diese Übung ein geeignetes Szenario auszuwählen, d. h. eine schwierige oder stressige, aber nicht gerade die allerschwierigste Rückfallrisikosituation in ihrem Leben und auch nicht den stärksten Auslöser für Suchtmittelverlangen. Sie sollen sich zunächst diese Situation vorstellen und dann innehalten und ihre Gedanken, Gefühle und Körperempfindungen beobachten, statt unmittelbar in vertraute Muster oder übliches Verhalten zu verfallen. Dabei werden sie aufgefordert, sich mit derselben Erkundungsbereitschaft und Neugier auf ihr unmittelbares Erleben einzulassen wie in der Rosinenübung oder auf ihre Körperempfindungen beim Body-Scan. Bei dieser Übung handelt es sich um das Kernstück der MBRP: Wir üben, unser Unbehagen und die damit zusammenhängenden Reaktionen anzuerkennen, d. h. auch den Impuls, unerwünschte Erfahrungen zu vermeiden oder sie zu ändern. Anstatt unmittelbar zu reagieren oder uns der Erfahrung zu widersetzen, üben wir, innezuhalten und zu beobachten, was unser »Verlangen« tatsächlich ist. Wir üben, dieser Erfahrung mit freundlicher, nicht urteilender Neugier zu begegnen anstatt in habituelle, automatisierte Verhaltensweisen zu verfallen.

Die Metapher des »Wellenreitens« wird in dieser Übung als Möglichkeit eingeführt, um bei der Intensität von Suchtmittelverlangen zu bleiben, ohne von ihm vereinnahmt zu werden oder etwas aktiv dagegen zu unternehmen. Die Teilnehmer werden aufgefordert, sich ihren Drang zu konsumieren als eine Welle im Ozean vorzustellen, auf der sie surfen, und ihren Atem als Surfboard zu nutzen, auf dem sie über die Welle reiten. Sie reiten über den Kamm und durch das Tal der Welle, ohne von ihrer Intensität überschwemmt oder ausgelöscht zu werden. Wir haben festgestellt, dass manche Teilnehmer diese Visualisierung hilfreich finden, um anders mit Suchtdruck umzugehen, während andere sich schwertun, mit der Visualisierung zu arbeiten oder die Intensität von Suchtmittelverlangen auszuhalten. Daher stellen wir sie einfach als eine Option dar, mit der sie experimentieren können, und ermutigen sie, die Metapher so abzuändern, dass sie ihren individuellen Bedürfnissen entspricht. Mit dieser Metapher soll hauptsächlich die Möglichkeit vermittelt werden, Suchtdruck und Suchtmittelverlangen zu beobachten, ohne darauf reagieren oder dagegen ankämpfen zu müssen. Diese Übung verdeutlicht nicht nur die zeitliche Begrenztheit von Suchtmittelverlangen (früher oder später versiegt es von selbst), sondern stärkt auch das Vertrauen der Teilnehmer in ihre Fähigkeit, Unangenehmes auszuhalten und in der Situation zu verbleiben. Hilfreich ist hierbei der Hinweis, dass Versuche der Unterdrückung von Suchtmittelverlangen zwar kurzfristig erfolgreich sein mögen, langfristig aber oft zu einer Zunahme führen. Denn ein solches Ankämpfen gegen Suchtmittelverlangen lässt sich häufig nicht durchhalten und endet schließlich in einem Gefühl der Niederlage.

Wir fragen zunächst, welche spezifischen Körperempfindungen, Gedanken und Gefühle bei den Teilnehmern in diesem Szenario aufgekommen sind. Mit Suchtmittelverlangen gehen oft Gefühle, Körperempfindungen oder Gedanken einher, die sich unerträglich anfühlen und die die Betreffenden »weg haben« bzw. denen sie entkommen wollen.

Suchtmittelverlangen kann manchmal in Form einer vor allem physiologischen Reaktion auf einen suchtmittelbezogenen Auslöser (z. B. der Anblick eines frisch gezapften Bieres) erlebt werden. Suchtmittelverlangen kann aber auch einen anderen emotionalen Zustand sozusagen maskieren (z. B. Einsamkeit, Kränkung, Groll oder das Gefühl, verraten worden zu sein), verbunden mit dem intensiven Wunsch, dieses Unbehagen zu lindern. Möglicherweise ist es auch ein Hinweis darauf, dass unsere Bedürfnisse nicht erfüllt werden. Wenn Suchtverlangen entsteht, hilft es manchmal, genauer herauszufinden, was wir gerade wirklich wollen oder brauchen. Dabei stellen wir dann fest, dass es beim Konsum von Suchtmitteln selten um das geht, wonach wir eigentlich streben. Das Suchtmittel ist wahrscheinlich nur ein kläglicher Ersatz, der uns zwar momentan befriedigt, aber unweigerlich eine tiefere Unzufriedenheit hinterlässt, die den künftigen Kreislauf des Begehrens verstärkt.

Nach der Übung können die Therapeuten fragen, ob die Teilnehmer Gefühle oder Empfindungen erlebt haben, die sich unerträglich angefühlt haben, oder ob sie den Drang hatten, der Erfahrung zu entkommen. Vielleicht ging damit auch der Gedanke oder die Überzeugung einher, Suchtmittelverlangen »nicht aushalten« zu können oder

»es weg haben« zu müssen. Dies kann den Teilnehmern helfen, ihrer Erfahrung gegenüber neugierig zu werden und Suchtmittelverlangen anders – vielleicht sogar neugierig – zu begegnen. Zu diesem Zeitpunkt geht es bei der Übung jedoch vor allem darum, ein erfahrungsorientiertes Verständnis davon zu vermitteln, wie es ist, »bei« dem Suchtmittelverlangen zu bleiben anstatt ihm »nachzugeben«.

Nach der Übung empfiehlt es sich, an der Flip Chart den theoretischen Hintergrund des Wellenreitens zu veranschaulichen:

TH: Die meisten von uns sind der Überzeugung, dass Suchtmittelverlangen, wenn es erst einmal eingesetzt hat und der Drang zu konsumieren entsteht, immer intensiver wird, bis wir darauf reagieren oder es irgendwie beenden. Wir stellen uns das Verlangen oft als eine gerade Linie vor, die immer weiter ansteigt, bis wir es lindern, indem wir das Suchtmittel konsumieren. (*Der Therapeut zeichnet auf der Flip Chart eine diagonal ansteigende Linie.*) In Wirklichkeit ist Suchtmittelverlangen aber keine Linie, sondern eher eine Welle, die bis zu einem Scheitel ansteigt und dann, wenn wir einfach zuwarten, von ganz allein wieder abnimmt. (*Er zeichnet eine Linie, die ansteigt, ein Plateau erreicht und dann wie eine Welle wieder zurückgeht.*)

Man kann dem Verlangen nachgeben, indem man Suchtmittel konsumiert. Das kann vorübergehend Erleichterung bringen. Wir sind eine Zeitlang erleichtert und glücklich, aber ein bisschen ist das so, wie wenn man Salzwasser trinkt, um seinen Durst zu stillen. Kurzfristig bringt das Erleichterung, aber danach ist man noch durstiger als zuvor. Man kann auch versuchen, Suchtmittelverlangen zu kontrollieren, indem man dagegen ankämpft. Aber wenn man Verlangen unterdrückt, wird es eher stärker. Deshalb schlagen wir eine andere Möglichkeit vor: Was passiert, wenn wir einfach bei unserem Verlangen bleiben?

Jedes Mal, wenn wir üben, die Welle von Suchtmittelverlangen hinunter zu »surfen«, lässt die Intensität des Verlangens ein wenig nach (d. h., die Welle wird kleiner), und es gelingt uns besser, sie auszuhalten und darauf zu vertrauen, dass wir diese Welle reiten können, ohne dass sie uns überwältigt.

TN: Vielleicht klappt das ja mal, aber dann kommt das Verlangen einfach wieder.
TH: Natürlich kann Suchtmittelverlangen wieder auftreten. Aber wenn Sie Alkohol oder eine Droge konsumieren, damit das Verlangen nach Suchtmitteln verschwindet, dann kommt es doch auch wieder, oder? Suchtmittelverlangen kann jeden Tag viele Male kommen und gehen, und es kann sein, dass man immer wieder üben muss, diese Erfahrung zuzulassen und auf der Welle des Verlangens zu »surfen«. Mit der Zeit wird es aber etwas leichter, und das Verlangen wird oft weniger intensiv, wenn man ihm nicht nachgibt oder dagegen ankämpft. Wenn wir als Reaktion auf Suchtmittelverlangen konsumieren, geben wir ihm nach und verstärken es dadurch. Wenn wir erfolglos versuchen, dagegen anzukämpfen, kann uns das ganz schön herunterziehen

und das Gefühl erzeugen, versagt zu haben bis hin zu dem Wunsch aufgeben zu wollen.

Oft stellen sich der Gedanke oder die Überzeugung ein »Ich kann das nicht«. Was wir hier lernen, ist, dass wir es anders machen können und dass es dafür nur Übung braucht. Sie haben genau dies eben hier gemacht. Sie haben Suchtmittelverlangen gespürt und haben es geschafft, achtsam zu bleiben, ohne auf das Verlangen in irgendeiner Form zu reagieren. Vielleicht war das Suchtmittelverlangen bei der Übung nicht so intensiv wie es später in Ihrem Alltag sein kann. Aber das ist genauso, als wenn Sie Surfen auf einer echten Welle lernen würden: Am Anfang übt man das Wellenreiten an einer kleineren Welle. Erst wenn einem diese Wellen leichter fallen, wird man auch größere Wellen in Angriff nehmen.

4.2.6 Übung 2.3: Berg-Meditation

Die vorangegangene Übung zum Wellenreiten kann bei manchen Teilnehmern zu belastenden Erfahrungen oder Erregungszuständen führen. Deshalb beschließen wir die Sitzung mit einer stabilisierenden und erdenden Übung. In der Regel verwenden wir die angeleitete sog. Berg-Meditation auf der Grundlage einer Übung von Jon Kabat-Zinn (1994). Bei dieser Meditation stellen sich die Teilnehmer einen Berg vor und vergegenwärtigen sich seine Eigenschaften wie Stabilität, Stärke und Würde. Die Teilnehmer werden aufgefordert, sich vorzustellen, dass sie mit dem Berg verschmelzen und dessen Eigenschaften verkörpern, sodass sie – auch angesichts sich verändernder Umstände, Situationen oder innerer Zustände – ein Gefühl der Gelassenheit und der Stabilität erfahren. Erfahrungsgemäß reagieren die Teilnehmer positiv auf diese Metapher. Es fällt ihnen in der Regel leicht, sich die Berg-Eigenschaften der Stärke und der Beständigkeit vorzustellen. Andererseits berichten manche Teilnehmer auch, dass sie sich unbehaglich fühlen oder ein Problem damit haben, sich selbst als einen Berg vorzustellen, weil sie sich nicht in der Lage fühlen, eine solche Stärke und Stabilität zu erleben oder weil sie Schwierigkeiten mit der Visualisierung haben. Wie bei jeder anderen Übung ermutigen wir zu einer gütigen, freundlichen und achtsamen Wahrnehmung aller Reaktionen, die aufkommen. Möglicherweise empfiehlt es sich auch, die Metapher gegebenenfalls auf die Bedürfnisse der Teilnehmer hin etwas abzuändern. Die bildhafte Vorstellung eines Berges ist nur ein Vehikel, damit die Teilnehmer innerlich mit bestimmten positiven Eigenschaften in Kontakt kommen. Wenn sich manche Teilnehmer damit schwertun, können sie auch auf das Bild eines Berges verzichten und sich die Eigenschaften der Stabilität, der Würde und der Stärke anders vergegenwärtigen.

Übung 2.3

4.2.7 Üben zu Hause

AB
2.2

AB
2.3

AB
2.4

Die Teilnehmer werden aufgefordert, neben der täglichen Body-Scan-Meditation und der achtsamen Ausübung einer Alltagstätigkeit das Arbeitsblatt 2.2 zur Wahrnehmung von situativen Auslösern von Suchtmittelverlangen auszufüllen, um darin alle Auslöser, auf die sie in der kommenden Woche stoßen, sowie alle nachfolgenden Gedanken, Gefühle und körperlichen Reaktionen zu notieren (Arbeitsblatt 2.3). Außerdem sollen sie alle Verhaltensweisen beschreiben, mit denen sie versuchen, mit Suchtmittelverlangen fertig zu werden. Mit Hilfe dieses Arbeitsblattes sollen sowohl die Auslöser von Suchtmittelverlangen als auch die entsprechenden Reaktionen der Betroffenen hierauf schärfer ins Bewusstsein geholt und die Differenzierung zwischen Gedanken, Gefühlen und Körperempfindungen weiter eingeübt werden. Darüber hinaus füllen die Teilnehmer den Protokollbogen für das Üben zu Hause (Arbeitsblatt 2.4) aus, damit sie sich vergegenwärtigen, was sie lernen, und damit die Therapeuten erkennen können, welche Bedenken und sonstige Hindernisse auftreten.

4.2.8 Abschließende Bemerkungen

Obwohl in der Regel bis zum Ende der Sitzung alle Angst- oder Verlangensgefühle, die während der Übungen aufgetreten waren, wieder abgeklungen sind, bitten wir die Teilnehmer manchmal, in wenigen Worten zu beschreiben, wie sie sich nach diesen Übungen fühlen. Hilfreich ist dabei, wenn die Therapeuten als Modell fungieren, indem sie ihr eigenes Befinden beschreiben (z. B. ich fühle mich »friedlich« oder »neugierig«).

4.3 Sitzung 3: Achtsamkeit im Alltag

Trinke deinen Tee langsam und ehrfürchtig, als sei er die Achse, auf der die Erde rotiert –
langsam, gleichmäßig, ohne in die Zukunft zu eilen. Lebe den gegenwärtigen Augenblick.
Nur dieser Augenblick ist das Leben.
Thich Nhat Hanh

Materialien
▶ Glocke
▶ Flip Chart/Stift
▶ CD Sitzmeditation
▶ Arbeitsblatt 3.1: Nüchtern-Atmen
▶ Arbeitsblatt 3.2: Sitzung 3: Achtsamkeit im Alltag
▶ Arbeitsblatt 3.3: Protokollbogen für das Üben zu Hause

Thema
Achtsamkeitsmeditation kann unsere bewusste Wahrnehmung schärfen und uns dadurch helfen, im Alltag bessere Entscheidungen zu treffen. Da das Atmen immer eine ganz unmittelbare Erfahrung ist, können wir, wenn wir innehalten und auf unseren Atem achten, unsere Aufmerksamkeit auf unser unmittelbares Erleben lenken und unseren Körper wieder bewusst wahrnehmen. Mithilfe dieser Gegenwartsbezogenheit und Bewusstheit reagieren wir weniger automatisch und können stattdessen aus einer stärkeren, klareren Position heraus bewusste Entscheidungen treffen. Das sog. »Nüchtern-Atmen« (SOBER Breathing) ist eine Übung, mit der sich Achtsamkeit aus formalen Meditationsübungen im Sitzen oder im Liegen auf schwierige Situationen in unserem Alltag übertragen lässt.

Ziele
▶ Einführung der formalen Sitzübung
▶ Einführung des Nüchtern-Atmens
▶ Weitere Übungen und gemeinsamer Austausch über die Einbeziehung von Achtsamkeit im Alltag

Überblick über die Sitzung
▶ Eröffnung
▶ Übung 3.1: Achtsames Hören
▶ Besprechung des Übens zu Hause und der dabei aufgetretenen Schwierigkeiten
▶ Übung 3.2: Atemmeditation und gemeinsamer Austausch
▶ Video
▶ Übung 3.3: Nüchtern-Atmen

▶

► Üben zu Hause

► Abschluss

Üben zu Hause

► Sitzmeditation an 6 von 7 Tagen

► Nüchtern-Atmen, drei Mal täglich (in unterschiedlichen Situationen)

4.3.1 Eröffnung

Zu Beginn der Sitzung soll die Aufmerksamkeit der Teilnehmer auf das Erleben im Hier und Jetzt gelenkt werden (»Beschreiben Sie ein oder zwei Dinge, die Sie gerade wahrnehmen, wie z. B. Körperempfindungen, Gefühle oder Gedanken«). Ebenso können die Teilnehmer dazu angeregt werden, mit einem inneren Wert oder einer persönlichen Absicht in Kontakt zu kommen (»Welcher Aspekt ist Ihnen in der heutigen Sitzung am wichtigsten?«). Diese Übung(en) kann der Therapeut zu Beginn aller weiteren Sitzungen durchführen.

4.3.2 Übung 3.1: Achtsames Hören

Achtsamkeit ist von begrenztem Nutzen, wenn sie sich beispielsweise auf Yoga-Übungen beschränkt. Solche sog. »formalen« Übungen sind zwar wichtig, um eine solide Grundlage für die künftige Achtsamkeitspraxis zu schaffen, doch das eigentliche Üben besteht in der Umsetzung dieser Fertigkeiten und der damit verbundenen inneren Haltung auf unseren Alltag. Wie wichtig die Einbeziehung der Achtsamkeit in den Alltag ist, wurde bereits mit der Aufforderung zum achtsamen Ausüben einer alltäglichen Tätigkeit in Sitzung 1 verdeutlicht, dies wird nunmehr in dieser Sitzung weiter vertieft. Beginnend mit der Übung 3.1 des achtsamen Hörens erkunden wir, wie wir unsere Aufmerksamkeit auf einfache Weise auf Tätigkeiten lenken können, die wir zwar ständig, aber oft unbewusst ausüben. Bei den meisten von uns laufen diese Tätigkeiten – wie z. B. das Hören – so automatisch ab, dass ihre achtsame Wahrnehmung eine ganz neue Erfahrung darstellen kann.

Übung 3.1

Mit dieser kurzen Meditation soll etwas Ähnliches erreicht werden wie mit der Body-Scan-Meditation (d. h. die Aufmerksamkeit wird auf etwas gelenkt, das ständig geschieht). Wir erkunden diesen Prozess mit allen unseren verschiedenen Sinnen (achtsames Hören, Sehen, Riechen, Schmecken und Fühlen).

Beim gemeinsamen Austausch mit den Teilnehmern über die Hör-Übung in dieser Sitzung und über die in Sitzung 4 beschriebene Seh-Übung besprechen wir noch einmal das Konzept des Autopiloten und das Ansinnen, aus dem Modus des Autopiloten auszusteigen und stattdessen zu beobachten, was geschieht, wenn wir eine noch so banale und routinemäßige Tätigkeit aufmerksam und achtsam ausführen. Die Übungen sollen verdeutlichen, wie automatisch die Prozesse des Sehens und des

Hörens ablaufen, wie unser Bewusstsein diese Erfahrungen etikettiert und kategorisiert und wie dies eine unverstellte und unvoreingenommene Sicht- und Erfahrungsweise behindert. Wir haben festgestellt, dass sich die Seh-Übung und die Hör-Übung gut eignen, um die direkte Beobachtung zu üben und zu erkennen, wie sehr unser Bewusstsein dazu neigt, alles unwillkürlich zu bewerten, zu etikettieren und zu kategorisieren. Diese Tendenz unseres Bewusstseins im gemeinsamen Gespräch herauszuarbeiten kann sehr hilfreich für die Teilnehmer sein.

TH: Was haben Sie bei der Übung »Achtsames Hören« wahrgenommen?

TN 1:   Ich habe gehört, dass sich auf der Seite des Raums etwas bewegt und gedacht: »Was ist das?« Daraufhin wollte ich am liebsten die Augen öffnen.

TH: Sie haben also ein Geräusch gehört und bemerkt, dass es von der Seite des Raumes kommt. Dann war da der Gedanke »Was für ein Geräusch ist das?« und der Impuls, die Augen zu öffnen. Sonst noch etwas?

TN 1:   Ja, ich hatte das Gefühl, ich schummle.

TH: Also noch ein Gedanke: »Ich schummle.« Auch eine Selbstbeurteilung?

TN 2:   Ich habe wahrgenommen, wie sich die Straßenverkehrsgeräusche von draußen verändern, wenn die Ampel umschaltet. Als es plötzlich still wurde, dachte ich, jetzt halten die Autos an der roten Ampel an. Dann muss die Ampel wieder grün geworden sein, weil man den Verkehr wieder gehört hat.

TH: Okay, Sie haben also Geräusche gehört und wie sie sich verändern, und festgestellt, dass Ihr Bewusstsein das als »Autos« oder »Verkehr« etikettiert? Dann waren da ein paar Gedanken zu der Frage, warum sich die Geräusche verändern. Das hört sich an, als hätte Ihr Bewusstsein angefangen zu erklären und vielleicht sogar ein Bild davon zu entwerfen, das sich aus den Geräuschen ergab.

TN 2:   Ja. Zuerst waren da nur Geräusche, dann habe ich die Veränderungen bemerkt und danach kam ein Gedanke zu dem, was da draußen geschah.

TH: Das Bewusstsein wollte das Gehörte in einen sinnvollen Zusammenhang bringen.

Diese Übung können Sie überall und jederzeit machen. Sie können die Augen schließen oder auch nicht, je nach Situation, und einfach auf die Geräusche in Ihrem Umfeld und auf deren Beschaffenheit und Veränderung achten. Zu dem, was Sie hören, werden automatisch Gedanken aufkommen. Nehmen Sie dies einfach nur zur Kenntnis und versuchen Sie, wieder dahin zurückzukehren, dass Sie die Geräusche einfach als Geräusche hören und ihre Beschaffenheit wahrnehmen, d. h., ob sie laut oder leise sind und wie sie sich verändern. Wir neigen dazu, Geräusche zu etikettieren und zu analysieren. Das nehmen Sie dann einfach auch zur Kenntnis.

4.3.3 Besprechung des Übens zu Hause

Nachdem die Teilnehmer schon zwei Wochen lang die Body-Scan-Meditation zu Hause geübt haben, haben sie möglicherweise ganz unterschiedliche Erfahrungen damit gemacht. Mit der Body-Scan-Meditation sollen sie lernen, bewusster wahrzunehmen, was auf der Ebene der Körperempfindungen im Hier und Jetzt geschieht. Sie üben, aus der Perspektive eines nicht anhaftenden Beobachters auf den Zustand und die Reaktionen des Körpers zu achten. Dies kann auch dazu beitragen, ungünstige Denkgewohnheiten oder Hindernisse für das Üben von Achtsamkeit bewusster wahrzunehmen. Wenn Aversion, Suchtverlangen, Rastlosigkeit, Schläfrigkeit oder Zweifel aufkommen, kann es hilfreich sein, noch einmal gemeinsam die häufigen Schwierigkeiten in der Meditationspraxis (Arbeitsblatt 2.1) zu besprechen.

AB
2.1

TH: Welche Erfahrungen haben Sie diese Woche mit der Body-Scan-Meditation gemacht?

TN 1: Diesmal war es viel leichter.

TH: Wenn Sie »leichter« sagen, was war dann anders?

TN 1: Ich habe es besser hinbekommen. Ich konnte mich besser konzentrieren und das Ganze durchziehen.

TH: Sie haben also festgestellt, dass Sie sich besser konzentrieren konnten, dass Ihre Gedanken vielleicht mehr bei Ihrem Körper geblieben und seltener abgeschweift sind.

TN 1: Ja.

TH: Das hört sich auch an, als sei eine Beurteilung dabei, so etwas wie »das ist gut« oder »besser«. Erinnern Sie sich an irgendwelche Gedanken, die aufgekommen sind, während Sie die Body-Scan-Meditation praktiziert haben, Gedanken darüber, wie Sie die Übung machen?

TN 1: Ja. (Lacht.) Ich hatte Gedanken wie »Oh, super, ich werde besser.«

TH: Sie haben also unmittelbarere Körpererfahrungen und Körperempfindungen usw. erlebt, und dann kam ein Gedanke, der all dies beurteilt hat.

TN 1: Ja. So war es.

TH: Daran ist nichts falsch. Wir stellen einfach fest, was geschieht. Wir lernen unsere Gedanken kennen. Gab es andere Erfahrungen? Wie hat die Body-Scan-Meditation zu Hause geklappt?

TN 2: Ich habe es auch versucht. Ich habe immer wieder angefangen und dann die CD immer wieder ausgeschaltet. Ich konnte einfach nicht.

TH: Was ist passiert? Wenn Sie sagen, Sie hätten angefangen und dann wieder aufgehört, was ist in dem Moment passiert, als Sie das Gefühl hatten, Sie müssten wieder aufhören? Ist Ihnen da an Ihrem Körper oder Ihren Gedanken etwas aufgefallen?

TN 2: Mmmh, ich glaube … Ich weiß nicht. Gestern Abend zum Beispiel, da war ich einfach nicht ruhig genug, um die ganze Zeit stillzusitzen. Ich war total zerstreut und konnte mich einfach nicht darauf einlassen.

TH: Okay, das passiert sehr häufig, deshalb bin ich froh, dass Sie das ansprechen. Erinnern Sie sich an die Liste der häufigen Schwierigkeiten bei der Meditation, die wir letzte Woche besprochen haben? Welche davon könnte das sein?

TN 2: Ja – die Rastlosigkeit. Genau das habe ich gespürt. Vielleicht auch Aversion.

TH: Gut. Betrachten wir das einmal genauer. Nehmen Sie wahr, was geschieht, wenn Sie zu üben versuchen: Wie fühlt sich Ihr Körper an? Welche Gedanken kommen auf? Vielleicht sind da auch Gefühle. Irritation vielleicht, oder Scham oder vielleicht sogar Ärger. Mal sehen, was diese Woche so passiert.

Mir ist auch aufgefallen, dass Sie meinen, man müsse bei dieser Übung ruhig sein und dürfe sich nicht ablenken lassen. Das höre ich öfter. Versuchen Sie doch mal, bei der Erfahrung zu bleiben, wenn Sie sich zerstreut fühlen und nehmen Sie einfach zur Kenntnis, was dann weiter geschieht.

Das kommt in der Meditationspraxis nämlich recht häufig vor. Wir nehmen uns Zeit, und dann kommt etwas dazwischen, eine Ablenkung von außen, das Telefon oder die Kinder, oder etwas von innen, z. B. Gedanken, die in alle Richtungen abschweifen, und schon fühlen wir uns frustriert und entmutigt. Das wird uns auch in den kommenden Wochen noch öfter beschäftigen, denn das passiert immer wieder. Wichtig ist nur, dass wir alles, was beim Üben und auch sonst in unserem Leben geschieht, achtsam wahrnehmen. Ablenkungen sind also völlig okay. Sie sollen dann einfach feststellen, dass Sie abgelenkt werden und wahrnehmen, wie sich das anfühlt. Was machen meine Gedanken? Wie fühlt sich das in meinem Körper an? Auch in solchen Situationen können wir aufmerksam sein und unsere Erfahrung beobachten.

In der dritten Woche tauchen häufig auch andere Hindernisse und Frustrationen auf. Die Teilnehmer fragen sich oft, ob sie die Übungen »richtig« machen und ob diese überhaupt sinnvoll sind.

TN: Ich übe, was Sie uns beibringen wollen. Das ist neu für mich, und ich will möglichst viel davon profitieren. Aber kürzlich habe ich mich gefragt, wie ich das in meinem Alltag einbeziehen soll. Wahrscheinlich schaffe es nicht so weit, dass es mir wirklich hilft, wenn Suchtverlangen aufkommt …

TH: Okay, genau das ist der Schwerpunkt unserer heutigen Sitzung: Achtsamkeit im Alltag. Wie kann Ihnen die Grundlage, die wir mit all diesen Übungen legen, im Alltag helfen? Wie kann die Body-Scan-Meditation sinnvoll eingesetzt werden, um Suchtdruck, Suchtverlangen und Suchtprobleme zu überwinden? Hat jemand eine Idee? (*Hier erfragt der Therapeut nach Ideen und Erfahrungen der Gruppe, anstatt die Frage zu selbst »beantworten«.*)

TN: Also ich habe bemerkt, dass ich auf dem Arbeitsblatt, das Sie uns letzte Woche gegeben haben, nur Gefühle aufschreibe, und dann habe ich angefangen, auch auf meine körperlichen Reaktionen zu achten. Ich habe festgestellt, dass die tägliche Body-Scan-Meditation mir dabei hilft. Sonst würde ich die Reaktionen in meinem Körper wahrscheinlich gar nicht wahrnehmen. Manchmal ist es fast so, als hätte ich überhaupt keinen Körper. Das Üben hilft mir zu spüren, was eigentlich in meinem Körper geschieht.

TH: Ah ja. Und wie könnte das helfen, wenn Suchtmittelverlangen aufkommt?

TN: Wenn man spürt, woher im Körper das Verlangen kommt, kann man sich darauf konzentrieren und es vielleicht ein wenig besänftigen. Also innehalten, es wahrnehmen und es einfach zur Kenntnis nehmen, statt nach einem Glas Alkohol zu greifen.

Die Teilnehmer sollen in dieser Sitzung vor allem darauf vorbereitet werden, sich mit Rückfallrisikosituationen zu beschäftigen, indem sie ihre unwillkürlichen Reaktionen, die sich oft abrupt einstellen und überwältigend anfühlen, genau beobachten. Das Arbeitsblatt zur Wahrnehmung von situativen Auslösern (Arbeitsblatt 2.2), das in der letzten Sitzung ausgeteilt wurde und heute in der Diskussion über das Üben zu Hause besprochen wird, soll helfen, den dabei auftretenden Gedanken und Gefühlen mit derselben Neugier zu begegnen wie den Körperempfindungen. Indem wir aufmerksam und über alle Sinne wahrnehmen, was in einer Rückfallrisikosituation geschieht, können wir beginnen, unsere mit den Auslösern zusammenhängenden Gefühle und automatischen Reaktionstendenzen zu beobachten. Bei der Besprechung des Arbeitsblatts üben wir erneut, Gedanken, Gefühle und Körperempfindungen zu unterscheiden.

AB 2.2

In der letzten Spalte des Arbeitsblatts zur Wahrnehmung von situativen Auslösern (AB 2.2) wird unser Verhalten festgehalten. Dadurch soll unser Verhalten nicht bewertet oder verändert werden, sondern es geht darum, dass wir unsere üblichen Reaktionstendenzen und ihre Konsequenzen ebenfalls bewusst wahrnehmen. In der Regel stellen wir diesen Aspekt allerdings nicht besonders heraus, sondern wir sagen beispielsweise einfach: »Sie haben sich also geärgert und ein wenig verletzt gefühlt. Ihr Herz raste, und Sie haben ein paar Gedanken dazu wahrgenommen, dass Sie das nicht noch einmal durchstehen könnten. Wie haben Sie auf diese Erfahrung reagiert? Für welche Reaktion haben Sie sich entschieden?«

Beim Besprechen des Arbeitsblatts 2.2 zur Wahrnehmung von situativen Auslösern werden von den Teilnehmern oft längere »Geschichten« erzählt. Damit sie auf ihr unmittelbares Erleben ausgerichtet bleiben, lenken wir die Teilnehmer behutsam wieder von ihrem Bericht über den angesprochenen Vorfall auf ihre konkrete Erfahrung in der Situation zurück. Wir weisen darauf hin, dass wir bei dieser Übung ausschließlich am unmittelbaren Erleben und den unwillkürlichen Reaktionen der Teilnehmer interessiert sind, während die Beschreibung des situativen Auslösers möglichst kurz gehalten werden soll (manchmal hilft die Bitte, einfach vorzulesen, was sie aufgeschrieben haben). Nicht selten – vor allem in den ersten Sitzungen – muss der Therapeut die Teilnehmer mehrmals auf die unmittelbare Erfahrungsebene zurücklenken.

TH: Bei der Besprechung dieser Übung bin ich mehr an Ihren automatischen und bewussten Reaktionsweisen interessiert als an einer ausführlichen Schilderung der auslösenden Situation. Bei dem, was wir hier machen, wollen wir den Fokus weg von der anderen Person, Situation oder Geschichte auf uns selbst verlagern und darauf achten, wie wir selbst – unser Körper, unsere Gedanken und unser Herz – wie dieses ganze innere System in diesem Moment reagiert. Es hat sich also etwas ereignet, das – was immer es gewesen sein mag – ein Auslöser für Sie war. Was ist Ihnen als erstes an Ihrer eigenen Reaktion darauf aufgefallen? War es etwas Körperliches? Ein Gedanke? Ein spontaner Impuls?

TN: Bei mir war da vor drei Tagen so eine Erfahrung. Ich fahre oft mit dem Bus und komme durch verschiedene Straßen, in denen ich Leute sehe, die immer auf Drogen sind. Wenn ich das sehe, kommt in mir das Gefühl einer tiefen Dankbarkeit auf. Und in meinem Körper spüre ich so etwas wie »Gott sei Dank bin ich nicht mehr dabei.« Gleichzeitig tun mir diese Leute auch Leid.

TH: Okay, haben Sie das aufgeschrieben? Könnten Sie uns vorlesen, was Sie auf Ihr Arbeitsblatt geschrieben haben?

TN: Ich habe geschrieben: »Ereignis: Menschen gesehen, die auf der Straße Drogen konsumieren. Empfindung im Körper: Einsam, traurig.«

TH: Da waren also Gefühle – Traurigkeit, Einsamkeit. Und die Erinnerung daran, dass Sie selbst in der Vergangenheit auch zu den Drogenkonsumenten gehört haben.

Da war die Vorstellung von Ihnen selbst als Junkie auf der Straße und eine gewisse Erleichterung darüber, dass diese Zeit vorbei ist. Sie hatten den Gedanken »Gott sei Dank bin ich nicht mehr da draußen mit Drogen auf der Straße«. Sie haben auch davon gesprochen, dass Sie Traurigkeit und Einsamkeit empfunden haben. Haben Sie, als Sie diese Traurigkeit und Einsamkeit gespürt haben, auch etwas in Ihrem Körper wahrgenommen?

TN: Nur das Gefühl, dass ich das nie wieder erleben will.

TH: Okay, also so ein Gedanke wie »Ich will nie wieder auf der Straße sein«. Was war mit Körperempfindungen? Haben Sie etwas festgestellt?

TN: Ja, eine Anspannung im Magen.

TH: Also anscheinend eine Menge Gedanken darüber, dass Sie nicht mehr da draußen auf der Straße sein wollen, vielleicht auch einige Erinnerungen und viele Gefühle – Traurigkeit und Einsamkeit und Erleichterung und die Anspannung im Magen. Gut, dass Sie das alles wahrnehmen.

Wie in diesem Beispiel tun sich die Teilnehmer oft schwer, Gedanken und Gefühle zu unterscheiden. In den folgenden Sitzungen können wir die automatischen Reaktionen auf die Ausgangserfahrungen – wie z. B. Bewertungen oder Frustrationen aufgrund von bestimmten Gefühlen – genauer besprechen. In dieser Sitzung liegt der Schwerpunkt jedoch vor allem darauf, die verschiedenen Ebenen der Ausgangserfahrungen bewusst wahrzunehmen und zu unterscheiden.

4.3.4 Übung 3.2: Atemmeditation und gemeinsamer Austausch

In dieser Sitzung werden die Teilnehmer in die formale Sitzübung eingeführt. Wer häufig meditiert, weiß, dass die Körperhaltung während der Sitzmeditation eine hilfreiche Widerspiegelung der inneren Einstellung zur Achtsamkeitspraxis sein kann. Wenn der Therapeut die Teilnehmer dazu ermutigt und anleitet, für sich eine geeignete Körperhaltung zu finden, die entspannte Wachheit und ein Gefühl der Selbstachtung und Würde ausdrückt, kann er bei den Teilnehmer dadurch auch die entsprechende innere Einstellung unterstützen. Eine starre Körperhaltung macht hart, während eine allzu lasche Körperhaltung Schläfrigkeit und Dösigkeit Vorschub leistet. Viele Klienten haben immer noch die Vorstellung, dass Meditation ein »tranceartiger« Zustand oder eine Art Entspannungsübung sei. Deshalb sollte durch den Therapeuten betont werden, dass es bei den Übungen darum geht, aufmerksam für unsere unmittelbare Erfahrungen zu werden und unser Bewusstsein zu schärfen, und nicht darum, innerlich irgendwie abzudriften oder der Realität auszuweichen. Wir üben, im Hier und Jetzt zu bleiben statt wie üblich in Gedanken die Vergangenheit abzurufen oder uns eine Zukunft zu erfinden. Dies können wir durch unsere Körperhaltung unterstützen.

Bei der Besprechung der ersten Atemmeditation kann der Therapeut noch einmal auf den Zweck der Übung hinweisen und herausstellen, dass wir einfach unser Erleben beobachten wollen. Es ist unrealistisch zu erwarten, dass dabei unsere Gedanken nicht abschweifen, da wir das ja unser ganzes Leben lang »geübt« haben. Gleich zu Beginn der Diskussion kann eine Frage wie »Was haben Sie in Bezug auf Ihre Gedanken während dieser Übung festgestellt?« ein Gruppengespräch darüber in Gang bringen, was im Verlauf der Übung tatsächlich geschah, anstatt darüber, was die Teilnehmer gemeint haben, erlebt haben zu müssen. Hier sind Humor und eine gewisse Leichtigkeit hilfreich, denn es ist ja tatsächlich schwer, unsere Gedanken auch nur paar Sekunden lang auf einen Punkt zu konzentrieren!

Da die Atemmeditation anfangs den meisten Teilnehmern ziemlich schwerfällt, wird in der achtsamkeitsbasierten Therapie immer wieder über die Länge der Sitzmeditationen, vor allem in den ersten Therapiestunden, diskutiert. Manche Achtsamkeitstherapeuten beginnen mit kurzen, vielleicht zehnminütigen Meditationen und empfehlen auch für die Übungen zu Hause zunächst eine zehnminütige Sitzmeditation. Einige behalten diese Länge über die gesamte Behandlung hinweg bei, während andere sie über die acht Wochen hinweg schrittweise auf 20 bis 30 Minuten verlängern. Wir haben in unseren Gruppen zur achtsamkeitsbasierten Rückfallprävention festgestellt, dass sich – unter der Voraussetzung, dass die Teilnehmer in der Lage sind, die Übung zu machen und wir ihr Üben in jeder Hinsicht unterstützen – durchaus längere Übungszeiten ergeben können, als wir zunächst für machbar gehalten hätten. In einer 30- bis 40-minütigen Übung in der Gruppensitzung bzw. anschließend zu Hause können die Teilnehmer körperliches und affektives Unbehagen erleben und möglicherweise sogar überwinden. Viele Teilnehmer werden nach etwa 15 Minuten innerlich unruhig. Wenn wir sie dann ermutigen, bei ihrer Erfahrung zu bleiben anstatt sie auf ihrem Höhepunkt abzubrechen, können sie ihr Unbehagen beobachten, unwillkürliche Reaktionsweisen verhindern und stattdessen neue, bewusste Reaktionsmöglichkeiten erlernen.

Auch wenn wir somit längere Meditationszeiten befürworten, ist andererseits jede Übungsdauer hilfreich und daher von Seiten des Therapeuten zu begrüßen und zu unterstützen. Viele Teilnehmer hören schon in der ersten Woche die ganze CD an und üben während des ganzen Kurses und sogar darüber hinaus jeden Tag die gesamten 45 Minuten lang; andere wiederum tun sich schwer damit, überhaupt zu üben. Wie zu Hause am besten geübt wird, ist immer wieder eine interessante Frage, die einer Klärung und Diskussion in der Gruppe bedarf. Am besten entscheidet der Therapeut dies nach Gefühl, wobei er darauf achten sollte, die Bereitschaft und die Fähigkeit der Teilnehmer weder zu unterschätzen noch zu überfordern.

4.3.5 Nüchtern-Atmen

Mit den in diesem Kurs vermittelten formalen Meditationsübungen sollen die Grundlagen für die Einbeziehung von Achtsamkeit in den Alltag gelegt werden. Beim sog. »Nüchtern-Atmen« (SOBER breathing space) (Übung 3.3 und Arbeitsblatt 3.1) handelt es sich um eine modifizierte Fassung des dreiminütigen sog. »Atemraums« aus der MBCT. Obwohl wir das Nüchtern-Atmen für eine der hilfreichsten Übungen für die Übertragung von Achtsamkeit in den Alltag halten, wird es erst in Sitzung 3 eingeführt, weil es wichtig war, zunächst die entsprechenden Grundlagen zu schaffen. Bis zur dritten Sitzung wurden die Teilnehmer mit der Vorstellung vertraut gemacht, dass sie innehalten und aus dem Modus des Autopiloten aussteigen können. Außerdem haben sie inzwischen zwei Wochen lang geübt, ihre Körperempfindungen zu beobachten. Damit sind die Grundlagen für achtsames Beobachten gelegt. Die nun erfolgende Konzentration auf den Atem greift viele Elemente aus den vorangegangenen Übungen wieder auf, mit denen die Teilnehmer schon ein wenig vertraut sind. Erst eine gewisse Mediationsroutine wird den Teilnehmern in einer Rückfallrisiko- oder Stresssituation von Nutzen sein können. Wir setzen die Kurzmeditation des Nüchtern-Atmens daher in den nachfolgenden Sitzungen fort, wobei wir sie jedes Mal etwas abwandeln, um die erworbenen Achtsamkeitsfertigkeiten zu generalisieren.

Es gibt verschiedene Wege, den Teilnehmern das Nüchtern-Atmen vorzustellen. Häufig beschreiben wir es wie in der MBCT mithilfe einer Sanduhr: Wir beginnen mit einem breiteren Wahrnehmungsfokus, verengen unseren Fokus dann auf den Atem und erweitern ihn anschließend wieder auf eine breitere Wahrnehmung. Wir verdeutlichen dies, indem wir eine Sanduhr auf die Flip Chart zeichnen.

Wie bei vielen anderen Übungen erwarten die Teilnehmer häufig ein bestimmtes Ergebnis. Oft sagen sie, die Übung habe »funktioniert« oder »nicht funktioniert«. Wie bei der Body-Scan-Meditation, bei der Sitzmeditation und beim Wellenreiten sollte betont werden, dass es bei der Übung nur darum geht, aus dem Modus des Autopiloten auszusteigen, zu beobachten und wahrzunehmen und nicht darum, sich anders zu

AB
3.1

Übung
3.3

fühlen oder irgendwie aktiv einzugreifen. Wir fragen die Teilnehmer, was sie wahrgenommen haben, und ob sie einen Unterschied in ihrem Erleben zu Beginn der Übung und dann, nach der Konzentration auf den Atem und schließlich während der Erweiterung ihres Bewusstseins auf Körperempfindungen und Gedanken festgestellt haben. Dabei muss der Therapeut sorgfältig vorgehen, um nicht den Eindruck zu erwecken, dass es einen Unterschied geben *sollte*. Vielleicht hilft der Hinweis, dass es manchmal einen Unterschied gibt und manchmal keinen, und dass es vor allem darauf ankommt, *alles*, was geschieht, achtsam wahrzunehmen.

4.3.6 Üben zu Hause

In den ersten Wochen ermutigen wir die Teilnehmer, sich mit jeder eingeführten Meditationsübung zu Hause eine Zeitlang zu befassen. Erfahrungen mit den verschiedenen Formen der Meditation ermöglichen ihnen ein tieferes Verständnis der Meditationspraxis und bieten ihnen eine Auswahl, aus der sie für die letzten Kurswochen und darüber hinaus ihr eigenes Übungsprogramm zusammenstellen können. Nach Sitzung 3 schlagen wir den Teilnehmern vor, an sechs von sieben Tagen der kommenden Woche die Sitzmeditation auf der CD zu üben (Arbeitsblatt 3.2). Wir ermutigen sie, in dieser Woche lieber bei der Sitzmeditation zu bleiben als wieder die Body-Scan-Meditation zu praktizieren und betonen noch einmal, dass Achtsamkeit auch bedeutet, die eigenen Reaktionen auf die verschiedenen Übungen zu beobachten (z. B. Bevorzugung von bestimmten Übungen, Widerstand oder Rastlosigkeit, Zweifel daran, dass das Üben »funktioniert«). Wir weisen auch darauf hin, dass der Anfang – wie beim Erwerb jeder anderen neuen Fertigkeit – frustrierend sein kann, und dass es oft Zeit und Anstrengung braucht, etwas Neues zu lernen.

AB 3.2

Im zweiten Teil des Übens zu Hause soll drei Mal täglich das Nüchtern-Atmen (Arbeitsblatt 3.1) geübt werden, sowohl bei alltäglichen routinemäßigen Tätigkeiten als auch in stressigeren Situationen. Drei Mal täglich mag sehr viel erscheinen. Viele von uns üben jedoch unzählige Mal in ihrem Leben »Unachtsamkeit«. Wenn wir regelmäßig Achtsamkeit üben, fangen wir an, sie in unseren Alltag zu integrieren und ersetzen so unsere eingefahrenen Reaktionsweisen durch achtsameres Innehalten und Beobachten. Wir erziehen gewissermaßen unser Bewusstsein um, und wie jede neue Gewohnheit erfordert dies wiederholtes Üben. Falls einzelne Teilnehmer der Gruppe Schwierigkeiten mit dem Üben zu Hause haben, kann der Therapeut die Gruppe nach Ideen und kreativen Lösungen fragen, die es erleichtern, auch in kritischen Momenten an die Anwendung von Achtsamkeit zu denken (z. B. beim Warten auf den Bus, wenn man sich über seinen Partner ärgert, kurz vor dem Essen). Die Teilnehmer werden außerdem gebeten, den Protokollbogen für das Üben zu Hause auszufüllen (Arbeitsblatt 3.3).

AB 3.1

AB 3.3

4.3.7 Abschluss

Wie in den vorhergehenden Sitzungen ist es hilfreich, das Ende der Sitzung durch einen Augenblick der Stille zu kennzeichnen, gefolgt vom Ton der Glocke oder einer kurzen Beschreibung dessen, was die Teilnehmer in diesem Augenblick an Gedanken, Gefühlen oder Körperempfindungen wahrnehmen.

4.4 Sitzung 4: Achtsamkeit in Rückfallrisikosituationen

Wenn wir an der Wunde kratzen und unserer Sucht nachgeben, verhindern wir, dass die Wunde heilt. Erst wenn wir den Schmerz und das Jucken der Wunde unvoreingenommen in seiner eigentlichen Form erleben, kann die Wunde heilen. Unserer Sucht nicht nachzugeben bedeutet also einen sehr grundlegenden Schritt zur Heilung zu tun. Hier geht es um wahre Fürsorge für uns selbst.

Pema Chödrön

Materialien
▶ Glocke
▶ Flip Chart/Stift
▶ Arbeitsblatt 4.1: Achtsamkeit in Hochrisikosituationen
▶ Arbeitsblatt 4.2: Protokollbogen für das Üben zu Hause

Thema
In dieser Sitzung konzentrieren wir uns darauf, in schwierigen Situationen, die bisher zum Suchtmittelkonsum oder zu anderen automatischen Verhaltensweisen geführt haben, achtsam zu bleiben. Wir lernen, auf Druck und Suchtmittelverlangen anders zu reagieren, und üben, auch auf stark wirkende Reize bewusst statt automatisch und stereotyp zu reagieren.

Ziele
▶ Bewusste Wahrnehmung individueller Rückfallrisikosituationen und der damit zusammenhängenden Körperempfindungen, Gefühle und Gedanken
▶ Einüben der Fähigkeit, bei intensiven und unangenehmen Körperempfindungen und Gefühlen zu bleiben anstatt sie zu vermeiden oder den Versuch zu unternehmen, sie loszuwerden
▶ Erlernen von Fertigkeiten, die es ermöglichen, achtsam zu bleiben und in Situationen, die zuvor zum Suchtmittelkonsum geführt haben, nicht automatisch dem Drang nach Suchtmitteln nachzugeben
▶ Einführung des achtsamen Gehens als weiterer Übung zur bewussten Wahrnehmung von Körperempfindungen und zur Integration der achtsamen Wahrnehmung in den Alltag

Überblick über die Sitzung
▶ Eröffnung
▶ Übung 4.1: Achtsames Sehen
▶ Besprechung des Übens zu Hause
▶ Übung 4.2: Sitzmeditation: Geräusch, Atem, Empfindungen, Gedanken
▶ Individuelle und allgemeine Rückfallrisiken
▶ Übung 4.3: Nüchtern-Atmen in einer Rückfallrisikosituation
▶ Übung 4.4: Gehmeditation

- ▶ Üben zu Hause
- ▶ Abschluss

Üben zu Hause
- ▶ Sitzmeditation (an sechs von sieben Tagen)
- ▶ Gehmeditation bzw. achtsames Gehen, mindestens zwei Mal
- ▶ Nüchtern-Atmen (täglich, vor allem in schwierigen Situationen)

4.4.1 Eröffnung

Wie bei den vorherigen Sitzungen sollen die Teilnehmer zunächst in wenigen Worten ihr gegenwärtiges Erleben beschreiben. Sie werden aufgefordert, dabei den gegenwärtigen Augenblick zu fokussieren und wahrzunehmen, wie ihr Bewusstsein antizipiert und eine Reaktion vorbereitet, während sie darauf warten, dass sie an der Reihe sind. Der Therapeut ermutigt die Gruppe, nicht vorauszuplanen, den anderen in der Gruppe uneingeschränkt zuzuhören und wahrzunehmen, was aufkommt, wenn sie selbst an der Reihe sind.

4.4.2 Übung 4.1: Achtsames Sehen

In der vorherigen Sitzung haben wir Übungen eingeführt, mit denen die Übertragung der Achtsamkeit von formalen Übungen auf den Alltag unterstützt werden soll. In der vierten Sitzung soll nun die Einbeziehung von Achtsamkeit in den Alltag fortgesetzt werden, wobei es diesmal vor allem darum geht, Achtsamkeit auf problematischere Bereiche und Situationen zu übertragen, die automatisierte Reaktionsweisen auslösen können. In achtsamkeitsbasierten Übungen werden einige der inzwischen vertrauten Techniken und Fertigkeiten – wie z. B. das Nüchtern-Atmen – im Kontext einer problematischen Situation angewandt. Die Sitzung beginnt mit einer kurzen Übung zum achtsamen Sehen. Bei dieser Übung ist es am besten, wenn die Teilnehmer nach draußen schauen und den Wind in den Bäumen oder vorbeifahrende Autos beobachten können. Ist das nicht möglich, wiederholen wir einfach die Übung zum Hören aus der vorherigen Sitzung. Wir betonen, dass diese Übung nicht einfach ist, und dass es bei der Übung auch darum geht, unsere üblichen Denkweisen (d. h. automatisches Etikettieren und Kategorisieren) wahrzunehmen.

4.4.3 Besprechung des Übens zu Hause

Bei der Besprechung der Teilnehmererfahrungen mit der Sitzmeditation und dem Nüchtern-Atmen sollte noch einmal hervorgehoben werden, dass kein bestimmtes Ergebnis erwartet wird. Häufig meinen die Teilnehmer immer noch, dass sie sich entspannt fühlen oder ruhig und konzentriert sein müssten. Daher muss oft auch in der vierten Woche noch mehrmals darauf hingewiesen werden, dass es bei der Übung darum geht, sich unsere üblichen Denkmuster bewusst zu machen. Bei der Besprechung der Sitzmeditation sollten die Teilnehmer daran erinnert werden, dass es zu der Übung dazu gehört, wandernde oder rastlose Gedanken zu beobachten, und dass dies Gelegenheit bietet, unsere Reaktionen auf diese Tendenz unseres Denkens wahrzunehmen.

4.4.4 Übung 4.2: Sitzmeditation: Geräusche, Atem, Empfindungen, Gedanken

Die erste, in der vorherigen Sitzung eingeführte Sitzübung (Übung 3.2) begann mit einer grundlegenden Wahrnehmung des Atems. Die folgenden Sitzungen bauen auf diese Übung auf und erweitern das Wahrnehmungsfeld jeweils auf eine weitere Sinneserfahrung. Die Meditation in der heutigen Sitzung beginnt erneut mit der Wahrnehmung von Geräuschen und verlagert sich dann aber auf die Wahrnehmung des Atems und schließlich von Körperempfindungen und Gedanken. In den nachfolgenden Sitzungen wird weiter mit diesen Erfahrungen gearbeitet, außerdem wird die achtsame Wahrnehmung von Gefühlen eingeführt.

Übung
4.2

Die Teilnehmer haben inzwischen eine Woche lang die Sitzübung gemacht und sind dabei wahrscheinlich auf bekannte oder auf neue Schwierigkeiten gestoßen. Oft werden ihnen diese Schwierigkeiten in der gemeinsamen Reflexion bewusst, und sie tauschen sich mit der Gruppe über ihre Erfahrungen in der vergangenen Woche aus. Im Mittelpunkt steht dabei nicht der Inhalt dessen, was sie erlebt haben, sondern einfach der Prozess der Wahrnehmung der verschiedenen Aspekte ihres Erlebens, wie immer sie aussehen mögen.

TN: Die langen Pausen auf der CD machen mich verrückt.

TH: Okay – was haben Sie wahrgenommen? Was ist in den Pausen passiert?

TN: Oh Mann, ich wurde ganz unruhig.

TH: Ist Ihnen Ihre Unruhe zu dem Zeitpunkt auch bewusst geworden?

TN: Ja, klar. Ich wusste, dass ich unruhig bin.

TH: Sie haben also Unruhe wahrgenommen. Und was ist dann geschehen?

TN: Ich habe sie wahrgenommen und dann irgendwie versucht, sie loszulassen oder sein zu lassen und zu meinem Atem zurückzukehren. Ich habe versucht, einfach nur da zu sitzen und die Unruhe da sein zu lassen, aber zur Achtsamkeit zurückzukehren. Manchmal gingen meine Gedanken zur Uhr, dann war da der Gedanke »Wie lange soll das denn noch gehen?«

TH: Waren da auch Körperempfindungen?

TN: Ja, mein Körper hat irgendwie überall gejuckt, und ich hatte einfach das Bedürfnis, mich zu bewegen.

TH: Gut. Sie nehmen Unruhe wahr und wie sie sich im Körper anfühlt und beobachten dann, wie die Gedanken reagieren. Ist Ihnen dieses Gefühl, sich bewegen oder weggehen zu wollen, vertraut?

An dieser Stelle des Kurses fangen die Klienten oft an, Veränderungen beim Üben und bei ihren Reaktionen auf ihr Erleben wahrzunehmen.

TN 1: Zuerst habe ich bemerkt, dass ich immer wieder abdrifte und wieder zurückkomme, dass ich abgelenkt werde und andere Dinge höre, aber gestern Abend habe ich bemerkt, dass meine Gedanken ziemlich auf mein Atmen konzentriert waren, das war irgendwie schön.

TH: Sie haben also in der vergangenen Woche festgestellt, dass Ihre Gedanken mit zunehmendem Üben fokussierter sind. Sind Ihre Gedanken weniger gewandert, oder haben Sie ihr Abdriften schneller bemerkt?

TN 1: Irgendwie beides. Sie sind weniger abgedriftet, und wenn ich es bemerkt habe, war es leichter, sie wieder einzufangen.

TH: Sie sagen, es sei irgendwie schön gewesen, fokussierter zu sein. Was ist Ihnen an diesem angenehmen Gefühl aufgefallen?

TN 1: So eine Art Entspannung und Erleichterung. Es fühlte sich irgendwie an, als sei da weniger Stress und weniger körperliche Anspannung.

TN 2: Bei mir auch. Wie wenn es jedes Mal leichter würde, sich auf die Übung zu konzentrieren. Meine Gedanken schweifen immer noch ein wenig ab, aber dann merke ich, dass meine Konzentration nachlässt, und komme wieder zurück. Mich hat es eben gejuckt, als Sie davon gesprochen haben, dass man jeden Ort des Unbehagens bewusst wahrnehmen soll. Ich habe versucht, diese Körperempfindung mit meiner Aufmerksamkeit zu umgehen.

TH: Was haben Sie festgestellt?

TN 2: Ich habe es irgendwie vergessen.

TH: Die erste Reaktion ist vielleicht, dass man kratzen will.

TN 2: Ja, fast automatisch. Ich habe beinahe hingefasst, um zu kratzen. Aber dann bin ich einfach bei der Körperempfindung geblieben. Dann bin ich zum Atem zurückgekehrt, und dann habe ich es irgendwie vergessen. Ich weiß auch nicht, mein Fokus hat sich einfach verändert.

TN 3: Je mehr ich übe, desto mehr stelle ich fest, dass meine Gedanken immer noch wandern, aber inzwischen kommen sie schneller wieder zurück. Am Anfang fiel es mir schwer, sie davon abzuhalten, aber inzwischen fällt es mir leichter, zum Augenblick zurückzukehren.

TH: Sie stellen also auch fest, dass Ihre Gedanken immer noch ihr Ding machen und immer noch abdriften. Aber Sie merken es schneller und können sie schneller wieder einfangen und den Fokus wieder auf die gegenwärtige Erfahrung lenken.

Einige Teilnehmer haben also offensichtlich Veränderungen festgestellt. Hat dagegen jemand den Eindruck, dass seine Erfahrung unverändert ist wie in der ersten Sitzung?

TN 3: Na ja, das Atmen hilft mir einfach zurückzukommen. Es hindert mich nicht wirklich daran abzuschweifen, aber die Konzentration auf den Atem hilft mir zurückzukommen. Das ist die einzige Konstante, so etwas wie ein Heimathafen. Zumindest das ist einfacher geworden.

TH: Gut. Ich freue mich, dass Sie hier Ihre Erfahrungen austauschen. Viele von Ihnen beschreiben – was wir auch nur immer wieder unterstreichen können –, dass es nicht darum geht, unsere Gedanken vom Abschweifen abzuhalten. Sie werden unweigerlich wandern, weil Gedanken das immer tun. Wichtig ist, dass wir das wahrnehmen und üben, unsere Aufmerksamkeit immer wieder auf das Hier und Jetzt zurückzuholen, sodass wir merken, dass wir selbst entscheiden können, wie wir auf das, was unsere Gedanken tun, reagieren. Und mit zunehmender Übung fällt dies wahrscheinlich auch leichter. Vorläufig beobachten wir einfach unsere Gedanken und lernen sie dadurch ein wenig besser kennen. Lassen Sie uns sehen, was passiert, wenn wir wollen, dass sich unsere Gedanken sich auf einen bestimmten Gegenstand, auf unsere gegenwärtiges Erleben konzentrieren, und lassen Sie uns beobachten, wie Sie auf Dinge reagieren, die dabei aufkommen.

Oft bemerken die Teilnehmer in der vierten Woche bestimmte Veränderungen, wie sie auf körperliche, emotionale und kognitive Erfahrungen nicht nur beim Üben, sondern auch im Alltag reagieren.

TN 1: Diese Übungen helfen mir, mit dem Trinken meiner Frau zurechtzukommen. Normalerweise macht es mich richtig wütend.

TH: Was ist jetzt anders?

TN 1: Ich kann mich mehr auf meine Gefühle konzentrieren.

TH: Was nehmen Sie in dem Augenblick wahr, in dem Sie sich aufregen?

TN 1: Ich reagiere nicht mehr so schnell auf meinen Ärger und urteile nicht.

TH: Sie merken also, wie der Ärger hochkocht, und wie reagieren Sie darauf?

TN 1: Das ist irgendwie überraschend. Anstatt meine Frau anzuschreien, sehe ich zu, dass sie okay und sicher ist – ich habe mehr Mitgefühl.

TH: Das hört sich an, als sei da nicht mehr die übliche Reaktionskette aus situativem Auslöser, Ärger und der automatischen Reaktion des Anschreiens, sondern als würden Sie anders reagieren. Vielen Dank. Welche Erfahrungen haben die anderen gemacht?

TN 2: Für mich mir war es ähnlich. Bei mir geht es nicht um Ärger, sondern um die Fähigkeit, innezuhalten und mich auf das zu konzentrieren, worum es wirklich geht, was ich wirklich fühle, und wie mich das körperlich beeinflusst. Ich glaube, ich nehme inzwischen bewusster wahr, wenn ich mich in etwas verstricke. Wenn ich das feststelle, merke ich auch, dass meine Gedanken abheben. Dann halte ich inne und konzentriere mich neu.

TH: Ja, genau darum geht es beim Üben: bewusst zu sein, einfach wahrzunehmen, dass die Gedanken abschweifen oder »abheben« und dann innezuhalten und den Fokus gezielt wieder auf die Gegenwart zu lenken.

4.4.5 Individuelle und allgemeine Rückfallrisiken

Eines der wichtigsten Ziele dieser Sitzung ist es, von der Integration der Achtsamkeit in den Alltag zum sinnvollen Einsatz dieser Verfahren in Rückfallrisikosituationen zu gelangen. Jeder von uns kennt Situationen, in denen er zu automatisierten Reaktionsweisen neigt, ob er nun zum Suchtmittel greift, um sich schlägt oder sich zurückzieht. Die Übung zur Ermittlung von Rückfallrisikosituationen hilft nicht nur jedem einzelnen Teilnehmer, seine spezifischen Rückfallrisiken zu erkennen, sondern es lassen sich auch häufig Reaktionsmuster entdecken, die vielen Teilnehmern gleichermaßen vertraut sind.

In der Regel bitten wir die Teilnehmer zunächst, einige Rückfall- bzw. Rückfallrisikosituationen anzugeben, mit denen sie in letzter Zeit zu tun hatten oder die typisch für sie sind. Manche Teilnehmer benutzen dabei das Arbeitsblatt zur Wahrnehmung von situativen Auslösern aus Sitzung 2 (Arbeitsblatt 2.2), um Gemeinsamkeiten bei ihren Auslösern herauszufinden, andere berichten einfach über Rückfälle und schwierige Situationen in der Vergangenheit. Wir fragen nach dem unmittelbaren Erleben bzw. nach der Art der Situation (z. B. Konflikte in der Familie, Situationen, in denen sie Suchtmittel konsumieren, Gefühle des Ärgers oder der Einsamkeit) und nicht nach den inhaltlichen Details der Geschichte. Bei dieser Übung empfiehlt es sich, die Antworten der Teilnehmer auf der Flip Chart festzuhalten. Oft lassen sich die genannten Beispiele für schwierige Situationen oder Auslöser verschiedenen Rückfallrisikokategorien zuordnen. Hier kann es sinnvoll sein, auf Ergebnisse der Rückfallforschung zu verweisen. In den verschiedensten Studien haben sich übereinstimmend drei »Top«-Kategorien der häufigsten Rückfallrisikosituationen herausgebildet: negative emotionale Zustände (in der Rückfallprävention/KVT wird üblicherweise der Begriff »negativ« gebraucht; wir bezeichnen diese Zustände oft als »schwierig«), soziale Verführung (wenn andere einen entweder direkt auffordern oder zumindest ein indirekter Druck z. B. vonseiten der Peergruppe erlebt wird, mitzutrinken) und interpersonale Konflikte (oft mit einem Familienmitglied oder dem Partner). Das gemeinsame Herausarbeiten dieser zentralen Rückfallrisikobereiche kann die Teilnehmer sowohl für ihre individuellen Risikosituationen als auch für gemeinsame Schwierigkeiten bei der Aufrechterhaltung von Suchtmittelabstinenz sensibilisieren.

AB 2.2

4.4.6 Übung 4.3: Nüchtern-Atmen in schwierigen Situationen

Mit der Übung des Nüchtern-Atmens in schwierigen Situationen können die Teilnehmer in der Sitzung vom Sprechen über Rückfallrisikosituationen zum unmittelbaren Erleben übergehen. Diese Übung ermöglicht die Erfahrung, dass wir unmittelbar bevor wir in einer Rückfallrisikosituation automatisiert reagieren werden, gewissermaßen den »Schub« des Autopiloten abschalten und alles, was geschieht, achtsam wahrnehmen können. Mit der Übung sollen unsere Gefühle und Gedanken nicht verändert oder »korrigiert« werden; vielmehr soll sie zu einer bewussteren Wahr-

Übung 4.3

nehmung unserer Erfahrung als solcher führen und Raum für eine achtsamere, gezieltere Entscheidung schaffen, wie wir uns verhalten möchten. Dieses Grundprinzip wird den Teilnehmern immer wieder nahegebracht und kann unserer Meinung nach nicht anschaulich und oft genug verdeutlicht werden.

Wir bitten die Teilnehmer, sich an eine vor kurzem erlebte Rückfallrisikosituation zu erinnern oder sich eine der Situationen auf der Flip Chart auszusuchen. Dabei sollen sie fürsorglich mit sich umgehen und eine Situation auswählen, die einerseits nicht allzu überwältigend ist, andererseits aber durchaus eine reale Rückfallgefahr in ihrem Leben darstellt. Die Wahl des »richtigen« oder »besten« Szenarios fällt den Teilnehmern oft schwer. Prinzipiell enthält jede Rückfallrisikosituation Material, mit dem geübt werden kann. Oft ist die Situation, die einem zuerst in den Sinn kommt, eine gute Wahl.

Während der gemeinsamen Reflexion nach der Übung kann es sinnvoll sein, auch über die Einbeziehung der Übung in den Alltag zu sprechen. Wie wäre es z. B., sie in einer real schwierigen Situation zu machen? Was steht dem in einer solchen Situation entgegen? Wie kann man damit umgehen bzw. wie schafft man es, in einer solchen Situation trotzdem daran zu denken, dass man die Übung machen kann? In welchen realen Rückfallrisikosituationen könnte die Übung nützlich sein?

4.4.7 Übung 4.4: Gehmeditation

Übung 4.4

Es gibt verschiedene Arten der Gehmeditation. Wie bei allen anderen Übungen stützt sich der Therapeut auch bei der Anleitung dieser Meditation am besten auf seine eigenen Erfahrungen. Er kann den Teilnehmern erzählen, was er selbst während der Gehmeditation macht und erlebt. Auch hier stellen wir im Anhang ein Beispiel vor; wir hoffen jedoch, dass der Therapeut es nicht als Skript verwendet, sondern sich bei der Anleitung auf seine eigene Meditationserfahrung verlässt.

Die Gehmeditation kann als formale, strukturierte Übung durchgeführt werden (»anheben, platzieren, verlagern«) oder als offenere bewusste Wahrnehmung des gesamten Prozesses gewissermaßen wie bei einem Kind, das gerade seinen allerersten Gehversuch unternimmt. (Wie ist es zu gehen? Wie fühlen sich die Füße an, wenn sie sich bewegen? Achten Sie auf alle Muskeln, mit denen Sie das Bein bewegen.) Der Therapeut kann spielerische Vorschläge machen, wie z. B. dass die Teilnehmer sich vorstellen, sie würden zum ersten Mal gehen, als seien sie eben erst in diesen menschlichen Körper geschlüpft und würden ihn nun beim Gehen beobachten.

Die Teilnehmer könnten mit unterschiedlichen Geschwindigkeiten experimentieren. Zu Beginn können sie etwas langsamer gehen als üblich, um die Körperempfindungen beim Gehen besser wahrzunehmen. Wenn sie mit dem langsamen, bewussten Gehen gut zurechtkommen, können sie das Tempo erhöhen. Wenn Unruhe oder Rastlosigkeit aufkommen, können sie zunächst schneller gehen und bewusst auf das Gehen achten, um dann, wenn sich die Gedanken beruhigen, ganz allmählich langsamer zu werden.

Die Gehmeditation kann im Alltag »formal«, z. B. zu Hause oder an einem geeigneten Ort im Freien, oder »informell«, im Freien bzw. in der Öffentlichkeit, geübt werden. Ähnlich wie das Nüchtern-Atmen eignet sich die Übung gut, um den Tag zu beginnen. Auf dem Weg zur Arbeit oder zur Bushaltestelle kann man einfach wahrnehmen, wie sich der Körper anfühlt, um dann seine Aufmerksamkeit auf Geräusche, auf die Erfahrung des Sehens und schließlich auf den Atem zu verlagern. Oder man bleibt einfach bei den Körperempfindungen des Sehens.

Oft fühlen sich Menschen gehemmt, albern oder peinlich berührt, wenn sie diese Übung machen. Die bewusste Wahrnehmung auch dieser Reaktionen ist Teil der Übung. Bei der Anleitung der Übung sollte das alles mit einbezogen werden. Die Teilnehmer sollten aufgefordert werden, was immer aufkommt – auch Gedanken über die Übung oder das Gefühl, die Übung sei peinlich oder albern – wahrzunehmen und sich dann wieder auf die unmittelbare Erfahrung des Gehens zu konzentrieren.

Wenn möglich geben wir der Gruppe zunächst einige Anleitungen und lassen sie dann in einem größeren Umkreis eine Zeitlang allein üben. Wir fordern die Teilnehmer auf, eine kurze Strecke zurückzulegen, dann umzukehren und wieder zurückzugehen. Dahinter steht die Überlegung, dass sie das Gehen an sich erleben und nicht irgendwo hingehen sollen. Wo es nicht möglich ist, eine solche Strecke hin und zurück zu gehen und den Raum für die Übung zu verlassen, bleiben wir im Raum und gehen im Kreis.

4.4.8 Üben zu Hause

Nach der vierten Woche bitten wir die Teilnehmer, an sechs von sieben Tagen wieder die Sitzmeditation oder die Body-Scan-Meditation zu üben – je nachdem, was ihnen lieber ist (Arbeitsblatt 4.1). Sie werden aufgefordert, die Gehmeditation mindestens zwei Mal und das Nüchtern-Atmen bei Alltagstätigkeiten und/oder dann zu üben, wenn sie eine schwierige Situation oder ein »schwieriges« Gefühl erleben. Außerdem sollen sie im Protokollbogen für das Üben zu Hause Notizen über ihre Meditationspraxis machen (Arbeitsblatt 4.2).

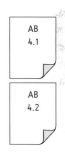

AB
4.1

AB
4.2

4.4.9 Abschluss

Die Sitzung kann mit einem Augenblick der Stille oder wie zu Beginn mit einer kurzen Beschreibung des aktuellen Erlebens im Hier und Jetzt abgeschlossen werden.

4.5 Sitzung 5: Akzeptanz und bewusstes Verhalten

Gib mir die Gelassenheit,
Dinge hinzunehmen, die ich nicht ändern kann,
den Mut, Dinge zu ändern, die ich ändern kann,
und die Weisheit, das eine vom anderen zu unterscheiden.
Reinhold Niebuhr

Materialien
▶ Glocke
▶ Flip Chart/Stift
▶ CD Achtsame Bewegung
▶ Arbeitsblatt 5.1: Nüchtern-Atmen in schwierigen Situationen
▶ Arbeitsblatt 5.2: Körperpositionen zum Üben der achtsamen Bewegung
▶ Arbeitsblatt 5.3: Sitzung 5: Akzeptanz und bewusstes Verhalten
▶ Arbeitsblatt 5.4: Protokollbogen für das Üben zu Hause

Thema
Es ist wichtig, eine Balance zu finden zwischen der Akzeptanz all dessen, was aufkommt, und der Unterstützung gesunden und positiven Handelns in unserem Leben. Wir können z. B. manche Dinge, die uns widerfahren, Gefühle, die aufkommen, bestimmte Situationen in Beruf und Familie und das Verhalten und die Reaktionen anderer Menschen nicht unbedingt beeinflussen.

Wenn wir dennoch dagegen ankämpfen, fühlen wir uns oft frustriert, verärgert oder unterlegen, und das wiederum kann ein Auslöser für Suchtmittelkonsum sein. Die Gegenwart so zu akzeptieren, wie sie ist, heißt nicht, passiv zu sein. Wir lassen einfach zu, was ist, ohne dagegen anzukämpfen oder uns zu widersetzen. Dies ist oft ein notwendiger erster Schritt auf dem Weg zur Veränderung. Dasselbe gilt für die Selbstakzeptanz: Oft erfordert sie, dass wir uns zunächst so, wie wir sind, uneingeschränkt akzeptieren, bevor eine wirkliche Veränderung eintreten kann.

Ziele
▶ Aufbau und Förderung einer anderen Beziehung zu schwierigen Erfahrungen, wie z. B. zu unangenehmen Körperempfindungen, Gefühlen und Situationen
▶ Gruppengespräch über die Rolle der Akzeptanz im Prozess der Veränderung
▶ Einführung der achtsamen Bewegung als weitere Möglichkeit, bewusste Wahrnehmung und Akzeptanz zu üben

Überblick über die Sitzung
▶ Eröffnung
▶ Übung 5.1: Sitzmeditation: Geräusche, Atem, Körperempfindungen, Gedanken, Gefühle

▶

- ▶ Besprechung des Übens zu Hause
- ▶ Übung 5.2: Nüchtern-Atmen (paarweise)
- ▶ Anwendung des Nüchtern-Atmens in Rückfallrisikosituationen
- ▶ Gruppengespräch über Akzeptanz und bewusstes Verhalten
- ▶ Achtsame Bewegung
- ▶ Üben zu Hause
- ▶ Abschluss

Üben zu Hause
- ▶ Arbeitsblatt 5.4: Protokollbogen für das Üben zu Hause
- ▶ Sitzmeditation, achtsame Bewegung oder Body-Scan-Meditation
- ▶ Nüchtern-Atmen, regelmäßig und Rückfallrisikosituationen oder anderen Stresssituationen
- ▶ Arbeitsblatt 5.1: Nüchtern-Atmen in schwierigen Situationen

4.5.1 Eröffnung

Die Teilnehmer können sich kurz zu ihren gegenwärtigen Gefühlen und Körperempfindungen äußern.

4.5.2 Übung 5.1: Sitzmeditation: Geräusche, Atem, Körperempfindungen, Gedanken, Gefühle

Die Meditation in Sitzung 5 hebt auf die achtsame Wahrnehmung von Geräuschen, Atem, Körperempfindungen, Gedanken und Gefühlen ab. Ein besonderer Schwerpunkt liegt auf dem Unbehagen oder sonstigen Erfahrungen, die mit Widerstand oder Anspannung verbunden sind. Diese Eröffnungsmeditation schafft die Grundlagen für den Schwerpunkt der Sitzung auf der Akzeptanz aller Erfahrungen, ob angenehm oder unangenehm, erwünscht oder unerwünscht.

Übung 5.1

Poesie hat in der Anleitung und Übung der Meditation eine lange und reiche Tradition. Oft kann sie Türen öffnen und das Verständnis vertiefen und damit die Anleitungen von Lehrern und Therapeuten ergänzen. Wir ermutigen dazu, Poesie immer dann einzusetzen, wenn sie die Praxis unterstützen kann.

Manchmal verwenden wir ein Gedicht am Ende der Meditation in Sitzung 4 oder im weiteren Verlauf des Kurses, wenn wir meinen, dies könne helfen, das Wesen einer bestimmten Übung zu vermitteln. Hier haben wir Rumis Gedicht »Gasthaus« aufgenommen, das oft in der MBSR und der MBCT verwendet wird, um die Vorstellung zu vermitteln, dass alle Erfahrungen als »Lehrer oder Führer« eingeladen werden sollen. Rumi schlägt vor, schwierige Erfahrungen nicht nur zu akzeptieren oder zu tolerieren, sondern sie sogar »lachend an der Tür zu begrüßen«. In das Gruppengespräch nach dieser Meditation können Reaktionen auf dieses (oder ein anderes)

Gedicht und vor allem die Vorstellung einbezogen werden, dass wir alle Erfahrungen – angenehm, unangenehm oder neutral – dankbar begrüßen, da sie eine Chance für wachsendes Verständnis und unsere Weiterentwicklung bieten.

4.5.3 Besprechung des Übens zu Hause

An diesem Punkt des Kurses kann es sein, dass die Teilnehmer meinen, sie hätten immer wieder dieselben Schwierigkeiten, und daher bezweifeln, ob sie jemals meditieren »können«. In diesem Fall empfiehlt es sich, noch einmal auf die fünf häufig auftretenden Schwierigkeiten beim Meditieren (Rastlosigkeit, Schläfrigkeit, Suchtmittelverlangen, Aversion und Zweifel) einzugehen. Wir erinnern die Teilnehmer daran, dass es diese Schwierigkeiten schon seit Tausenden von Jahren gibt, dass sie also gar nichts mit der einzelnen Person zu tun haben, sondern einfach auftauchen, wenn wir versuchen, bewusst, fokussiert und achtsam zu bleiben. Der Therapeut kann vorschlagen, diese Schwierigkeiten zu benennen, wenn sie in der Meditation auftauchen, z. B. »Ah, da ist ein Zweifel« oder »Das ist Schläfrigkeit. Wie fühlt sich Schläfrigkeit an?«

Im Gruppengespräch über das Nüchtern-Atmen stellt sich oft die Frage, ob die Teilnehmer daran gedacht haben, tatsächlich in einer realen Stress- oder Rückfallrisikosituation zu üben, ob ihnen das gelungen ist und was ihnen dabei aufgefallen ist. Auch hier hören wir oft – ausgehend von dem immer wieder auftauchenden Missverständnis, dass durch das Meditieren etwas »in Ordnung gebracht« werden soll – dass das Üben »funktioniert« oder »nicht funktioniert« hat. Auf diesen Punkt sollte man besonders achten und behutsam ansprechen, wenn von den Teilnehmern entsprechende Äußerungen im Gruppengespräch gemacht werden.

Die Teilnehmer wurden in der vergangenen Woche auch aufgefordert, zu Hause die Gehmeditation zu üben. Der Schwerpunkt der Übung und damit des Gruppengesprächs ist ähnlich wie bei den anderen Übungen: Es gilt, die Erfahrung – wie immer sie sein mag – achtsam zu erleben und Hindernisse anzusprechen, die dem Üben entgegenstehen. Oft erleben die Teilnehmer bei der Gehmeditation etwas anderes als bei der Sitzmeditation. Das ist weder gut noch schlecht. Es bietet einfach Gelegenheit festzustellen, dass das Bewusstsein auf die verschiedenen Formen des Übens unterschiedlich reagiert. Bei der Gehmeditation fällt es den Teilnehmer manchmal schwer, ihre Aufmerksamkeit zu fokussieren, sie fühlen sich »irgendwie schwindelig«, sind verlegen und albern. In diesem Fall werden sie vom Therapeuten ermutigt, auch diese Erfahrungen als Teil der Übung zu betrachten. Um die Fokussierung bei der Gehmeditation aufrechtzuerhalten, kann es hilfreich sein, die Aufmerksamkeit wieder auf die Empfindungen an den Fußsohlen zu lenken. Die Klienten können auch vom Sehen zum Hören, zu den Körperempfindungen und zum Denken wechseln, oder sie halten ihre Aufmerksamkeit beim »Anheben, Bewegen, Absetzen« der Füße. Die Teilnehmer können diese verschiedenen Techniken spielerisch ausprobieren und dann sehen, was für sie am besten funktioniert.

4.5.4 Übung 5.2: Nüchtern-Atmen (paarweise)

In dieser Sitzung wird das Nüchtern-Atmen ein wenig anders als bisher geübt. In der Gruppe werden Paare gebildet, und die Partner führen ein kurzes Gespräch über eine typische alltägliche Schwierigkeit oder sonst irgendeine Situation, die bei ihnen automatisch eine ungünstige Reaktion auslöst. Wir schlagen oft ein Thema vor, zu dem die meisten Menschen etwas zu sagen haben, wie beispielsweise Probleme im Straßenverkehr (Verkehrsstaus, Parkprobleme, unzuverlässige Busfahrpläne usw.). Wenn es so aussieht, als seien die Teilnehmer mitten im Gespräch angelangt, läutet der Therapeut die Glocke. Daraufhin sollen die Teilnehmer – auch wenn sie mitten im Satz sind – das Gespräch abbrechen. Anschließend führt der Therapeut sie durch ein kurzes Nüchtern-Atmen.

Übung
5.2

Die Einführung einer interpersonellen Ebene durch das paarweise Üben verbunden mit der potenziellen Befürchtung, mit anderen interagieren zu müssen, und das Gespräch über Alltagsstress können dazu beitragen, die Praxis des Nüchtern-Atmens auf weitere Arten von Erfahrungen und Kontexte auszuweiten. In dieser Übung können Anspannung, Angst und automatische Reaktionen aufkommen, sodass die Teilnehmer beobachten können, wie rasch diese Zustände auftauchen, und das Nüchtern-Atmen in einer schwierigen Situation üben können, in der sie unruhiger und abgelenkter als sonst sind und zu automatischen Reaktionen neigen.

Im Mittelpunkt des Gruppengesprächs über diese Übung steht oft die unterschiedliche Wahrnehmung der Erfahrung vor und nach der Übung des Nüchtern-Atmens. Der Therapeut kann die Teilnehmer fragen, wie sie bei einer Fortsetzung des Paargesprächs nach der Übung mit ihrem Partner umgehen würden und ob sie Unterschiede zum Umgang mit ihm vor der Übung bemerken. Ebenfalls hilfreich kann die Frage sein, ob das, was sie in der Übung erlebt haben, ihrem Umgang mit anderen Personen im Alltag gleicht oder nicht.

TH: Was haben Sie wahrgenommen?

TN: Als ich meine Geschichte erzählt habe, war ich wieder mitten in der Situation und habe mich geärgert, und dann dachte ich, ich sollte mich nicht ärgern.

TH: Sie haben also wahrgenommen, dass Sie sich ärgern, und dann den Gedanken »Ich sollte mich nicht ärgern«?

TN: Ja, den Gedanken hatte ich, als ich die Glocke gehört habe.

TH: Was haben Sie noch wahrgenommen?

TN: Dass ich mich aufrege.

TH: Wie meinen Sie das – was haben Sie erlebt?

TN: Ich habe mich geärgert, wurde angespannt und habe nicht mehr richtig geatmet.

TH: Als ich die Glocke geläutet habe, haben Sie also Ärger, eine gewisse Anspannung und eine flache Atmung wahrgenommen, und den Gedanken »Ich sollte mich nicht ärgern«.

TN: Ja. So war es. (*Verstärkt die Körperspannung*). Solange ich mit meinem Übungspartner hier geredet habe, habe ich es nicht wirklich bemerkt, erst als Sie die Glocke geläutet haben. Plötzlich ging mir ein Licht auf und ich dachte, hey, ich bin wirklich angespannt und verärgert. Aber dann dachte ich »Lass gut sein, es ist vorbei, es ist okay.«

TH: Hmm. Kennen Sie das irgendwie? Spüren Sie öfter diese Anspannung und diese Gefühle, wenn Sie jemandem etwas erzählen oder wenn Ihnen einfach etwas durch den Sinn geht?

TN: (*Lacht.*) Ja, schon. Ich rege mich in Gedanken total über etwas auf und merke es nicht mal.

TH: Okay, danke. In dieser Übung sehen wir also, wie leicht wir unsere Achtsamkeitsfertigkeiten vergessen und uns ziemlich stark über etwas aufregen, das nicht einmal geschieht. Diese Übung ist ein bisschen näher dran an dem, wie wir uns normalerweise im Alltag verhalten, und sie zeigt, wie schnell es passieren kann, dass wir unsere Erfahrungen nicht mehr achtsam wahrnehmen. Eben haben Sie wahrscheinlich erlebt, dass es im Umgang mit anderen Menschen manchmal besonders schwierig ist, achtsam zu bleiben und bewusst wahrzunehmen. Wie ist es, wenn man mitten in einem Gespräch oder einer Erfahrung einfach innehält und achtsam wahrnimmt?

4.5.5 Nüchtern-Atmen in schwierigen Situationen

AB
5.1

Das Arbeitsblatt 5.1 für das Nüchtern-Atmen in schwierigen Situationen kann nach der Ausweitung des Nüchtern-Atmens auf den Alltag eingeführt werden. Die Teilnehmer sollen überlegen, mit welchen Rückfallrisikosituationen sie während der Woche konfrontiert waren, um dann auch hier wieder die einzelnen Aspekte ihrer Reaktionen zu unterscheiden. Hier geht es im Wesentlichen darum, spezifische Erfahrungen – körperlicher, emotionaler oder kognitiver Art – zu ermitteln, die als Signal für das Nüchtern-Atmen dienen können. Ein Teilnehmer merkt z. B., dass sich sein Atem verändert und dass seine Ohren heiß werden, wenn sein Ärger eskaliert. Wenn er diese physiologischen Erfahrungen bewusst wahrnimmt, können sie ein starkes Signal dafür sein, dass er innehalten und achtsam sein unmittelbares Erleben beobachten sollte. Er kann seinen Fokus eine Zeitlang auf den Atem richten, um sich zu sammeln und seine Aufmerksamkeit zu erden und sie danach auf die anderen Sinnesmodalitäten des aktuellen Erlebens in der Übungssituation erweitern, in der er sich befindet. Letztendlich kann er achtsam und mit einer bewussteren Wahrnehmung seiner Verhaltensoptionen anstatt in seiner üblichen, unwillkürlichen Weise reagieren.

Es empfiehlt sich, in der Sitzung ein Beispiel anhand des Arbeitsblatts durchzusprechen und dabei spezifische Signale für den möglichen Einsatz des Nüchtern-Atmens und Ideen dazu zu sammeln, wie dies die Reaktionen in einer bestimmten Situation beeinflussen kann.

4.5.6 Gruppengespräch über Akzeptanz und bewusstes Handeln

Im Mittelpunkt eines achtsamen Lebens steht die Akzeptanz. Bei den Übungen in diesem Kurs geht es ganz wesentlich darum, dass die Teilnehmer lernen, den gegenwärtigen Augenblick so zu akzeptieren, wie er ist, und alle ihre Reaktionen darauf achtsam wahrzunehmen. Wenn wir anfangen, die Realität nicht mehr zu bekämpfen, sondern ihr mit Mitgefühl und Akzeptanz begegnen, beenden wir unseren Widerstand gegen das, was wahr ist. Dieses Loslassen kann uns von einem Kampf befreien, der nicht zu gewinnen ist, und uns dadurch mehr Flexibilität und mehr Freiraum ermöglichen, um klarer zu sehen und wirksame Veränderungen einzuleiten. Wir sind freier, für unser Leben hilfreiche Verhaltensoptionen zu entwickeln anstatt kurzsichtig und automatisch zu reagieren.

Wenn wir unsere Achtsamkeitspraxis vertiefen und in unser Leben einbeziehen, nehmen wir auch wahr, wann wir unseren Erfahrungen mit Aversionen begegnen und versuchen, sie zu unterdrücken oder zu steuern, anstatt sie – unabhängig davon, ob sie erwünscht sind oder nicht – anzuerkennen und zuzulassen. Vielleicht fangen wir sogar an, schwierige Erfahrungen mit Freundlichkeit und Neugier zu begrüßen.

Das Gespräch über den Zusammenhang zwischen Akzeptanz einerseits und Veränderungen andererseits ergibt sich an diesem Punkt des Kurses oft ganz von selbst. Unserer Erfahrung nach verläuft es in jeder Gruppe ein wenig unterschiedlich, auch wenn das zentrale Thema jedes Mal gleich ist. Auch hier erfragt der Therapeut wieder Ideen und Themen von der Gruppe anstatt ihr ein Konzept »beizubringen«. Hierzu passt folgendes Beispiel:

TH: Wir haben bis jetzt ziemlich viel über das bewusste Wahrnehmen und Akzeptieren von Körperempfindungen, Gedanken und Gefühlen gesprochen – auch wenn sie unangenehm sind. Dabei ging es vor allem darum, dass wir unsere Erfahrung wahrnehmen, ohne unbedingt etwas zu *tun*, dass wir unser Erleben also einfach immer bewusster wahrnehmen. Wo passt das nun zu unserem berechtigten Wunsch nach Veränderung? Wie soll sich etwas verändern, wenn wir einfach alles akzeptieren?

TN: Na ja, man muss sich bewusst machen, was mit einem passiert, und wissen, dass man vieles nicht ändern kann. Dann kann man es auch gleich akzeptieren, anstatt sich elend zu fühlen und an nichts anderes mehr zu denken. Sonst ärgert man sich nur. Wie bei dem Kerl, der sich gestern in der Warteschlange im Café vor mich gedrängelt hat. Ich hätte mich richtig ärgern und mir überlegen können, wie ich es ihm heimzahle, auf dem Parkplatz zum Beispiel. Dann hätte ich mich total aufgeregt, ohne dass mir das bewusst gewesen wäre, und was bringt das schon?

TH: Was akzeptieren Sie hier also?

TN: Seine Einstellung und dass die Leute nicht so reagieren wie ich es will. Dass ich ihn nicht ändern kann und dass es deshalb sinnlos ist, es ihm heimzuzahlen.

TH: Und was ist bei Ihnen in dieser Situation aufgekommen? Hat Akzeptanz da eine Rolle gespielt?

TN: Ja, natürlich. Vermutlich kann ich einfach akzeptieren, dass ich mich ärgere, denn genau das tue ich ja. Aber dann kann ich auch entscheiden, wie ich damit umgehe, wie ich mich bewusst verhalte anstatt einfach aus dem Ruder zu laufen.

TH: Das erinnert mich an das Gebet über die Gelassenheit. Wer von Ihnen kennt es?

> Gib mir die Gelassenheit
> Dinge hinzunehmen, die ich nicht ändern kann,
> den Mut, Dinge zu ändern, die ich ändern kann,
> und die Weisheit, das eine vom anderen zu unterscheiden.

Was akzeptieren wir also?

TN: Das, was wir nicht beeinflussen können.

TH: Also das, was *schon da ist*. Alles, was in diesem Moment vor unseren Augen geschieht, ist schon passiert und schon da. Wir können es nicht mehr ändern. Schließlich ist es schon geschehen. Das kann eine bestimmte Situation sein, wie z. B. dass sich jemand vordrängelt, oder ein Gefühl, wie z. B. Ärger. Wir können eine Menge Energie darauf verwenden, gegen das anzukämpfen, was schon da ist: »Das darf nicht sein. Ich hasse das. Warum ist das so?« oder auch »Ich sollte mich nicht ärgern«. Was bringt uns das?

TN: Wir sind frustriert, verärgert, verbittert.

Viele Menschen meinen, Akzeptanz sei gleichbedeutend mit Passivität. In dieser Sitzung sollen die Teilnehmer jedoch lernen zu erkennen, dass wir uns erst dann, wenn wir einer Erfahrung offen und aufrichtig begegnen und sie so sehen, wie sie wirklich ist, die Freiheit haben, über unser Verhalten zu entscheiden. Erst dann reagieren wir nicht mehr unbewusst und unwillkürlich aversiv, sondern wir können unsere Verhaltensweisen offen und einfühlsam gegenüber der Wirklichkeit wählen. Das Gruppengespräch ging folgendermaßen weiter:

TH: Unsere automatischen, oftmals wenig hilfreichen Reaktionsweisen, über die wir in den letzten Wochen gesprochen und mit denen wir gearbeitet haben, kommen oft daher, dass wir das, was tatsächlich in einem Moment geschieht, ablehnen und nicht akzeptieren. Wir weisen zurück, was schon da ist, weil es nicht das ist, was es unserer Meinung nach sein *sollte*. Wir kämpfen gegen etwas an, das wir nicht ändern können.

Hier üben wir nun, innezuhalten und zu beobachten, sodass wir ein wenig klarer sehen. Wir akzeptieren, was in einem Augenblick geschieht, weil es bereits geschieht. Es ist schon da. Wir können also da beginnen, wo wir tatsächlich sind (anstatt da, wo wir gern wären oder wo wir meinen, dass wir sein sollten), und von da aus weitergehen. Bedeutet das, dass wir keine Ziele haben und nicht an Veränderungen arbeiten können? Nein, es ermöglicht uns nur, uns auch jetzt schon in Ordnung zu fühlen, bevor wir ein Ziel erreichen oder eine Veränderung bewirken.

TN: Ich schätze, wir müssen erst mal anerkennen und akzeptieren, womit wir zu tun haben. Danach können wir entscheiden, wie wir uns bewusst verhalten wollen.

TH: Ja. Häufig trifft man auf das Missverständnis, dass Akzeptanz etwas Passives ist, weil wir zulassen, dass sich Menschen über uns hinwegsetzen oder uns Situationen überwältigen. Es geht aber nicht darum, dass wir uns etwa verletzen oder zum Opfer machen lassen, sondern darum, dass wir uns selbst und unserem Erleben gegenüber eine freundlichere, behutsamere Einstellung entwickeln (das ist es, was wir akzeptieren), sodass wir wirklich entscheiden können, wie wir uns in der Welt bewusst verhalten wollen statt einfach blind zu »reagieren«. Wir müssen das, was wir erleben, nicht unbedingt mögen. Vielmehr geht es darum, dass wir lernen, achtsam dabei zu bleiben und gezielter zu entscheiden, wohin wir von hier aus gehen wollen statt spontan zu reagieren. Seltsamerweise führt gerade die Akzeptanz der Dinge, wie sie sind, dazu, dass wir uns ändern können.

Oft kommt im Verlauf des Gesprächs über Akzeptanz und bewusstes Handeln die Frage des Umgangs mit Ärger auf – tiefsitzendem Hass oder Wut oder mit subtileren Formen wie Ungeduld oder Gereiztheit. Ärger kann ein starker emotionaler Zustand sein, der uns innerlich sofort völlig vereinnahmt und unmittelbar Reaktionsimpulse auslöst. Wie in dem beschriebenen Dialog dargestellt, kann die achtsame und neugierige Wahrnehmung der Erfahrung des Ärgers anstelle einer unmittelbaren Reaktion darauf oder des Versuchs, ihn zu unterdrücken, dazu führen, dass wir seine Gegenwart anerkennen und unsere Aufmerksamkeit weg vom Gegenstand des Ärgers auf die Erfahrung des Ärgers hin verlagern. Wenn wir unsere Aufmerksamkeit auf unseren Körper und unsere körperlichen Empfindungen richten, kann dies nicht nur bewirken, dass der Ärger sich auflöst, sondern es zeigen sich oft auch andere Gefühle, wie z. B. Kränkung, Verletzlichkeit, Angst und Furcht, die dem Ärger zugrunde liegen können. Dies kann uns auf eindrucksvolle Weise zeigen, an welchem Punkt wir nicht mehr weiterkommen oder Schmerz empfinden. Unserer Erfahrung nach ist es sinnvoll, dies in das Gruppengespräch in der Sitzung einzubeziehen und konkrete Beispielsituationen anzusprechen, in denen sich die Teilnehmer geärgert haben.

4.5.7 Achtsame Bewegung

Achtsame Bewegung (Arbeitsblatt 5.2) bietet eine weitere Möglichkeit, achtsame Aufmerksamkeit zu üben. So wie wir bei der Sitzmeditation die Empfindungen beim Atmen beobachten, üben wir bei der achtsamen Bewegung, auf unsere Körperempfindungen zu achten, während wir uns bewegen, uns dehnen und verschiedene Körperhaltungen einnehmen. Unsere Bewegung ist sehr behutsam, mit dem Fokus

AB
5.2

auf dem Erleben der Empfindungen im Körper und den aufkommenden Gedanken, während wir unterschiedliche Körperhaltungen einnehmen.

Wie »achtsames Dehnen« präsentiert und geübt wird, hängt immer von den Erfahrungen des Therapeuten ab. Zunächst sollte jedoch grundsätzlich auf die Bedeutung der Selbstfürsorge hingewiesen werden und darauf, dass die Teilnehmer sich körperlich nicht überfordern sollten. Der Therapeut wählt ein paar Körperpositionen aus, die für ihn selbst und für die Gruppe angenehm sind. Die einzelne Körperhaltung selbst ist allerdings weniger wichtig als die Aufmerksamkeit, die der Übung gewidmet wird. In der Regel probieren wir in der Sitzung ein paar sehr einfache Körperpositionen aus und beginnen damit, dass wir uns auf den Boden legen, flach auf den Rücken, die Knie angewinkelt, die Füße flach auf dem Boden. Wir beginnen mit der Wahrnehmung des Körpers im Kontakt mit dem Boden, und der Wahrnehmung des Atems, der in den Körper hinein und heraus fällt. Danach bilden wir mit dem unteren Rücken einen kleinen Bogen, wobei die Hüften auf dem Boden bleiben, und lenken unsere Aufmerksamkeit auf die Empfindungen im Rücken. Von da aus können die Teilnehmer in eine kleine Drehung am Boden gehen, d. h. ihre Knie auf eine Seite fallen lassen und den Kopf zur anderen Seite drehen, und von da aus die sog. »Katzenbuckel-Kuhrücken-Position« oder die »Kindhaltung« einnehmen. Sie können sich über behutsames Dehnen zum Himmel hin in die aufrechte Haltung arbeiten und mit der sog. »Berghaltung« oder in der Position »der vollständigen Ruhe« auf dem Boden abschließen, wobei sie jeweils die Körperempfindungen nach dem Wechsel in eine neue Position achtsam wahrnehmen.

Wie bei den anderen Übungen haben die Teilnehmer auch hier im Anschluss die Gelegenheit, sich über ihre Erfahrungen auszutauschen. Der Therapeut kann die Übung als weitere Gelegenheit zur Wahrnehmung der Körperempfindungen und des Abschweifens der Gedanken einführen. Manchmal kommen auch emotionale Reaktionen auf, da viele Teilnehmer eine schwierige Geschichte und Beziehung zu ihrem Körper haben. Die Übung kann einen bewussteren und behutsameren Umgang mit diesen Schwierigkeiten fördern, indem die Teilnehmer lernen, sich mit ihrem Körper anzufreunden und Raum für emotionales und körperliches Unbehagen zu lassen. Aber auch angenehme Empfindungen und das Gefühl des Wohlbefindens, das oft bei achtsamer Bewegung aufkommt, werden bewusst wahrgenommen.

4.5.8 Üben zu Hause

Nach dieser fünften Woche können die Teilnehmer entscheiden, ob sie an sechs von sieben Tagen die Sitzmeditation, die Body-Scan-Meditation oder das achtsame Bewegen üben wollen (Arbeitsblatt 5.3). Sie werden aufgefordert, weiterhin das Nüchtern-Atmen zu üben und das Arbeitsblatt zum Nüchtern-Atmen in schwierigen Situationen auszufüllen (Arbeitsblatt 5.1). Dieses Arbeitsblatt hilft, potenzielle situative Hinweisreize für das Nüchtern-Atmen in Situationen zu ermitteln, die ansonsten automatisierte, stereotype Reaktionsweisen auslösen. Darüber hinaus sollen die Teil-

AB
5.3
+
5.1

nehmer im Protokollbogen für das Üben zu Hause Notizen über ihre Meditationspraxis machen (Arbeitsblatt 5.4).

AB
5.4

4.5.9 Abschluss

Wie die vorherigen Sitzungen endet auch diese Sitzung mit einem Augenblick der Stille
oder mit dem Austausch kurzer Beschreibungen der Erfahrung im Hier und Jetzt.

4.6 Sitzung 6: Ein Gedanke ist ein Gedanke ist ein Gedanke

Unsere Gedanken sind nichts weiter als Gedanken und nicht die Wahrheit der Dinge. Ganz sicher bilden sie nicht zutreffend ab, wer wir sind. Wenn sie gesehen und erkannt werden, können sie nicht anders als sich selbst zu befreien, und damit sind wir von ihnen befreit.

Jon Kabat-Zinn

Materialien
- Glocke
- Flip Chart/Stift
- CDs Serie 2
- Arbeitsblatt 6.1: Rückfallprozess
- Arbeitsblatt 6.2: Sitzung 6: Ein Gedanke ist ein Gedanke ist ein Gedanke
- Arbeitsblatt 6.3: Protokollbogen für das Üben zu Hause

Thema
Wir haben in den letzten Wochen gelernt zu beobachten, wie unsere Gedanken wandern, und das, was in unserem Bewusstsein vor sich geht, als »Denken« bezeichnet. Wir haben geübt, den Fokus unserer Aufmerksamkeit behutsam wieder auf den Atem und den Körper zurückzulenken. Nun richten wir unseren Fokus auf die Gedanken und beginnen, Gedanken einfach als Wörter oder Bilder in unserer Vorstellung zu sehen, denen wir glauben können oder nicht. Wir sprechen über die Rolle von Gedanken und des Glaubens an unsere Gedanken bei der Entstehung eines Rückfalls.

Ziele
- Verringerung der Identifikation mit unseren Gedanken. Erkenntnis, sich weder auf sie einlassen noch sie kontrollieren zu müssen
- Gruppengespräch über den Rückfallkreislauf und die Rolle von Gedanken bei dessen Aufrechterhaltung

Überblick über die Sitzung
- Eröffnung
- Übung 6.1: Sitzmeditation: Gedanken
- Gemeinsamer Austausch über das Üben zu Hause
- Gedanken und Rückfall
- Rückfallkreislauf
- Übung 6.2: Nüchtern-Atmen
- Vorbereitung auf das Ende des Kurses und Üben zu Hause
- Abschluss

4.6.1 Eröffnung

Als Alternative zur Beschreibung ihres momentanen Empfindens – wie in den vorherigen Sitzungen – kann der Therapeut mit einer kurzen gemeinsamen Reflexion beginnen und die Teilnehmer bitten, noch einmal über ihre Erwartungen an den Kurs und darüber zu sprechen, wie sie die erlernten Übungen in ihren Alltag einbeziehen wollen.

4.6.2 Übung 6.1: Sitzmeditation: Gedanken

In dieser Phase des Kurses sind die Teilnehmer schon erfahren darin, den Atem als zentralen Anker für ihre Aufmerksamkeit zu nutzen und ihre bewusste Wahrnehmung nacheinander auf Geräusche, Empfindungen, mentale Zustände (z. B. Unruhe, Ruhe, Schläfrigkeit) und emotionale Zustände (z. B. Ärger, Traurigkeit) zu lenken. Während des gesamten Kurses wurden sie ermutigt, ihre Gedanken und die Beziehung zwischen ihren Gedanken, Gefühlen und Körperempfindungen bewusst wahrzunehmen. Dieser Punkt wird in dieser Sitzung weiter vertieft. Die Teilnehmer werden aufgefordert, ihre Gedanken in den Mittelpunkt ihrer bewussten Wahrnehmung zu rücken und dabei weniger auf den Inhalt der Gedanken als vielmehr auf die Beschaffenheit ihres Denkens selbst zu achten.

Übung 6.1

Wir üben in dieser Sitzung, unser »Denken« als weiteres Phänomen unseres gegenwärtigen Erlebens zu betrachten. So können die Teilnehmer anfangen zu erkennen, dass Gedanken nichts weiter als Worte oder Bilder sind, die ihnen durch den Kopf gehen, und nicht etwa verlässliche Widerspiegelungen der Wirklichkeit. Diese Übung fördert auch die Erkenntnis, dass unsere Gedanken nicht unser Feind sein müssen, gegen die wir ankämpfen müssen, dass wir ihnen aber andererseits auch keine Macht über unsere Gefühle und unser Verhalten zu geben brauchen. Ähnlich wie bei Geräuschen und Körperempfindungen können wir lernen, sie lediglich zu beobachten, wie sie kommen und gehen, und dabei mit all unseren Empfindungen im Hier und Jetzt in Kontakt bleiben.

Gedanken beobachten und etikettieren
In der Sitzmeditation in dieser Sitzung werden die Teilnehmer in Metaphern und angeleitete Bilder eingeführt, um sie bei der bewussten Wahrnehmung des Aufkommens und Verschwindens von Gedanken zu unterstützen. Sie können sich z. B. vorstellen, dass sie ihre Gedanken als Blätter beobachten, die auf einem Fluss vorbeitreiben, oder als Wolken, die über den klaren Himmel ziehen. Sie werden auf-

gedordert, ihre Gedanken versuchsweise mit verschiedenen Etiketten zu versehen (z. B. »Erinnerung«, »Fantasievorstellung«, »Planung«), damit sie leichter erkennen, dass Gedanken nur vorübergehende Erscheinungen sind. Diese Übung hilft nicht nur, vom Inhalt der Gedanken zurückzutreten, sondern ermöglicht auch ein tieferes Verständnis dafür, welch unterschiedliche Formen Gedanken annehmen können.

Nach der Sitzmeditation tauschen sich die Teilnehmer über ihre Erfahrung und über die Verwendung von Metaphern und Etiketten als Mittel zur Beobachtung von Gedanken aus. Wir schlagen außerdem eine Reihe weiterer Metaphern vor, z. B. die Möglichkeit, Gedanken als Bilder oder Wörter auf einer Kinoleinwand zu betrachten oder als Ballons, die vorbeischweben, und wir fordern die Teilnehmer auf, selbst kreativ zu sein und eigene Metaphern zu finden, die besonders relevant oder hilfreich für sie sind. Wenn die Teilnehmer den Eindruck haben, dass ihnen pausenlos Gedanken durch den Kopf gehen, schlagen wir als Metapher z. B. vor, dass sie eine Radiosendung hören oder dass ein kleines Wesen auf ihrer Schulter sitzt und unablässig live kommentiert. Auch wenn es nicht möglich sein sollte, das Radio abzuschalten oder das Wesen zum Schweigen zu bringen, kann die Erkenntnis helfen, dass beides nichts weiter als eine plappernde Stimme ist und dass wir selbst entscheiden, wie wir diese Stimme einordnen.

Das Etikettieren von Gedanken kann helfen, einerseits Distanz zu schaffen aber andererseits auch neue Perspektiven zu gewinnen. Teilnehmer, die dies für sich nicht hilfreich finden oder sich schwer damit tun, können das Etikettieren von Gedanken auch weglassen. Manche Teilnehmer sagen, sie hätten Mühe, ein passendes Etikett für einen Gedanken zu finden oder sie würden sich zu sehr in den Vorgang des Etikettierens verstricken. Ziel der Übung ist es nicht, möglichst genau passende Etiketten zu finden, sondern aufkommende Gedanken zu erkennen und wahrzunehmen, wie leicht wir uns in ihnen verfangen. Wenn es also schwerfällt, das »richtige« Etikett zu finden, genügt auch einfach das Etikett »Denken«.

Häufig berichten Teilnehmer, dass sie sich negativ bewerten, wenn ihnen bewusst wird, dass sie sich in einem Gedanken oder einer Geschichte verstricken. Dies bietet Gelegenheit, auch (Selbst-)Bewertungen als Gedanken zu erkennen. In diesem Fall sollen die Teilnehmer ihre Gedanken einfach als »Bewerten« registrieren und nicht versuchen, sich davon zu befreien – denn dadurch werden die Gedanken häufig nur noch stärker.

Wenn Teilnehmer wiederholt berichten, dass sie sich in den Inhalt eines bestimmten Gedankens verlieren, werden sie darin unterstützt, ihre Aufmerksamkeit einfach wieder auf den Atem zu lenken, um ihre Achtsamkeit zu stabilisieren. In wiederkehrenden Gedanken und Themen äußert sich möglicherweise ein Gefühl, das vom Betroffenen nicht voll und ganz anerkannt oder bewusst zugelassen wird. In diesem Fall lässt sich die Intensität eines immer wiederkehrenden Gedankens vielleicht lösen, indem der Teilnehmer seine Aufmerksamkeit auf einen dahinter verborgenen Gefühlszustand lenkt und wahrnimmt, wie er diesen in seinem Körper und seinem Bewusstsein erlebt.

Manchmal – und mit zunehmender Übung immer häufiger – verläuft das Denken in so ruhigen Bahnen, dass wir anfangen, das Aufkommen und Abklingen von Gedanken und ihre Kurzlebigkeit wahrzunehmen. Diese Erkenntnis erfordert jedoch Zeit und Übung. Manchmal verstricken wir uns minuten- oder sogar stundenlang in Gedanken, bevor uns bewusst wird, dass wir nicht mehr achtsam sind. Es wäre unrealistisch zu erwarten, dass sich unser Denken plötzlich so verhält, wie wir es wollen, nachdem wir ihm so viele Jahre lang freien Lauf gelassen haben. Daher ist jeder Augenblick der bewussten Wahrnehmung und Erkenntnis zwischen diesem Kommen und Gehen der Gedanken ein Augenblick der Achtsamkeit und der Wachsamkeit, und wir arbeiten einfach daran, mehr von diesen Augenblicken in unsere Übung und unser Leben zu holen.

4.6.3 Besprechung des Übens zu Hause

In der vorherigen Sitzung konnten die Teilnehmer zusätzlich oder als Alternative zur Body-Scan-Meditation und zur Sitzmeditation das achtsame Bewegen üben. Die unterschiedlichen Reaktionen auf die Bewegungsübung zu erkunden ist ein wichtiger Teil des Gruppengesprächs über das Üben zu Hause. Mehrere Teilnehmer haben berichtet, dass ihnen das Üben und der behutsamere und fürsorglichere Umgang mit ihrem Körper Spaß macht. Besonders hilfreich kann dies für Teilnehmer sein, die ein starkes körperliches Unbehagen, Steifheit oder Schmerzen empfinden. Auch hier ist wieder der Hinweis wichtig, dass es nicht darum geht, den Körper an seine Grenzen zu treiben oder Körperhaltungen einzunehmen, die mit Schmerzen verbunden sind, sondern den Körper in der Bewegung wahrzunehmen und angenehme wie unangenehme Erfahrungen achtsam und mitfühlend zu begegnen.

Manche Teilnehmer berichten, die Bewegungsübung falle ihnen leichter und mache mehr Spaß als die Sitzmeditation. In solchen Fällen sollte erkundet werden, welche Aspekte der Übung Spaß machen bzw. welche Aspekte der Sitzübung schwierig sind. Die Teilnehmer haben vielleicht den Eindruck, dass es leichter ist, »etwas zu tun« als nur auf ihre mentalen Zustände zu achten. Dann ermutigen wir sie in der Regel, alle Übungen offen zu erleben, und weisen erneut darauf hin, dass aufkommende Erfahrungen des Unbehagens, der Rastlosigkeit oder der Selbstbeurteilung zur Übung der Achtsamkeit dazu gehören und wertvolle Gelegenheiten bieten, das Denken weiter zu beobachten.

In der vorherigen Sitzung wurden die Teilnehmer auch aufgefordert, weiterhin das Nüchtern-Atmen zu üben und aufzuschreiben, in welchen Situationen sie geübt, was sie dabei beobachtet und was ihre automatischen Reaktionsweisen waren. Bei der Besprechung dieser Erfahrungen werden die Teilnehmer darin unterstützt, in jeder dieser Situationen herauszufinden, welche spezifischen situativen Hinweisreize sie künftig daran erinnern könnten, die Atemübung zu machen (z. B. wenn sich ihre Schultern und Kiefer verspannen, wenn Ärger hochkommt, bei vorwurfsvollen und bewertenden Gedanken über den Partner, bei dem Gedanken »Ich halte das nicht mehr aus«). Das Besprechen dieser Situationen trägt dazu bei, dass die Teilnehmer ihre automatischen Reaktionsweisen als persönliche Hinweisreize für das Nüchtern-Atmen im Gedächtnis behalten.

4.6.4 Gedanken und Rückfall

Häufig entwickelt sich das vorherige Gruppengespräch automatisch zu einem Gespräch über die Rolle von Gedanken bei der Entstehung eines Rückfalls. Zunächst bitten wir die Teilnehmer zu definieren, was eigentlich Gedanken sind, und fragen dabei insbesondere, ob Gedenken eigentlich »wahr« sind oder nicht. Dies führt in der Regel zu der Erkenntnis, dass Gedanken nur Vorstellungen, Erinnerungen, Bilder und Wortketten sind, die einem unablässig durch den Kopf gehen, die die Wirklichkeit manchmal widerspiegeln oder eben auch nicht. Einige Gedanken kann man leicht wieder loslassen, andere sind verlockender oder nicht so leicht abzuschütteln.

Den meisten Teilnehmern fällt es nicht schwer, den Automatismus des Denkens und den Zusammenhang zwischen Gedanken und Verhalten zu erkennen. Sie weisen in der Regel darauf hin, dass man die Wahl hat, Gedanken zu glauben, sie weiterzuverfolgen und sich entsprechend zu verhalten oder eben nicht. Manche Teilnehmer tun sich schwer mit der Vorstellung, dass Gedanken nicht immer zuverlässige Widerspiegelungen der Wirklichkeit sind. Dann kann es hilfreich sein, anhand von Metaphern und Beispielen zu veranschaulichen, dass Gedanken einfach Worte und Bilder sind, die einem durch den Sinn gehen. Man kann sich z. B. vorstellen, dass man von der Geschichte eines Films gefangen ist und plötzlich erkennt, dass man in Wirklichkeit als Beobachter im Publikum sitzt und nur einer Geschichte zuschaut. Oder man stellt sich vor, dass das Gehirn unablässig Gedanken und Geschichten produziert, so wie das Herz unablässig Blut durch den Körper pumpt und die Galle Gallenflüssigkeit produziert – dass unser Gehirn also einfach ein Organ ist, das die Aufgabe hat, unablässig Gedanken und Geschichten zu produzieren. Diese Geschichten können in der Wirklichkeit verankert sein, müssen es aber nicht. Wenn die Teilnehmer Beispiele von Gedanken nennen, an die sie in der Vergangenheit fest geglaubt und die sich dann als nicht »wahr« erwiesen haben, kann auch dies verdeutlichen, wie wenig vertrauenswürdig unsere Gedanken sein können.

4.6.5 Rückfallprozess

Um den Zusammenhang zwischen Gedanken und Rückfall weiter zu verdeutlichen, werden die Teilnehmer gebeten, ein Beispiel für ein Ereignis zu nennen, das ein potenzieller Auslöser für einen Rückfall war oder sein könnte. In der Regel wählen wir eines der Beispiele aus der Gruppe für eine eingehendere Bearbeitung aus und veranschaulichen es auf der Flip Chart anhand des Grundschemas für den Rückfallprozess (s. Abb. 4.1). Die Teilnehmer werden aufgefordert, die Ereigniskette aufzuschlüsseln, indem sie feststellen, welche Gedanken ihnen in der Auslösesituation

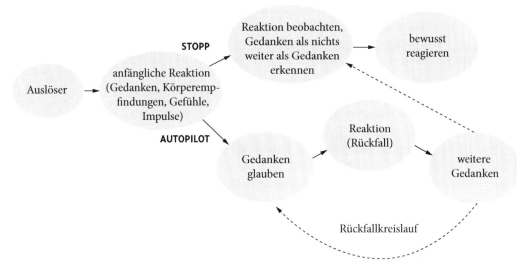

Abbildung 4.1. Rückfallprozess. Verwenden Sie ein Flip Chart, um ein spezifisches Beispiel aus der Gruppe durchzusprechen, und veranschaulichen Sie, wohin verschiedene Entscheidungen führen. Stellen Sie die Rolle der Gedanken im Prozess des Rückfalls heraus und verweisen Sie auf die Möglichkeit, an jedem beliebigen Punkt des Weges aus dem Autopiloten auszusteigen und bewusstere Entscheidungen zu treffen

zunächst in den Sinn kamen und welche emotionalen Reaktionen und Körperempfindungen sie erlebt haben. Danach werden sie gebeten, die Situation bis zum Punkt des erstmaligen Suchtmittelkonsums (lapse) oder vollständigen Rückfalls (relapse) durchzugehen und dann alternativ Momente im Rückfallprozess zu finden, an denen sie einen Schritt zurücktreten und anders hätten reagieren können (Arbeitsblatt 6.1). Die Form dieses Gesprächs unterscheidet sich von Gruppe zu Gruppe, je nachdem, welche individuellen Geschichten und Sichtweisen die Teilnehmer einbringen. Unserer Erfahrung nach ist es am besten, wenn der Therapeut für diese Unterschiede offen ist, aber erneut verdeutlicht, dass Gedanken an jedem Punkt des Rückfallprozesses eine entscheidende Rolle spielen und dass das Innehalten und Beobachten der eigenen Gedanken, emotionalen Zustände und Körperempfindungen die Gelegenheit bieten kann, aus dem automatisierten Rückfallgeschehen herauszutreten und sich für eine bewusstere, günstigere Verhaltensweise zu entscheiden. Ein solches Gespräch kann z. B. folgendermaßen verlaufen:

AB 6.1

TH: Könnten Sie ein Beispiel für eine Situation nennen, die zu einem Rückfall geführt hat, oder von der Sie sich vorstellen können, dass sie in der Zukunft eine Rückfallgefahr darstellen könnte?

TN 1: Naja, wenn ich z. B. Streit mit meiner Frau habe – je nachdem, wie schlimm er ist, kann es sein, dass ich wieder zur Flasche greifen will.

TH: Also gut, bleiben wir bei diesem Beispiel und gehen es durch, wenn das für Sie okay ist. Der anfängliche Auslöser ist also ein Streit mit Ihrer Frau. Welche Art von Gedanken könnte Ihnen durch den Kopf gehen, wenn das passiert?

TN 1: Na ja, ich würde mich ärgern.

TH: Da ist also eine emotionale Reaktion und wahrscheinlich sind da auch bestimmte Körperempfindungen.

TN 1: Ja, Herzklopfen, und der Blutdruck steigt.

TH: Und welche Gedanken könnten Sie haben, wenn Sie sich so fühlen?

TN 1: Normalerweise ist es die Einstellung »ist doch eh egal«, die mich wieder zum Trinken bringt.

TH: Schlüsseln wir die Ereigniskette einmal auf. Welcher spezifische Gedanke könnte Ihnen in den Sinn kommen?

TN 1: »Ist doch eh egal, ich habe es wirklich versucht, aber es funktioniert einfach nicht.«

TH: Was geschieht danach?

TN 1: Ich verlasse das Haus und kaufe Alkohol.

TH: Von hier an geht also alles automatisch.

TN 1: Ja, ich halte nicht inne, um zu beobachten. Das geht dann völlig automatisch.

TH: Ein anderes Szenario wäre also, dass Sie innehalten. Wir wollen uns das mal eine Sekunde lang vorstellen. Sie haben denselben Streit mit Ihrer Frau, dasselbe Gefühl und sogar denselben Gedanken »Ist doch eh egal, es funktioniert einfach nicht.« Bis zu dem Punkt können Sie wahrscheinlich nichts wirklich steuern – weder das unmittelbare Gefühl noch die Körperempfindungen und auch nicht den Gedanken »Ist doch eh egal«. Diese Reaktionen kommen in einer Auslösesituation oft einfach automatisch auf, so reagieren unser Körper und unser Bewusstsein ganz unwillkürlich, und wir können das ändern oder auch nicht – vorläufig zumindest nicht. Es liegt aber an uns, wie es von hier aus weitergehen wird. Wenn Sie in diesem Augenblick Ihre Reaktion oder Ihren Gedanken wahrnehmen und dann einen Augenblick lang innehalten, um zu beobachten, was geschieht, anstatt einfach gewohnheitsmäßig zu reagieren – was geschieht dann?

TN 1: Ich glaube, das wäre ein wichtiger Schritt, um den Prozess zu unterbrechen.

TH: Was würde geschehen, wenn Sie einfach innehalten und wahrnehmen, was Sie in diesem Moment erleben?

TN 1: Vielleicht stelle ich fest, dass meine Reaktion nicht nötig ist; sie ist irrational. Und vielleicht denke ich auch über die Konsequenzen meines Handelns nach.

TH: Okay, Sie nehmen also zunächst mal irgendwie wahr, was in Ihnen abläuft – den Ärger und die Gedanken daran, dass Sie jetzt einen Drink wollen. Und Sie haben das Wort »irrational« gebraucht. Wenn Sie innehalten und wahrnehmen, wie Ihr Bewusstsein und Ihr Körper reagieren, glauben Sie diesen Gedanken vielleicht nicht mehr so sehr. Vielleicht erkennen Sie, dass der Gedanke »Ist doch eh egal, es funktioniert einfach nicht« eben nur ein Gedanke ist und dass Sie nicht zwangsläufig darauf reagieren müssen.

TN 1: Wenn ich in diesem Augenblick innehalten könnte, würde ich erkennen, dass das nicht wahr ist, und sehen, dass ich jetzt nicht trinken muss.

TH: Wenn Sie sofort innehalten, haben Sie also die Möglichkeit, einen Schritt zurückzutreten und zu erkennen, dass Sie diesen Weg nicht einschlagen müssen, dass Sie sich nicht auf das einlassen müssen, was Ihnen Ihre Gedanken und Ihr Körper vorgeben. Was würde Sie denn dann als Nächstes tun?

TN 1: Wahrscheinlich würde ich über die Konsequenzen meines Handelns nachdenken und nicht blindlings meinen Gedanken und Gefühlen folgen. Ich würde nicht aus dem Haus gehen, ins Auto steigen und mir eine Flasche kaufen. Vielleicht würde ich nach oben gehen und eine Weile allein sein oder meiner Frau sagen, dass ich einfach nicht mehr streiten will.

TH: Das wäre eine ganz andere Reaktion als die erste.

TN 1: Ich habe beides schon durchgemacht. Ich habe mir schon einen Drink geholt, und ich habe auch schon innegehalten und dadurch verhindert, dass ich in mein Suchtverhalten zurückfalle.

TH: Okay, dann wollen wir mal den anderen Weg einschlagen. Sie denken also »Ist doch eh egal, es funktioniert einfach nicht«, steigen auf diesen Gedanken ein und gehen sich eine Flasche kaufen. Was passiert dann?

Im letzten Stadium des Rückfallprozesses reagieren die Teilnehmer oft ganz unterschiedlich im Hinblick darauf, ob sie einen Unterschied zwischen einem erstmaligen erneuten Konsum (Lapse) und einem vollständigen Zurückfallen in das alte Suchtverhalten (Relapse) machen. Im Gespräch wird neben den Ereignissen und Erfahrungen, die zu einem Rückfall führen, auch besprochen, was eigentlich nach dem ersten Konsum geschieht. Damit soll aufgezeigt werden, dass der Betroffene selbst bei einem Rückfall noch eine gewisse Entscheidungsfreiheit hat. Die Reaktionen auf dieses Gespräch unterscheiden sich je nach den persönlichen Geschichten und Erfahrungen der einzelnen Teilnehmer. Einige werden überzeugt sein, dass wenn sie erst einmal auf einen situativen Auslöser hin wieder Suchtmittel konsumiert haben, keinerlei Wahl mehr haben – dass es dann ohnehin zu spät ist und alles wieder automatisch von vorn beginnt. Andere werden der Meinung sein, dass der Moment des ersten Glases Alkohol oder des Konsums eines anderen Suchtmittels ein Punkt ist, an dem sie erneut entscheiden können, ob sie diesen Weg weitergehen oder ob sie innehalten und zur Abstinenz hin umkehren wollen. Wir bemühen uns, in diesem Gespräch Raum für alle diese Reaktionen und Erfahrungen zu lassen und die Teilnehmer Schritt für Schritt beim Aufbrechen des scheinbar automatischen Rückfallprozesses zu unterstützen, indem wir darauf hinweisen, dass auch die Gedanken nach dem erstmalig erneuten Konsum (z. B. »Ich hab's vermasselt. Jetzt ist es zu spät«) nichts weiter als Gedanken sind.

Die nach dem erstmaligen erneuten Konsum häufig auftretende intensive Selbstverurteilung, der sog. »Abstinenzverletzungseffekt« (Marlatt & Gordon, 1985), kann die Wahrscheinlichkeit einer Ausweitung des Rückfalls in ein vollständiges Zurückfallen in das alte Suchtverhalten erhöhen. Darauf kann dieses Gespräch vorbereiten, indem die Möglichkeit angesprochen wird, den potenziellen Schaden eines etwaigen Rückfalls zu minimieren. Auch dieses Gespräch spiegelt eine achtsame und akzeptierende Haltung wider und ermutigt angesichts von Schwierigkeiten zu Ehrlichkeit und Offenheit. Das Gespräch ging folgendermaßen weiter:

TN 1: Für mich ist das ein Rückfall. An diesem Punkt bin ich schon in der Spirale und denke an nichts mehr. Ich habe nichts anderes mehr im Kopf. Es ist dann einfach zu spät.

TN 2: Ja, mir geht es auch so. Wenn ich zulasse, dass ich den Gedanken folge, die durch die Rückfallrisikosituation in mir aufkommen, bin ich schon mittendrin im Schlamassel. Wenn ich meine Gedanken an diesem Punkt nicht sortiere, ist es bereits um mich geschehen. Ich ende dann auf der Straße oder im Knast, und das war's dann.

TH: Für Sie beide ist das also ein entscheidender Punkt im Rückfallgeschehen. Sie sollten auf jeden Fall alles tun, was in Ihrer Macht steht, um sich bewusst zu machen, dass Sie in diesem Moment gedanklich in Richtung Rückfall steuern. Vielleicht wollen wir aber hier ein wenig weitergehen und sehen, was eigentlich weiter passieren würde? Ist das für Sie okay? Wenn Sie in der Vergangenheit an diesen Punkt gekommen sind und immer stärker in Ihr altes Suchtverhalten zurückgefallen sind, hätte Ihnen dann irgendetwas helfen können, um stattdessen doch noch auszusteigen und den Rückfall zu stoppen? Etwas, das Sie daran gehindert hätte, schließlich so weit abzustürzen, dass Sie auf der Straße oder im Knast enden?

(Der Therapeut und der Teilnehmer gehen die Gedanken und das Verhalten in diesem für den Teilnehmer vertrauten Szenario durch und überlegen bei jedem einzelnen Schritt, welche Gedanken aufkommen, ob sie »vertrauenswürdig« oder »wahr« sind und welche Auswirkungen es hat, wenn man ihnen glaubt. Außerdem weist der Therapeut auf alle situativen Hinweisreize hin, die der Teilnehmer in Zukunft wahrnehmen könnte, um das Nüchtern-Atmen zu praktizieren und aus dem Kreislauf auszusteigen, auch wenn ihm sein Kopf sagt, es sei schon »zu spät«.)

Dieser Prozess wird bei jedem Einzelnen von Ihnen anders sein. Wichtig ist, dass Sie herausfinden, wie Ihr Denken funktioniert und wo die Punkte sind, an denen Sie in der Vergangenheit in Schwierigkeiten geraten sind, d. h., wo Sie künftig etwas anders machen könnten, wenn Sie wieder in eine solche Situation kommen sollten. Wir werden hier verschiedene Punkte herausarbeiten, an denen Sie die Wahl haben und den Rückfallverlauf korrigieren können. Wenn Sie also in unserem Beispiel an den Punkt kommen, an dem Sie sich den ersten Drink genehmigen, was geht Ihnen dann durch den Kopf?

TN 3: Jetzt habe ich es eh schon vermasselt.

TH: Genau. »Jetzt habe ich es schon vermasselt. Warum sollte ich jetzt noch aufhören? Jetzt kann ich auch gleich weitermachen.«

TN 3: Genau.

TH: Aber muss denn wirklich schon alles gelaufen sein, wenn Sie an diesem Punkt eines Rückfalls angelangt sind? Der Gedanke »Jetzt habe ich es schon vermasselt« ist zwar sehr stark und kann an Ihrem Selbstwertgefühl nagen, aber es ist eben doch nur ein Gedanke. Ich will die Gefahr und den Ernst eines Rückfalls weiß Gott nicht herunterspielen, aber muss denn, wenn Sie an diesem gefährlichen Punkt angelangt sind, wirklich schon endgültig »alles gelaufen« sein?

TN 3: Nein.

TH: Vielleicht fühlt es sich an, als sei es das gewesen, aber in Wirklichkeit haben Sie immer noch eine Wahl, auch noch an diesem Punkt eines Rückfalls. Immer wenn wir hierüber sprechen, reagieren Suchtkranke sehr unterschiedlich und das aus gutem Grund. Natürlich macht ein Rückfall Angst und ist gefährlich. In diesem Kurs lernen wir allerdings, besser zu verstehen, wie unser Denken in diesem Moment funktioniert. Wir erkennen die Momente innerhalb des Rückfallprozesses, an denen wir nicht weiter kommen, aber auch die Punkte, an denen wir innehalten und etwas anders machen können. Je früher das innerhalb des Rückfallprozesses geschieht, desto besser. Aber selbst wenn wir bereits rückfällig sind, können wir immer noch etwas tun, um umzukehren, den Schaden möglichst gering zu halten und zur Abstinenz zurückzukehren. Natürlich sollten Sie zunächst alles tun, um gar nicht erst in einen Rückfall zu geraten. Wenn Sie eine Brandschutzübung machen, heißt das ja auch nicht, dass Sie erst mal Feuer legen sollten! Wir tun, was wir können, um ein Feuer zu verhindern, weil genau das unser Ziel ist. Aber wenn doch ein Feuer ausbricht, wollen wir vorbereitet sein, damit wir uns in Sicherheit bringen und den Schaden möglichst gering halten können.

4.6.6 Übung 6.2: Nüchtern-Atmen

Da die Teilnehmer auf dieses Gespräch oft emotional sehr stark reagieren, kann es sinnvoll sein, mit dem Nüchtern-Atmen abzuschließen, um die eigenen Reaktionen, Gedanken und Gefühle zu beobachten und wieder Kontakt zur Gegenwart herzustellen. Mit dem Nüchtern-Atmen in dieser Sitzung kann der Fokus auf aufkommende Gedanken gelenkt werden.

Übung
6.2

4.6.7 Vorbereitung auf das Ende des Kurses und Üben zu Hause

In dieser Phase des Programms werden die Teilnehmer ermutigt, Möglichkeiten zur persönlichen Anpassung der Übungen zu erkunden und sie zu einem festen Bestandteil ihres Alltags zu machen. In diesem Sinne werden sie aufgefordert, sich aus den Möglichkeiten, die sie in den letzten Wochen kennengelernt haben, eine Auswahl an Übungen auszusuchen (Arbeitsblatt 6.2). Nützlich ist auch ein Angebot an zusätzli-

AB
6.2

chen Audioaufnahmen mit kürzeren Übungen von 10-, 20- oder 30-minütiger Dauer oder auch mit Übungen ohne verbale Anleitungen (nur der Klang einer Glocke als Erinnerung daran, dass die Teilnehmer ihre Wahrnehmung wieder auf die Gegenwart lenken sollen). Die Teilnehmer können verschiedene Kombinationen dieser Übungen ausprobieren; insgesamt sollten sie jedoch täglich 40 Minuten üben, um ihre im Kurs erworbenen Fertigkeiten beizubehalten und sie weiterzuentwickeln. Zur Vorbereitung auf das weitere Üben sollen sich die Teilnehmer überlegen, was sie in den vergangenen Wochen gelernt haben und mit welchen Übungen sie weitermachen wollen. Der Therapeut schlägt ihnen vor, das Nüchtern-Atmen in ihren Alltag einzubeziehen, vor allem in Situationen, in denen sie sich überwältigt fühlen oder zu automatischen Reaktionsweisen neigen. Darüber hinaus sollen sie im Protokollbogen für das Üben zu Hause Notizen zu ihrer Meditationspraxis machen (Arbeitsblatt 6.3).

AB
6.3

4.6.8 Abschluss

Der Therapeut kann die Sitzung mit einem kurzen Augenblick der Stille oder einem kurzen »Auschecken« abschließen.

4.7 Sitzung 7: Selbstfürsorge und ausgewogener Lebensstil

Mitgefühl ist wie ein Kreis, der nur vollständig ist, wenn er uns selbst mit einschließt. Ansonsten ist es kein weises Mitgefühl, weil es unserer Verbindung mit anderen Menschen nicht gerecht wird.

Jack Kornfield

Materialien
▶ Glocke
▶ Flip Chart/Stift
▶ Arbeitsblatt 7.1: Alltägliche Tätigkeiten
▶ Arbeitsblatt 7.2: Erinnerungskarte
▶ Arbeitsblatt 7.3: Sitzung 7: Selbstfürsorge und ausgewogener Lebensstil
▶ Arbeitsblatt 7.4: Protokollbogen für das Üben zu Hause

Thema
Wir haben mehrere Wochen lang auf die spezifischen Situationen, Gedanken und Gefühle geachtet, mit denen das Risiko für einen Rückfall einhergeht. In dieser Sitzung wollen wir einen umfassenderen Blick auf unser Leben werfen und die Aspekte betrachten, die entweder eine gesündere, vitalere Lebensweise unterstützen oder aber größere Risiken mit sich bringen können. Fürsorglichkeit uns selbst gegenüber und »aufbauende« Aktivitäten sind ein entscheidender Bestandteil der Überwindung von Suchtproblemen.

Ziele
▶ Gruppengespräch darüber, wie wichtig ein ausgewogener Lebensstil und Selbstfürsorge sind, um die Gefahr eines Rückfalls zu verringern
▶ Gruppengespräch über regelmäßige Achtsamkeitspraxis zur Aufrechterhaltung eines ausgewogenen Lebensstils
▶ Vorbereitung auf künftige Rückfallrisikosituationen mit der sog. »Erinnerungskarte«

Überblick über die Sitzung
▶ Eröffnung
▶ Übung 7.1: Sitzmeditation: Lovingkindness
▶ Gemeinsamer Austausch über das Üben zu Hause
▶ Arbeitsblatt zu alltäglichen Tätigkeiten
▶ Wo beginnt ein Rückfall?
▶ Nüchtern-Atmen
▶ Erinnerungskarten
▶ Üben zu Hause
▶ Abschluss

4.7.1 Eröffnung

In den letzten beiden Sitzungen sollten Überlegungen dazu angestellt werden, welche Elemente des Kurses den Teilnehmern am wertvollsten erscheinen und welche Übungen sie in ihren Alltag übernehmen wollen. In der Eröffnungsphase dieser Sitzung können sich die Teilnehmer dies noch einmal bewusst machen und sich in ihren Vorhaben bestärken.

4.7.2 Übung 7.1: Sitzmeditation: Lovingkindness

In dieser Sitzung wird eine Sitzmeditation »Lovingkindness« (Liebende Güte) eingeführt, deren Schwerpunkt auf einer freundlichen, wohlwollenden und mitfühlenden Haltung gegenüber aller Erfahrung liegt. Lovingkindness kann auf unterschiedliche Weise geübt werden, in der Regel schickt der Meditierende gute Wünsche an sich selbst und andere, z. B. an einen Freund oder Wohltäter. Traditionellerweise wird die Aufmerksamkeit auf eine Reihe guter Wünsche gelenkt, wie z. B. *Möge ich sicher sein und keinen Schaden erleiden, möge ich inneren Frieden und Leichtigkeit finden.* Diese guten Wünsche kann jeder Teilnehmer nach Bedarf für sich abändern oder sie durch eine Visualisierung unterstützen. Wir ermutigen die Therapeuten, in ihren Gruppen verschiedene Übungen dieser Art auszuprobieren und jeweils möglichst authentische und relevante Anleitungen für die Teilnehmer zu finden.

Übung
7.1

Die Lovingkindness-Meditation löst oft Gefühle des Widerstands und der Aversion oder andere problematische Erfahrungen aus. Manche Teilnehmer sagen vielleicht »Es hat nicht funktioniert«, weil sie sich selbst oder anderen gegenüber keine Freundlichkeit empfinden konnten. Wie bei allen bisherigen Übungen ist jedoch die freundliche und nicht bewertende Beobachtung dieser Reaktionen und Schwierigkeiten ebenso Teil der Übung wie Gefühle des Wohlbefindens, der Offenheit und der inneren Leichtigkeit. Wir haben festgestellt, dass es hilft, dies anzusprechen und die Teilnehmer daran zu erinnern, dass es kein »richtiges« Erleben gibt. Die Lovingkindness-Meditation soll kein bestimmtes Gefühl auslösen und keinen bestimmten Bewusstseinszustand herbeiführen, sondern dient vielmehr dazu, alles zu beobachten, was beim Üben aufkommt.

4.7.3 Besprechung des Übens zu Hause

In der vorherigen Woche haben sich die Teilnehmer ihre eigenen Übungen zusammengestellt. Beim Besprechen des Übens zu Hause bitten wir die Teilnehmer zu berichten, was ihnen aufgefallen ist, als sie die Übungen zu ihren »eigenen« gemacht haben, ob sie eine Routine entwickeln konnten, von der sie meinen, dass sie sie durchhalten können, und wie sie mit Barrieren oder Schwierigkeiten umgehen. Die Teilnehmer haben auch weiterhin das Nüchtern-Atmen geübt und wollen sich vielleicht über ihre Erfahrungen austauschen. Sie wurden außerdem gebeten, anhand eines für sie selbst relevanten Beispiels das Arbeitsblatt zum Rückfallprozess auszufüllen (Arbeitsblatt 6.1). Beim Austausch über ein paar Beispiele kann erneut darauf hingewiesen werden, wie wichtig es ist, möglichst früh aus dem Prozess des Rückfalls »auszusteigen«. Außerdem dient dies der Vorbereitung von Sitzung 7, in der wir unseren Fokus auf ein breiteres Spektrum von Rückfallrisiken und einen ausgewogenen Lebensstil erweitern.

AB
6.1

4.7.4 Arbeitsblatt zu alltäglichen Tätigkeiten

Das Arbeitsblatt zu alltäglichen Tätigkeiten (Arbeitsblatt 7.1), eine modifizierte Fassung von Übungen aus der MBCT (Segal et al., 2002) und dem Programm zur Rückfallprävention von Daley und Marlatt (2006), soll dazu dienen, alltägliche Tätigkeiten und ihre tendenzielle Wirkung auf die eigene Stimmungslage achtsam wahrzunehmen. Manche sind Teil eines ausgewogenen Lebensstils und haben eine gesundheitsdienliche, »aufbauende« Wirkung, andere sind dagegen eher belastend. Diese Übung zu unseren alltäglichen Tätigkeiten fördert die Reflexion darüber, wie wir diese Tätigkeiten ausführen, und wie wir an sich »neutrale« Tätigkeiten zu eher belastenden Tätigkeiten machen bzw. was wir tun, um neutrale oder eher belastende Tätigkeiten zu einer aufbauenden Wirkung zu verhelfen. Die Teilnehmer können herausfinden, was die tatsächlichen Eigenschaften der einzelnen Erfahrungen sind und dies davon unterscheiden lernen, was sie an Gedanken, Bewertungen oder Erinnerung hinzufügen, die dazu führen, dass diese Erfahrungen zu einer Belastung werden.

AB
7.1

In Teil 1 dieser Übung mit dem Arbeitsblatt zu alltäglichen Tätigkeiten erstellen die Teilnehmer Listen von Tätigkeiten, Menschen und Situationen in ihrem Leben, die sie eher als belastend (d. h. entmutigend, kräftezehrend, frustrierend, erschöpfend) oder eher aufbauend (d. h. kräftigend, angenehm, verjüngend, befriedigend) empfinden. Danach beschreiben sie, wie sie sich vermutlich während oder nach jeder dieser Tätigkeit fühlen. In Teil 2 der Übung notieren die Teilnehmer auf die Rückseite des Arbeitsblatts die Tätigkeiten eines für sie typischen Tages, gehen dann die Liste durch und bezeichnen alle Tätigkeiten dieses Tages entweder mit einem A für »aufbauend« oder mit einem B für »belastend«. Abschließend zählen sie, wieviele A's und B's sie notiert haben.

Oft sind die Teilnehmer überrascht, dass sie mehr aufbauende bzw. mehr belastende Tätigkeiten haben, als sie erwartet hätten. Häufig stellen sie auch fest, dass ein und dieselbe Tätigkeit sowohl aufbauend als auch belastend sein kann, je nachdem, wie ihre Stimmungslage, andere Faktoren in ihrem Leben oder ihre Herangehensweise an die Tätigkeit sind. Diese Übung eröffnet nicht nur einen Blickwinkel darauf, wie wir unseren Alltag verbringen und in welchem Verhältnis bei uns belastende und aufbauende Tätigkeiten stehen, sondern sie führt auch zu einem Austausch zwischen den Teilnehmern darüber, wie wichtig es ist, mehr aufbauende Dinge zu tun oder in einer Weise an die Dinge heranzugehen, die weniger belastend ist.

Die Teilnehmer sollen durch die Übung nicht dazu veranlasst werden, alle belastenden Tätigkeiten aus ihrem Leben zu streichen (auch wenn sich mehr gesundheitsförderliche Tätigkeiten – selbst wenn sie noch so unbedeutend scheinen – positiv auf unsere Stimmung und unser Funktionieren auswirken). Vielmehr geht es darum, dass wir achtsamer wahrnehmen, wie wir unser Leben verbringen, wie aufmerksam und bewusst wir bei unseren Tätigkeiten sind, und wie unsere Tätigkeiten und deren bewusste Wahrnehmung uns beeinflussen. Manche belastenden oder stressigen Tätigkeiten können vermieden werden, bei anderen geht dies nicht. Mit dieser Übung können wir herausfinden, was aufbauend und was belastend ist, und erkunden, wie wir eine andere Beziehung zu unseren Empfindungen aufbauen können. Im Gruppengespräch kann auch darauf hingewiesen werden, dass die Achtsamkeitspraxis diesen Prozess unterstützt und dass bestimmte Einstellungen zu unseren alltäglichen Tätigkeiten einem Rückfall Vorschub leisten.

Zu den Übungen dieser Sitzung für zu Hause gehört die Auswahl von mindestens drei aufbauenden Tätigkeiten, die während der kommenden Woche ausgeführt werden sollen. Dabei kommt es darauf an, dass die Teilnehmer realistische Tätigkeiten auswählen, die sie dann auch tatsächlich umsetzen. Das können entweder ganz neue als auch schon of ausgeführte Tätigkeiten sein. Am besten geben die Teilnehmer in der Sitzung an, welche Tätigkeiten sie sich vorgenommen haben.

4.7.5 Wo beginnt ein Rückfall?

Bislang haben sich die Gespräche und Übungen weitgehend auf die unmittelbaren Auslöser für einen Rückfall (z. B. Menschen, Orte, Gedanken, Gefühle) beschränkt. In dieser Sitzung wird der Fokus auf unseren Lebensstil erweitert, der uns mehr oder weniger anfällig für einen Rückfall machen kann.

Stellen wir uns den Fall vor, dass eine Teilnehmerin eine Straße entlang geht und eine Bekannte sieht, mit der sie früher immer getrunken hat. An einem Tag schafft sie es vielleicht, bewusst mit dieser Situation umzugehen. Sie kehrt um und schlägt einen anderen Weg ein, oder sie grüßt die Bekannte, sagt ihr, dass sie nicht mehr trinkt, und geht weiter. An einem anderen Tag trifft sie dieselbe Bekannte, beschließt, mit ihr zu reden, erwähnt aber nicht, dass sie dabei ist, vom Alkohol wegzukommen, akzeptiert die Einladung der Freundin in die gemeinsame Lieblingskneipe, um ein paar alte Freunde zu treffen, und endet mit einem Drink in der Hand. Wenn wir über Faktoren sprechen, die in dieser Situation die Gefährdung erhöhen, fragen wir die Teilnehmer nach Beispielen, wie z. B. das allgemeine Stressniveau, Erschöpfung, Einsamkeit und mangelnde soziale Unterstützung. Häufig sprechen wir einen Hinweis aus der 12-Schritte-Tradition der Anonymen Alkoholiker an – dass nämlich Hunger, Ärger, Einsamkeit und Müdigkeit Faktoren sind, die die Gefahr eines Rückfalls erhöhen. Bei dieser Übung sollte darauf hingewiesen werden, dass es sich hierbei aber um ganz normale Erfahrungen handelt, denen wir immer wieder in unserem Leben begegnen. Wenn wir sie als Warnsignale erkennen, erinnert uns dies daran, dass wir besser auf uns achten sollten, und es macht uns wachsam dafür, dass wir in solchen Momenten einer erhöhten Rückfallgefahr durch situative Auslöser ausgesetzt sind. Wenn wir Verlangen nach einem Suchtmittel entwickeln, kann es hilfreich sein, sich kurz zu besinnen (»Bin ich hungrig? Traurig? Einsam? Beunruhigt?«), um unsere automatische Reaktion auf suchtmittelassoziierte Auslöser besser zu verstehen und herauszufinden, was wir am besten tun, um für uns tatsächlich zu sorgen (»Was brauche ich jetzt gerade wirklich?«).

4.7.6 Nüchtern-Atmen

Nach dem Gruppengespräch, vor allem wenn es hierbei um relativ abstrakte oder konzeptuelle Dinge gegangen ist, kann der Therapeut eine Pause mit einer Übung zum Nüchtern-Atmen vorschlagen. Dies kann im Verlauf des Kurses mehrmals und in unterschiedlicher Form geschehen. Der Therapeut kann z. B. vorschlagen, die Übung mit offenen Augen zu machen und die Dauer der Übung abwandeln. Solche Abwandlungen tragen zur Flexibilität und Generalisierung der Übung in den Alltag der Teilnehmer bei.

4.7.7 Erinnerungskarte

Die Erinnerungskarte (Arbeitsblatt 7.2) kann jederzeit zur Unterstützung herangezogen werden. Sie ist etwa so groß wie eine Visitenkarte und enthält auf jeder Seite zwei Informationen: Zum einen die Liste mit den individuellen Gründen des Teilnehmers dafür, dass er abstinent bleiben will, zum anderen die wirksamsten abstinenten Bewältigungsstrategien, Notruf- und Beratungsnummern sowie die einzelnen Schritte des Nüchtern-Atmens. Die Erinnerungskarte lässt sich leicht im Geldbeutel oder in der Brieftasche mitführen und ist ohne weiteres zur Hand, wenn Teilnehmer sich die Informationen nochmal ins Gedächtnis rufen oder sie in Rückfallrisikosituationen einsetzen wollen.

AB
7.2

Vor allem Teilnehmer, die sich noch in einer relativ frühen Phase der Überwindung ihrer Suchtprobleme befinden und konkrete Hilfe und Gedächtnisstützen brauchen, finden die Erinnerungskarte hilfreich. Für andere, die schon länger abstinent sind, ist sie vielleicht weniger wichtig. Daher empfehlen wir die Erinnerungskarte lediglich als eine Möglichkeit, je nachdem, wie der Bedarf in der Gruppe ist. Im Idealfall wird die Erinnerungskarte in der Gruppe besprochen und ausgefüllt, da auf diese Weise die Teilnehmer von den Gedanken und Ideen der anderen profitieren können. Manche Teilnehmer sprechen vielleicht einen wichtigen Grund für ihre Abstinenzentscheidung an, der auch für andere Teilnehmer besonders relevant ist, sodass sie ihn ebenfalls auf ihre Karte aufnehmen wollen.

Um wirksame Bewältigungsfertigkeiten im Moment einer Rückfallrisikosituation entwickeln zu können, sollten die Teilnehmer zunächst überlegen, welche situativen Auslöser bei ihnen zu einem hohen Rückfallrisiko führen können. Das können

Menschen, Orte, Situationen, Gedanken oder Gefühle sein. Davon ausgehend können sie herausfinden, welche spezifischen Schritte sie tun können, um die Rückfallrisiko-situation abstinent zu bewältigen. Anschließend gehen wir kurz die auf der Karte aufgezeichneten Schritte des Nüchtern-Atmens durch.

Das letzte Viertel der Erinnerungskarte enthält örtliche Notruf- und Beratungs-nummern, die von den Teilnehmern durch die Kontaktdaten ihrer eigenen Unterstüt-zungssysteme ergänzt werden sollen. Diese zusätzlichen Informationen sollten bis zur nächsten Sitzung auf der Erinnerungskarte eingetragen werden.

4.7.8 Üben zu Hause

In der kommenden Woche sollen sich die Gruppenmitglieder ihr eigenes Übungs-programm zusammenstellen, das sie an sechs der nächsten sieben Tage regelmäßig üben. Außerdem schlagen wir vor, das Nüchtern-Atmen auch weiterhin bei alltäg-lichen Tätigkeiten und in Stresssituationen zu üben. Zuletzt besprechen wir den Plan, sich drei »aufbauende« Tätigkeiten vorzunehmen (Arbeitsblatt 7.3), und fordern die Teilnehmer auf, die Erinnerungskarte zu ergänzen, wenn ihnen weitere Ideen und Unterstützungsmöglichkeiten einfallen. Darüber hinaus sollen sie in ihrem Protokoll-bogen für das Üben zu Hause eintragen, welche Meditationsübungen sie gemacht haben (Arbeitsblatt 7.4).

AB
7.3
+
7.4

4.7.9 Abschluss

In den letzten Minuten der Sitzung können die Teilnehmer noch einmal an die Überlegungen vom Beginn der Sitzung anknüpfen, in denen es darum ging, welche der Übungen sie in ihren Alltag übernehmen wollen.

4.8 Sitzung 8: Soziale Unterstützung und weiteres Üben

Dieser Weg erfordert Mut und Ausdauer, doch er ist voller Fußabdrücke.
Wer sind diese Gefährten? Sie sind Sprossen auf deiner Leiter. Nutze sie!
In Gesellschaft kommst du rascher voran.
Allein schon das Gehen ist schön, aber mit anderen kommst du weiter und bist schneller.

Rumi

Materialien
- ▶ Glocke
- ▶ Flip Chart/Stift
- ▶ Kieselsteine
- ▶ Arbeitsblatt 8.1: Ressourcenliste
- ▶ Arbeitsblatt 8.2: Überlegungen zum Kurs
- ▶ Arbeitsblatt 8.3: Sitzung 8: Soziale Unterstützung und weiteres Üben

Thema
Die Suchtprobleme überwinden und Achtsamkeit üben bedeutet, eine lebenslange Reise zu tun, die Beharrlichkeit und Fleiß erfordert. Diese Reise ist nicht leicht. Zuweilen fühlt es sich an, als schwimme man gegen den Strom. Wir haben inzwischen gelernt, welche Faktoren ein Rückfallrisiko für uns darstellen, welche Fertigkeiten uns helfen, heil durch Rückfallrisikosituationen zu steuern und wie wichtig ein ausgewogener Lebensstil hierbei ist. Hoffentlich hat die Teilnahme an dieser Gruppe auch zu einem Gefühl gegenseitiger Unterstützung und Gemeinschaft geführt. Auf dem Weg des Übens und der Überwindung von Suchtproblemen kommt es entscheidend darauf an, dass ein Unterstützungsnetzwerk zur Verfügung steht. Ein Unterstützungsnetzwerk kann uns helfen, Anzeichen für einen Rückfall zu erkennen, und uns unmittelbar unterstützen, wenn wir das Gefühl haben, wir seien rückfallgefährdet. Unterstützung bei unseren Meditationsübungen hilft uns, die Übungen beizubehalten und bei dem Entschluss zu bleiben, dass wir unser Leben achtsam, bewusst und mitfühlend angehen wollen.

Ziele
- ▶ Herausheben der Bedeutung eines Unterstützungsnetzwerkes, um Rückfallrisiken zu reduzieren und weiter an der Überwindung der eigenen Suchtprobleme zu arbeiten
- ▶ Aufzeigen von Wegen zur Überwindung von Barrieren, die uns daran hindern, Hilfe zu suchen bzw. anzunehmen
- ▶ Überlegungen zu der Frage, was die Teilnehmer im Kurs gelernt haben und welche Gründe dafür sprechen, das Üben fortzusetzen
- ▶ Ausarbeitung eines Plans für das weitere Üben und Einbeziehung der Achtsamkeit im Alltag

▶

▶ Eröffnung
▶ Übung 8.1: Body-Scan-Meditation
▶ Besprechung des Übens zu Hause
▶ Bedeutung eines Unterstützungsnetzwerkes
▶ Überlegungen zum Kurs
▶ Absichten für die Zukunft
▶ Übung 8.2: Abschlussmeditation
▶ Abschlusskreis

4.8.1 Eröffnung

Die Teilnehmer werden gebeten, eine Körperempfindung, einen Gedanken oder ein Gefühl, das sie wahrnehmen, kurz zu beschreiben. Dabei sollen sie sich innerlich nicht hauptsächlich darauf konzentrieren, was sie selbst sagen wollen, sondern in erster Linie zuhören und aufmerksam gegenüber den anderen Gruppenmitglieder sein, während diese ihre Erfahrungen mitteilen.

4.8.2 Übung 8.1: Body-Scan-Meditation

Übung
8.1

Die Body-Scan-Meditation wurde in der ersten MBRP-Sitzung geübt. Durch eine Wiederholung der Übung in dieser Sitzung können die Teilnehmer einschätzen, welche Veränderungen sich im Lauf des Kurses ergeben haben. Der Therapeut stellt Fragen dazu, wie sie die Übung erleben, was sich seit dem Beginn des Kurses verändert hat und was gleich geblieben ist. Manchmal beschließen wir die Body-Scan-Meditation in dieser Sitzung mit dem Gedicht »Paradox«.

4.8.3 Besprechung des Übens zu Hause

AB
7.2
+
7.3

Wir besprechen die Meditationspraxis der vergangenen Woche und erste Schritte im Prozess der Entwicklung einer persönlichen nachhaltigen Praxis. Darüber hinaus besprechen wir Erfahrungen mit dem Nüchtern-Atmen, die Vervollständigung und Verwendung der Erinnerungskarte (Arbeitsblatt 7.2) und die Übung zu den aufbauenden Tätigkeiten zu Hause (s. Arbeitsblatt 7.3). Der Therapeut kann die Teilnehmer fragen, was ihnen beim Ausführen dieser Tätigkeiten aufgefallen ist, wie sie sie erlebt haben, und was davon sie in Tätigkeiten einbringen könnten, bei denen sie das Gefühl haben, sie seien eher belastend. Hilfreich sind Überlegungen dazu, wie die Achtsamkeitspraxis das Erleben bestimmter Tätigkeiten und die Beziehung zu diesen Tätigkeiten verändern kann. Ebenso wichtig wie die Besprechung der Erfahrungen, die die Teilnehmer mit aufbauenden Tätigkeiten gemacht haben, ist die Klärung der Frage, was sie daran hindert, sich mit solchen Tätigkeiten zu befassen.

4.8.4 Bedeutung eines Unterstützernetzwerkes

In den vorherigen Sitzungen wurden verschiedene Strategien, Praktiken und Fertigkeiten zur Bewältigung von Stress- und Rückfallrisikosituationen erkundet. Anschließend wurde der Fokus auf unseren Lebensstil und auf die Frage erweitert, wie dieser uns in unserer Zielrichtung bestärken oder uns behindern kann. In einem weiteren Schritt schließen wir nun unser soziales Umfeld in unsere Überlegungen ein (Arbeitsblatt 8.3) .

AB 8.3

Die Frage an die Teilnehmer, warum es wichtig sein könnte, dass sie soziale Unterstützung haben, scheint zunächst müßig. Sie hilft ihnen jedoch zu erkennen, wie wichtig ein Unterstützungssystem sowohl für die Überwindung von Suchtproblemen als auch für die Beibehaltung einer regelmäßigen Achtsamkeitspraxis ist. Wir sollten keinen dieser Wege allein beschreiten, denn wir brauchen Gefährten. Wir brauchen Ermutigung und Menschen, die uns darin bestärken, unsere mitunter schwierige Reise fortzusetzen. Oft machen die Teilnehmer selbst Vorschläge und berichten von eigenen Erfahrungen dazu, wie man sich Unterstützung für die Überwindung von Suchtproblemen und für die Achtsamkeitspraxis holen kann. Mögliche Hindernisse vorab zu ermitteln kann helfen, sie zu erkennen und zu bearbeiten, wenn sie auftauchen. Daher bitten wir die Teilnehmer zu überlegen, was sie daran hindern könnte, Hilfe zu suchen oder sich ein Unterstützungsnetzwerk zu schaffen. In diesem Zusammenhang sprechen wir dann in der Regel über vorhandene Ressourcen wie Familie, Freunde oder eine Selbsthilfegruppe.

Abschließend stellen wir eine Reihe von Meditationsressourcen vor (Arbeitsblatt 8.1), zu denen nicht nur Websites, Bücher und CDs, sondern auch lokale Treffen, Kurse und Workshops gehören können. Sofern machbar, können nach Abschluss des Kurses weitere Sitzungen mit Meditationsübungen angeboten werden, sodass die Teilnehmer an einem sicheren und vertrauten Ort weiterüben können.

AB 8.1

4.8.5 Überlegungen zum Kurs

In der letzten Sitzung geben wir den Teilnehmern Gelegenheit, einzeln oder in der Gruppe Überlegungen zu ihren Erfahrungen im Verlauf des Kurses anzustellen. Wir ermutigen sie auch, nach vorn zu schauen und sich zu überlegen, wie ihre weitere Praxis aussehen könnte. Das Arbeitsblatt 8.2 »Überlegungen zum Kurs« enthält Fragen zu den Erfahrungen im Kurs und bietet Gelegenheit, ein Feedback zu geben und Vorschläge in Bezug auf Inhalt und Struktur des Kurses einzubringen. In der Regel sehen wir für das Ausfüllen des Arbeitsblatts zehn Minuten vor. Wir weisen die Teilnehmer darauf hin, dass uns ihr Feedback sehr wichtig ist, dass es anonym bleibt und dass es der Verbesserung unserer künftigen Kurse dient.

AB 8.2

Bevor wir die Blätter einsammeln, bitten wir die Teilnehmer, sich über das, was sie aufgeschrieben haben, oder über andere Überlegungen zum Kurs auszutauschen. In der Regel begrüßen die Teilnehmer diese Möglichkeit, ihre abschließenden Überlegungen, Anmerkungen und Fragen in der Gruppe zu besprechen.

4.8.6 Vorsätze für die Zukunft

Die Teilnehmer selbst herausfinden zu lassen, wie wichtig weiteres Üben ist, kann sehr viel wirksamer sein, als wenn der Therapeut den Wert des täglichen Meditierens »predigt«. Wir beginnen die Übung mit der Frage, warum die Teilnehmer auch weiterhin üben sollten, sammeln ihre Ideen und notieren sie auf der Flip Chart. Danach bitten wir die Teilnehmer anzugeben, welche Art von Übung sie weitermachen wollen und wie wahrscheinlich es ist, dass sie das auch tatsächlich tun.

TH: Jeder von Ihnen entscheidet für sich, ob und wie er die Achtsamkeitspraxis auch weiterhin in sein Leben einbeziehen will. Inwiefern könnte das Üben in Ihrem Leben hilfreich oder wichtig sein?

TN 1:   Ich habe die Dinge immer starrer und komplizierter als nötig wahrgenommen, und das passiert mir immer noch, aber manchmal ertappe ich mich jetzt dabei – wenn ich bewusst darauf achte. Das hilft mir, im Hier und Jetzt zu bleiben und nicht dauernd in die Zukunft zu schauen oder mich in der Vergangenheit zu verstricken.

TN 2:   Mir hilft es, bewusst und wachsam zu bleiben. Scharf und fokussiert zu beobachten. Das lässt nach, wenn ich nicht übe. Wenn ich nicht daran arbeite und zulasse, dass ich nicht mehr achtsam bin, kann das sogar zum Rückfall mit Alkohol führen.

Es empfiehlt sich nicht nur, Rückfallrisiken und wenig hilfreiche Reaktionsmuster zu erkennen, bevor sie auftreten, sondern auch herauszufinden, welche Barrieren einen daran hindern, weiter zu üben, und welches die persönlich relevanten Anzeichen dafür sind, dass man anfängt, die Meditationspraxis zu vernachlässigen.

TH: Übung entwickelt sich oft erst mit der Zeit, deshalb ist es wichtig, dass man sich hier dazu verpflichtet und sich im Klaren darüber ist, dass es sich um eine Lebensaufgabe handelt und dass es dabei viele Veränderungen geben wird. Was könnte Sie Ihrer Meinung nach davon abhalten?

TN 3:   Zeitmangel.

TH: Also Zeit finden, sich Zeit nehmen. Das ist für viele Leute ein Problem. Was noch?

TN 4:   Faulheit.

TH: Okay. Aber was ist Faulheit eigentlich? Wie fühlt sich Faulheit an und wie wirkt sie sich aus?

TN 2:   So z. B., dass ich vor einem Rückfall nicht mehr zu den Selbsthilfetreffen gehe. Ich habe keinen Kontakt mehr zu Leuten, die abstinent sind. Ich verfalle in alte Verhaltensmuster.

TH: Sie geben neuere Verhaltensweisen auf und verfallen in alte Verhaltensmuster, die Ihnen ziemlich vertraut sind.

TN 2:	Ja. Ich vernachlässige Dinge, von denen ich weiß, dass sie gut oder gesund für mich sind.
TH:	Was tun wir also, wenn uns so etwas passiert? Das alles ist ganz natürlich und wird Ihnen daher auf jeden Fall irgendwann passieren. Wir finden dann Ausreden und vernachlässigen unsere Übungen einen oder zwei Tage lang, und als nächstes kommt der Abstinenzverletzungseffekt, d. h., wir sagen uns z. B. »Ich wusste doch, dass ich das nicht schaffe«. Es ist wichtig, von vornherein zu wissen, dass das passieren kann – dass es sogar wahrscheinlich passiert – und dass wir immer wieder, an jedem Tag und in jedem Augenblick von neuem beginnen können. Wenn Sie also das Gefühl haben, Sie seien in einer Sackgasse oder Ihr Interesse lasse nach oder Sie seien sonst wie nicht mehr in Übung, welche Strategien könnten Ihnen dann helfen?
TN 2:	Eine Zeit festlegen, also die Meditationsübungen wirklich am Tag fest einplanen.
TH:	Ja. Was noch? Was machen Sie, wenn diese Ausreden oder Zweifel aufkommen?
TN 3:	Ich mache mit mir selber aus, dass ich egal, was ich denke oder fühle, einfach die Sitzmeditation mache. Gleich morgens, dass ich also aufwache und die Sitzmeditation mache, ohne vorher groß nachzudenken.
TH:	Ja, machen Sie es sich leicht. Halten Sie das Kissen und die CD griffbereit, dann müssen Sie diese nicht erst holen. Nehmen Sie sich vor, sich auf das Kissen zu setzen und zu meditieren, auch wenn es nicht die ganzen 30 oder 40 Minuten sind. Selbst wenn es nur für zwei Minuten Meditation sind, damit Sie die Gewohnheit beibehalten.
TN 1:	Ja, sonst bin ich zu streng mit mir und verliere den Mut, weil ich denke »45 Minuten schaffe ich nicht«.
TH:	Wenn so etwas passiert und Sie haben dann nach einem Monat das Gefühl, das alles sei jetzt zu weit weg, können Sie trotzdem immer wieder von neuem beginnen. Es ist nichts »verloren«. Sie brauchen Ihre Zeit nicht damit zu vergeuden, dass Sie über sich urteilen. Fangen Sie einfach wieder von vorn an. Rufen Sie sich immer wieder ins Gedächtnis, dass es bei allen Übungen um Mitgefühl und Freundlichkeit sich selbst gegenüber geht. Anstatt sich selbst zu bestrafen, geht es darum, dass Sie sich selbst gegenüber fürsorglich sind, bedingungslos und mit einem umfassenden und behutsamen Mitgefühl.

4.8.7 Übung 8.2: Abschlussmeditation

Mit der Abschlussmeditation wird die Reise der Teilnehmer über die vergangenen Gruppensitzungen hinweg gewürdigt. Sie besteht aus einer kurzen Metta- bzw. Lovingkindness-Meditation für den Einzelnen, die anderen Teilnehmer, Freunde und Familie und schließlich alle Lebewesen. Wir bitten jeden Anwesenden, aus einer Sammlung von Steinen, die wir zur letzten Gruppensitzung mitbringen, einen kleinen

Übung
8.2

Stein auszusuchen, der ein Symbol für die raue, natürliche, mit Makeln behaftete und doch vollkommene Schönheit eines jeden menschlichen Wesens ist. Der Stein ist ein Erinnerungsstück an ihren Veränderungsprozess, den die Teilnehmer mitnehmen, in einer Tasche mit sich führen, auf einen Tisch, einen Nachttisch oder den Kaminsims legen können.

4.8.8 Abschlusskreis

Wir beschließen die letzte Sitzung des Kurses in einem Sitzkreis und nutzen die letzten Augenblicke für ein paar abschließende Überlegungen. Die Teilnehmer können abschließende Gedanken austauschen oder auch einfach still sitzen. Wie bei den vorherigen Sitzungen verbringen wir die letzten Augenblicke in Stille und beenden die Sitzung mit dem Klang der Glocke.

Teil III
Anhang

Verzeichnis der Arbeitsmaterialien

Wir geben jetzt ein paar Rosinen herum. Nehmen Sie zwei oder drei davon und halten Sie sie einfach in der Handfläche.

Nehmen Sie jetzt eine davon und konzentrieren Sie Ihre Aufmerksamkeit in den nächsten Minuten so gut Sie können auf diese Rosine. Registrieren Sie erst einmal, welche von den Rosinen Sie herausgesucht haben. Hat sie irgendetwas an sich, das Ihre Aufmerksamkeit auf sie gelenkt hat?

Jetzt betrachten Sie diese Rosine sorgfältig, als hätten Sie noch nie so etwas gesehen. Konzentrieren Sie Ihre Aufmerksamkeit darauf, sie anzusehen, nehmen Sie sie vielleicht mit der anderen Hand und finden Sie heraus, welche Eigenschaften sie hat. Sie können sich sogar vorstellen, dass Sie von einem anderen Planeten kommen und die Aufgabe haben, diese Rosine möglichst in allen Einzelheiten anzuschauen, um dann auf Ihrem Heimatplaneten über ihre Eigenschaften zu berichten.

Vielleicht fühlen Sie ihre Beschaffenheit zwischen Ihren Fingern, stellen fest, welche Farbe sie hat, oder sehen, dass ihre Form einzigartig ist.

Vielleicht werden Ihnen auch, während Sie das tun, Gedanken zu dieser Rosine bewusst oder zu der Übung oder dazu, wie Sie die Übung machen. Vielleicht nehmen Sie auch Gefühle wahr, wie z. B. ein angenehmes Gefühl oder eine Abneigung gegen diese Rosine oder gegen die Übung. Nehmen Sie diese Gedanken oder auch Gefühle einfach zur Kenntnis und lenken dann Ihre Aufmerksamkeit möglichst wieder auf die Erkundung dieser Rosine zurück.

Halten Sie sie unter die Nase und atmen ein, sodass Sie feststellen können, ob sie einen Geruch hat.

Sie können sie auch ans Ohr halten und sie ein wenig quetschen, um festzustellen, ob sie ein Geräusch macht. Schauen Sie sie jetzt nochmal an.

Führen Sie nun diese Rosine langsam an Ihre Lippen und nehmen Sie Ihren Arm wahr, der Ihre Hand bewegt, damit sie in die richtige Position kommt. Halten Sie jetzt die Rosine behutsam an die Lippen und spüren Sie, wie sie sich da anfühlt. Halten Sie sie da einen Augenblick lang und nehmen Sie Ihre Empfindungen und Reaktionen wahr. Vielleicht ist da ein Gefühl der Vorfreude, oder das Wasser läuft Ihnen im Mund zusammen.

Legen Sie jetzt die Rosine auf die Zunge und halten Sie inne, um zu spüren, wie sich die Rosine im Mund anfühlt. Achten Sie auf die Oberfläche, die Beschaffenheit und sogar die Temperatur der Rosine. Jetzt beißen Sie ein einziges Mal hinein und halten dann wieder inne. Stellen Sie fest, welcher Geschmack freigesetzt wird, wenn sich die Beschaffenheit verändert. Vielleicht sind aus der Rosine jetzt zwei geworden.

Jetzt kauen Sie langsam und achten auf den Geschmack und die Veränderung der Beschaffenheit der Rosine. Vielleicht merken Sie auch, wie Zunge und Kiefer zusammenarbeiten, um die Rosine zwischen die Zähne zu schieben, und wie die Zunge genau weiß, wohin sie sie schieben muss, wenn Sie kauen.

Wenn Sie bereit sind, die Rosine zu schlucken, achten Sie auf den Schluckimpuls. Vielleicht halten Sie vor dem Schlucken inne und nehmen den Schluckimpuls wahr. Spüren Sie möglichst, wenn Sie die Rosine schlucken, wie sie den Hals hinab und in den Bauch wandert.

Vielleicht spüren Sie sogar, dass der Körper jetzt um eine kleine Rosine schwerer ist.

Aus Kabat-Zinn (2007). Copyright der englischen Ausgabe 1990 Jon Kabat-Zinn. Mit Genehmigung von Dell Publishing, einem Unternehmensbereich von Random House, Inc.

Lassen Sie zu, dass sich Ihre Augen sanft schließen. Nehmen Sie sich ein wenig Zeit, um mit der Bewegung Ihres Atems in Kontakt zu kommen. Lenken Sie Ihre Aufmerksamkeit, wenn Sie soweit sind, auf die Empfindungen in Ihrem Körper, vor allem auf die Empfindungen der Berührung und des Drucks, wo der Körper Kontakt zum Stuhl oder zum Boden hat. Erlauben Sie sich, bei jedem Ausatmen loszulassen und ein wenig tiefer in den Boden (oder Ihren Stuhl) zu sinken.

Mit dieser Übung sollen Sie nichts ändern und sich nicht irgendwie anders fühlen. Vielleicht werden Sie entspannt oder ruhig, das kann, muss aber nicht sein. Stattdessen sollten Sie möglichst bewusst alle Empfindungen wahrnehmen, wenn Sie Ihre Aufmerksamkeit auf die einzelnen Körperteile lenken. Wenn Sie feststellen, dass Ihre Gedanken abschweifen, dann lenken Sie sie einfach wieder auf die Wahrnehmung Ihres Körpers zurück.

Lenken Sie jetzt Ihre Aufmerksamkeit auf die Körperempfindungen im Bauch und machen Sie sich die Empfindungen beim Einatmen und beim Ausatmen bewusst. Nehmen Sie sich ein paar Minuten Zeit, um die wechselnden Empfindungen zu spüren, den Unterschied beim Einatmen und beim Ausatmen.

Lenken Sie Ihre Aufmerksamkeit – nachdem Sie Verbindung zu den Empfindungen in Ihren Bauch aufgenommen haben – durch den Körper hinab in die Zehen des linken Fußes. Konzentrieren Sie sich auf den großen Zeh des linken Fußes. Spüren Sie alle Empfindungen in diesem Zeh. Lenken Sie dann Ihre Konzentration abwechselnd zu den einzelnen Zehen des linken Fußes und nehmen neugierig die jeweiligen Empfindungen wahr, wie z. B. den Kontakt zwischen den Zehen, ein Kribbeln, Wärme oder auch gar keine bestimmte Empfindung. Wenn es Bereiche gibt, in denen Sie gar nichts spüren, dann halten Sie dort einfach Ihre Konzentration und stellen Sie fest, was Ihnen sonst auffällt.

Wenn Sie soweit sind, dann spüren oder stellen Sie sich vor, wie der Atem in die Lunge und dann durch den ganzen Körper geht, in den linken Fuß und in die Zehen des linken Fußes. Dann stellen Sie sich vor, wie der Atem den ganzen Weg von den Zehen durch den Körper nimmt und durch die Nase wieder heraus kommt. Sie schicken also Ihren Atem hinab zu den Zehen des linken Fußes und lassen dann zu, dass er den ganzen Weg durch den Körper zurück nimmt und durch die Nase wieder heraus kommt. Machen Sie das möglichst ein paar Atemzüge lang. Wenn es Ihnen schwerfällt, dann machen Sie es so, wie Sie eben können, ganz spielerisch.

Wenn Sie soweit sind, lenken Sie Ihre Aufmerksamkeit von den Zehen zur linken Fußsohle und nehmen dort mit freundlicher Neugier alle Empfindungen wahr. Lenken Sie jetzt Ihre Aufmerksamkeit auf die Oberseite des Fußes und dann auf den Knöchel. Fühlen Sie die Muskeln, Knochen und Sehnen am Knöchel. Lenken Sie nun Ihre Aufmerksamkeit hinauf zur Wade und zum Schienbein. Fühlen Sie die Kleidung an der Haut in diesem Bereich und alle Empfindungen in den Muskeln. Nun hinauf zum Knie. Spüren Sie möglichst alle Empfindungen in diesen Bereichen und schicken Sie

Ihren Atem in jeden dieser Bereiche, wenn Sie das Bein hinauf wandern. Sie können sich Ihr Bewusstsein wie einen Schweinwerfer vorstellen, der langsam durch den Körper wandert und alle Empfindungen in den einzelnen Bereichen ausleuchtet. Wenn es Bereiche gibt, in denen es Ihnen schwerfällt, Empfindungen zu entdecken, gilt auch hier wieder, dass Sie einfach so gut wie möglich wahrnehmen. Lenken Sie nun Ihre Aufmerksamkeit auf den linken Oberschenkel. Spüren Sie die Empfindungen dort. Vielleicht spüren Sie den Druck Ihres Beins gegen den Stuhl oder die Stellen, an denen dieser Teil des Beins den Boden berührt, wenn Sie liegen.

Während dieser Übung werden Ihre Gedanken unweigerlich immer wieder von Ihrem Atem und Ihren Körperempfindungen abschweifen. Das ist ganz normal, das haben Gedanken so an sich. Wenn Sie merken, dass es so ist, nehmen Sie es einfach zur Kenntnis, stellen fest, wo die Gedanken abgeschweift sind und lenken dann Ihre Aufmerksamkeit behutsam wieder auf den jeweiligen Körperteil.

Schicken Sie nun Ihre Aufmerksamkeit das rechte Bein hinab, durch den rechten Fuß und in die rechten Zehen. Stellen Sie sich wieder vor, wie der Atem zu den Zehen hinab geht und dann wieder durch den Körper und durch die Nase heraus. Nehmen Sie weiterhin die Körperempfindungen mit freundlicher Neugier wahr und lassen Sie zu, dass alle Empfindungen in den Zehen einfach so da sind, wie sie sind. Achten Sie nun darauf, was Sie auf Ihrer rechten Fußsohle, auf dem Fuß und am Knöchel spüren. Lenken Sie nun Ihre Aufmerksamkeit hoch zur Wade und nehmen Sie die Empfindungen dort wahr. Jetzt zum rechten Knie.

Wenn Sie in irgendeinem dieser Bereiche Schmerzen oder ein Unbehagen empfinden, dann nehmen Sie das einfach bewusst wahr, schicken Ihren Atem dorthin und lassen die Empfindungen möglichst so da sein, wie sie sind. Lenken Sie nun Ihre Aufmerksamkeit behutsam in den rechten Oberschenkel und spüren die Empfindungen dort. Dann hoch in die Hüfte und bis zur Taille. Fühlen Sie Ihr Gewicht auf dem Stuhl (oder auf dem Boden). Lenken Sie nun Ihre Aufmerksamkeit langsam auf den Bauch. Spüren Sie, wie er sich mit jedem Atemzug hebt und senkt. Lenken Sie nun die Aufmerksamkeit zum Brustkorb. Spüren Sie so viele Empfindungen wie möglich. Lenken Sie den Scheinwerfer Ihrer Aufmerksamkeit nach hinten auf den Rücken – auf den unteren und den oberen Rücken, und spüren Sie die Stellen, an denen er den Stuhl oder den Boden berührt. Nehmen Sie alle Stellen wahr, an denen Sie eine Spannung oder ein Unbehagen empfinden. Und nun hoch in die Brust und zu den Schultern.

Wenn Sie in einem bestimmten Körperteil Spannungen oder andere intensive Empfindungen spüren, können Sie versuchen, in sie »hineinzuatmen« – das heißt, sich mit Ihrem Atem die Empfindungen bewusst zu machen und beim Ausatmen möglichst loszulassen.

Wenn Sie merken, dass Ihre Gedanken abschweifen, oder wenn Sie abgelenkt oder unruhig werden, dann nehmen Sie das einfach zur Kenntnis. Das ist in Ordnung. Lenken Sie einfach die Aufmerksamkeit wieder auf die Empfindungen in Ihren Körper.

Lenken Sie nun Ihre Aufmerksamkeit den linken Arm hinab und in die Finger der linken Hand. Spüren Sie jeden Finger und die Stelle, an denen er Kontakt zum Stuhl oder zu Ihrem Körper hat. Nun hoch zum Handgelenk und zum Unterarm. Spüren Sie alle Empfindungen hier. Im Ellbogen, im Oberarm, in der Schulter. Spüren Sie, wenn da eine Spannung ist.

Lenken Sie nun die Aufmerksamkeit behutsam über den Körper zur rechten Seite hin, den rechten Arm hinab und in die Finger der rechten Hand. Spüren Sie jeden Finger einzeln. Nehmen Sie jedes Kribbeln und jeden Drang, ihn zu bewegen, wahr. Achten Sie darauf, ob es Finger gibt, die Sie nicht so gut wie die anderen spüren können. Lenken Sie nun die Aufmerksamkeit in die Handfläche, auf das Handgelenk, den Unterarm und den Ellbogen. Konzentrieren Sie sich nun auf den Oberarm und die Schulter.

Lenken Sie die Aufmerksamkeit nun auf den Hals. Spüren Sie, wenn es da Spannungen gibt. Achten Sie auf Bereiche, an denen es schwerer fällt, Empfindungen zu entdecken. Konzentrieren Sie sich nun auf die Rückseite des Kopfes. Achten Sie darauf, ob Sie die Haare auf Ihrem Kopf spüren können. Lenken Sie die Aufmerksamkeit auf das linke Ohr und dann auf das rechte. Nun auf die Stirn.

Erkunden Sie nun die Empfindungen in Ihrem Gesicht. An Ihren Augen, Ihren Wangen, Ihrer Nase. Stellen Sie fest, ob Sie die Temperatur des Atems spüren und ob diese sich beim Ein- und Ausatmen verändert. Spüren Sie alle Empfindungen in den Lippen, im Kinn und jede Anspannung im Kiefer. Lenken Sie die Aufmerksamkeit bis ganz oben auf die Schädeldecke.

Nehmen Sie sich, nachdem Sie so Ihren ganzen Körper gescannt habt, ein paar Minuten Zeit, um den Körper als Ganzes wahrzunehmen und zu spüren, wie der Atem frei in den Körper hinein- und herausfließt.

Nehmen Sie den Körper weiterhin bewusst wahr, und wenn Sie dazu bereit sind, können Sie sehr langsam und behutsam Ihren Körper ein wenig bewegen, eine wenig mit den Fingern oder den Zehen wackeln oder sie sachte ausstrecken und dann die Augen öffnen und den Raum und die Menschen um Sie herum in Ihr Bewusstsein lassen.

Modifizierte Fassung der Body Scan Meditation, Guided Mindfulness Meditation Practice CDs, Series 1 © Jon Kabat-Zinn, 2002

Sitzung 1: Autopilot und Rückfall

Unser Thema in dieser Sitzung ist der »Autopilot«. Gemeint ist unsere Tendenz, sich mechanisch oder unbewusst zu verhalten, ohne wirklich wahrzunehmen, was wir tun. Wir besprechen dies insbesondere in Bezug auf den Konsum von Alkohol und Drogen (»automatisches« unbewusstes Handeln aufgrund des Suchtmittelverlangens). Wir beginnen unsere Erkundung mit der Body-Scan-Meditation, mit der wir üben, unsere Aufmerksamkeit gezielt auf unseren Körper zu lenken.

Sitzung 2: Bewusste Wahrnehmung von Auslösern und Suchtmittelverlangen

In dieser Sitzung lernen wir, Auslöser, Suchtmittelverlangen und Gedanken an den Konsum von Suchtmitteln zu erleben, ohne dass wir automatisch reagieren. Wir konzentrieren uns darauf, die Auslöser zu erkennen und dann herauszufinden, wie sich die Reaktionen in unserem Körper hierauf anfühlen, vor allem jene Empfindungen, Gedanken und Gefühle, die oft mit Suchtmittelverlangen einhergehen. Wir beginnen, Achtsamkeit zu nutzen, um diesen üblicherweise vollkommen automatisch ablaufenden Prozess bewusster wahrzunehmen, und lernen, Suchtmittelverlangen so zu erleben, dass wir zwischen verschiedenen Verhaltensoptionen auswählen können.

Sitzung 3: Achtsamkeit im Alltag

Wir erlernen das sog. »Nüchtern-Atmen« (SOBER Breathing) als eine Möglichkeit, Achtsamkeit von den formalen Meditationsübungen im Sitzen oder Liegen auf Alltagssituationen zu übertragen. Dies hilft uns, verschiedene aufkommende Körperempfindungen und Gefühle – d. h. auch Suchtmittelverlangen – zuzulassen, ohne darauf in einer Weise zu reagieren, die uns schadet. Außerdem beginnen wir in dieser Sitzung mit der Praxis der formalen Sitzmeditation.

Sitzung 4: Achtsamkeit in Rückfallrisikosituationen

Wir konzentrieren uns darauf, in spezifischen Rückfallrisikosituationen und im Umgang mit Personen, die früher mit Konsum von Suchtmitteln assoziiert waren, achtsam zu sein, und wir nutzen dies, um Suchtdruck von Innen oder Außen auszuhalten, ohne automatisch zu einem Suchtmittel zu greifen. Hierzu ermitteln die Teilnehmer jeweils ihre persönlichen Rückfallrisikosituationen und erkunden Wege zur Bewältigung der intensiven Gefühle, die in solchen Momenten auftreten.

Sitzung 5: Akzeptanz und bewusstes Verhalten

Vielen Menschen erscheint es paradox, auch unerwünschte Gedanken, Gefühle und Empfindungen zu akzeptieren. Und doch kann genau dies der erste Schritt auf dem Weg zur Veränderung der eigenen Situation sein. Die Akzeptanz unseres momentanen Empfindens ist eine wichtige Grundlage, um sich selbst gegenüber wirklich fürsorglich zu sein und klarer zu erkennen, welche Reaktionsmöglichkeit für uns am besten ist. Wir erlernen Techniken wie den sog. »Atemraum« mit dem Schwerpunkt, diese

Techniken in schwierigen Situationen einzusetzen. Diese Sitzung reicht vom Erkennen von Warnsignalen für einen Rückfall, dem Erlernen des Innehaltens bis hin zu situationsangemessenen Verhaltensoptionen in Rückfallrisikosituationen und anderen Alltagssituationen.

Sitzung 6: Ein Gedanke ist ein Gedanke ist ein Gedanke
Wir befassen uns weiter mit Achtsamkeit und der Beziehung zu unseren Gedanken. Es geht v. a. darum, dass wir unsere Gedanken als nichts anderes als Gedanken verstehen (auch wenn sie sich wie die Wirklichkeit anfühlen). Wir erkunden, welche Rolle Gedanken im Rückfallzyklus spielen, welche Gedanken hierbei möglicherweise besonders problematisch sind, und welche Möglichkeiten bestehen, hierauf zu reagieren.

Sitzung 7: Selbstfürsorge und ausgewogener Lebensstil
Im Mittelpunkt dieser Sitzung stehen die persönlichen Warnsignale für einen Rückfall und die Frage, wie man am besten auf diese Warnsignale reagiert. Dies beinhaltet Fragen eines ausgewogenen und selbstfürsorglichen Lebensstils sowie der Einbeziehung von aufbauenden Aktivitäten als Teil eines erfüllten, gesunden Lebens.

Sitzung 8: Soziale Unterstützung und weiteres Üben
In der letzten Sitzung wiederholen wir die in diesem Kurs erlernten Fertigkeiten und Übungen und besprechen, wie wichtig es ist, sich ein Unterstützungssystem aufzubauen. Wir reflektieren das im Kurs Erlernte.

Achtsamkeit bedeutet, auf eine bestimmte Weise aufmerksam zu sein:
bewusst,
im gegenwärtigen Augenblick
und ohne zu urteilen.

Jon Kabat-Zinn

Thema

Der Autopilot beschreibt unsere Tendenz, unbewusst zu reagieren. Wenn wir Verlangen nach Alkohol oder anderen Drogen erleben, schalten wir oft in den Autopiloten, d. h., wir reagieren darauf, ohne wirklich bewusst wahrzunehmen, was geschieht und was die Konsequenzen unseres Handelns sein werden. Achtsamkeit kann uns helfen, aus dem Modus des Autopiloten herauszutreten, sensibler wahrzunehmen und bewusster zu entscheiden, wie wir reagieren wollen, anstatt unwillkürlich und selbstschädigend zu handeln.

Übungen für zu Hause für die Woche nach Sitzung 1

(1) **Body-Scan-Meditation:** Üben Sie die Body-Scan-Meditation möglichst an sechs oder sieben Tagen bis zur nächsten Gruppensitzung. Es gibt keine »richtige« Art, diese Übung zu machen. Man »muss« dabei auch nichts Besonderes erleben. Lassen Sie einfach alle Empfindungen während der Übung zu.

(2) **Achtsames Ausüben einer alltäglichen Tätigkeit:** Suchen Sie sich eine Tätigkeit aus, die Sie jeden Tag verrichten (z. B. Geschirr spülen, Kaffee oder Tee trinken) und richten Sie möglichst Ihre ganze Aufmerksamkeit auf Ihr Erleben während der Tätigkeit, so wie wir es bei der Rosinen-Übung gemacht haben. Wahrscheinlich fallen Ihnen während der Tätigkeit oder an einem damit verbundenen Gegenstand bestimmte Dinge auf und Sie bemerken das Aufkommen von bestimmten Empfindungen, Gedanken oder Gefühlen.

(3) **Füllen Sie Arbeitsblatt 1.4 für das Üben zu Hause aus:** Füllen Sie diesen Bogen an jedem Tag aus und tragen Sie jeweils Ihre Achtsamkeitsübungen ein (sowohl die Body-Scan-Meditation als auch das achtsame Ausüben einer alltäglichen Tätigkeit). Seien Sie dabei ehrlich. Niemand bewertet, wie viel oder wenig Sie jede Woche üben können. Schreiben Sie alles auf, was Sie zu Ihren Erfahrungen anmerken wollen bzw. was Sie am Üben gehindert hat.

Anleitung. Notieren Sie jeden Tag Ihre Meditationspraxis sowie Hindernisse, Beobachtungen oder Anmerkungen.

Tag/ Datum	Formale Übung mit CD: Wie lange?	Achtsam ausgeführte alltägliche Tätigkeiten	Hindernisse/ Beobachtungen/ Anmerkungen
	___Minuten	Welche Tätigkeiten?	
	___Minuten	Welche Tätigkeiten?	
	___Minuten	Welche Tätigkeiten?	
	___Minuten	Welche Tätigkeiten?	
	___Minuten	Welche Tätigkeiten?	
	___Minuten	Welche Tätigkeiten?	
	___Minuten	Welche Tätigkeiten?	

Hintergrund. Wir interpretieren und bewerten unablässig unsere Erfahrungen. Diese »Geschichten« und Bewertungen nehmen oft überhand, führen zu weiteren Gedanken, Empfindungen, emotionalen Zuständen und manchmal zu Handlungsimpulsen. Dabei kann es passieren, dass wir uns in einem emotionalen Zustand befinden oder uns in einer bestimmten Weise verhalten, ohne dass wir recht wissen, wie wir dahin gekommen sind. Dies soll an einem einfachen Beispiel veranschaulicht werden.

Setzen Sie sich bequem auf einen Stuhl. Wenn Sie mögen, dann schließen Sie die Augen und nehmen sich Zeit, um sich innerlich zu sammeln. Stellen Sie sich nun ein einfaches Szenario vor und nehmen Sie so gut Sie können alle Ihre Gedanken, Gefühle und Körperempfindungen wahr. Stellen Sie sich jetzt vor, dass Sie eine Straße entlang gehen. Denken Sie an einen Ort, der Ihnen vertraut ist, stellen Sie sich die Umgebung so konkret wie möglich vor und hören Sie die Geräusche dieser Gegend, wie z. B. Autos, Vögel oder die Stimmen von Menschen. Vielleicht ist es auch ganz still. Stellen Sie sich nun vor, dass Sie auf der anderen Straßenseite einen Bekannten sehen, der in die umgekehrte Richtung geht, also auf Sie zukommt. Es ist jemand, den Sie gern sehen – ein Freund vielleicht, ein Kollege oder sonst jemand, den Sie grüßen möchten. Stellen Sie sich diese Person jetzt vor. Sehen Sie, wie diese Person näher kommt und stellen Sie fest, welche Gedanken Ihnen durch den Kopf gehen und welche Gefühle oder Empfindungen Sie erleben.

Sie lächeln dieser Person zu und winken ihr. Die Person winkt aber nicht zurück und geht einfach weiter. Achten Sie nun auf das, was Ihnen durch den Kopf geht. Welche Gedanken kommen auf? Achten Sie auf alle Gefühle oder Empfindungen in Ihrem Körper und darauf, ob sie sich verändert haben. Stellen Sie fest, ob Sie den Drang haben, auf eine bestimmte Weise zu reagieren.

Nun lassen Sie das Szenario, wenn Sie dazu bereit sind, verblassen, bringen Ihre Aufmerksamkeit ganz behutsam wieder in den Raum hier zurück und öffnen die Augen.

Auf der Grundlage von Segal, Williams & Teasdale, 2008

Wir machen jetzt eine ähnliche Übung. Diese Übung kann allerdings etwas intensiver sein als die vorherige. Bitte stellen Sie sich eine Situation vor, die in Ihrem derzeitigen Leben schwierig ist, eine Situation, in der Sie vielleicht versucht sind, Alkohol oder Drogen zu konsumieren oder in ein anderes problematisches Verhalten zu verfallen. Achten Sie darauf, dass Sie eine Situation wählen, die zwar schwierig, aber nicht überwältigend ist. Dabei sollten Sie sich auch vorstellen, dass Sie nicht irgendwie aktiv eingreifen, also kein Suchtmittel konsumieren oder sonst eine Bewältigungsreaktion zeigen. Versuchen Sie stattdessen, so gut es geht freundlich und neugierig bei allem zu bleiben, was an Empfindungen in Ihnen aufkommt. Wenn sich das Szenario, das Sie sich ausgesucht haben, als überwältigend erweist oder als etwas, das Sie nicht oder noch nicht erleben wollen, dann respektieren Sie diese Grenze. Suchen Sie sich dann eine weniger intensive Situation aus, in der Sie dazu neigen, automatisch oder unkontrolliert zu reagieren. Sie können sich z. B. eine Beziehung vorstellen oder eine Situation, in der Sie zornig reagieren oder sonst in einer Weise, die Ihnen oder einer anderen Person schadet. Haben Sie alle ein bestimmtes Szenario im Sinn? Wann immer die Erfahrung überwältigend wird, können Sie einfach die Augen öffnen und sich vielleicht ein bisschen bewegen, um sich wieder in der Gegenwart zu verankern.

Jetzt möchte ich Sie bitten, die Augen wieder zu schließen, wenn Ihnen das angenehm ist. Wenn es Ihnen lieber ist, können Sie Ihre Augen aber auch geöffnet lassen und den Blick behutsam ein oder zwei Meter vor sich auf den Boden lenken und ihn während der Übung einfach dort ruhen lassen. Fangen Sie damit an, dass Sie einfach Ihren Körper hier auf dem Stuhl fühlen. Stellen Sie fest, welche Empfindungen Sie haben. Lassen Sie Ihren Atem leicht hinein und hinaus fließen. Vergegenwärtigen Sie sich nun das Szenario, das Sie gewählt hatten. Eine Situation, die vielleicht jetzt oder aber in der Vergangenheit Suchtmittelverlangen ausgelöst hat oder den Impuls, auf eine Art und Weise zu reagieren, die sich nicht mit dem vereinbaren lässt, wie Sie sein wollen. Vielleicht sind Sie mit einer bestimmten Person zusammen oder an einem bestimmten Ort. Vielleicht geht es um etwas, das in der Vergangenheit passiert ist und an das Sie sich erinnern oder um eine Situation, die Ihnen vermutlich in der Zukunft Schwierigkeiten bereiten wird. Denken Sie daran, dass es in diesem Szenario darum geht, keine Drogen oder Alkohol zu konsumieren bzw. einem anderweitigen, unerwünschten Impuls zu folgen, der in der Situation bei Ihnen wachgerufen wird.

Nun nehmen Sie sich etwas Zeit, um sich möglichst lebhaft vorstellen zu können, wie Sie sich an dem Ort, in der Situation oder in Gegenwart der Person befinden. Stellen Sie sich die Einzelheiten der Ereignisse oder der Situation so genau wie möglich vor, die zu Suchtverlangen oder anderen Handlungsimpulsen geführt haben, und gehen Sie in Ihrer Vorstellung genau zu dem Punkt, an dem Sie das Gefühl haben, das ist der Auslöser, jetzt verspüren Sie den Drang, Suchtmittel zu konsumieren. Hier halten wir nun einen Augenblick lang inne. Oft neigen wir dazu, automatisch in

Suchtverhalten zu verfallen oder irgendwie dagegen anzukämpfen. Stattdessen erkunden wir jetzt unsere Erfahrung ein wenig, wir bleiben einfach bei der Erfahrung und beobachten, was in uns passiert, ohne aktiv einzugreifen.

Sie können vielleicht damit anfangen, alle aufkommenden Gefühle wahrzunehmen, und dann feststellen, welche Gedanken Ihnen in den Sinn kommen. Welche Körperempfindungen erleben Sie in dieser Situation? Wie fühlt sich das in Ihrem Körper an? Sie können auch feststellen, ob sich an dieser Erfahrung etwas unangenehm oder gar unerträglich anfühlt. Können Sie bei dieser Empfindung bleiben und dabei wohlwollend mit sich selbst sein? Wenn Sie an irgendeinem Punkt das Gefühl haben, dass Sie die Erfahrung überwältigt, können Sie jederzeit ein wenig davon abrücken, die Augen öffnen oder Ihre Aufmerksamkeit wieder auf die Beobachtung Ihres Atems lenken. Denken Sie daran, dass wir üben, wohlwollend gegenüber uns selbst zu sein und neugierig bei dieser Erfahrung zu bleiben. Wir entscheiden uns bewusst dafür, nicht auf irgendeinen aufkommenden Handlungsimpuls oder Suchtmittelverlangen zu reagieren, sondern bleiben einfach bei unseren Empfindungen und beobachten möglichst genau, was in unserem Körper und unserem Geist geschieht und wie sich Verlangen oder Handlungsimpulse anfühlen. Versuchen Sie wahrzunehmen, was da ist, ohne eine Spannung aufzubauen oder dagegen anzukämpfen.

Spüren Sie, wie es sich anfühlt, einen Handlungsimpuls zu spüren, aber nicht nachzugeben, entdecken Sie, was geschieht, wenn Sie bei Ihren Empfindungen bleiben und sie erkunden: Was brauchen Sie wirklich? Ist da eine Sehnsucht nach irgendetwas? Vielleicht sind da Furcht, Zorn oder Einsamkeit? Vielleicht Erleichterung oder Freiheit. Was brauchen Sie jetzt gerade wirklich? Bleiben Sie einfach bei Ihrem Unbehagen oder dem Gefühl von Unvertrautheit. Beobachten Sie alles mit einer sehr wohlwollenden Neugier.

Wenn Ihr Verlangen nach Suchtmitteln oder ein anderer Handlungsimpuls immer intensiver werden, dann stellen Sie sich vor, das sei eine Welle im Ozean. Stellen Sie sich vor, Sie reiten auf dieser Welle und Sie nutzen Ihren Atem, um das Gleichgewicht nicht zu verlieren. Ihre Aufgabe ist es nun, von Anfang an auf der Welle des Suchtmittelverlangens zu reiten, dicht bei ihr zu bleiben, wenn sie größer wird, über den Höhepunkt ihrer Intensität hinweg die Balance zu halten und auf der Welle weiterzureiten, bis sie ganz natürlich ausläuft. Sie reiten auf dieser Welle statt irgendwie dagegen anzukämpfen. Beobachten Sie einfach das Muster, wie Ihr Verlangen oder andere Handlungsimpulse ansteigen und wieder abnehmen, und vertrauen Sie darauf, dass wenn Sie gar nichts unternehmen, alle Wellen des Suchtmittelverlangens wie die Wellen im Ozean ansteigen und wieder abfallen und letztendlich auslaufen.

Nehmen Sie jetzt wahr, wie Sie einfach bei dieser Welle bleiben können, statt unmittelbar darauf zu reagieren. Akzeptieren Sie Ihr Verlangen und bleiben Sie bei ihm, ohne einem Handlungsimpuls nachzugeben, ohne darauf zu reagieren, ohne es verhindern zu müssen.

Nehmen Sie sich jetzt die Zeit, die Sie brauchen, und lösen sich behutsam von dem Szenario, das Sie sich vorgestellt haben. Bringen Sie Ihre Aufmerksamkeit langsam und behutsam wieder in den Raum zurück. Wenn Sie mögen, dann atmen Sie tief durch. Und wenn sich das gut anfühlt, dann bewegen Sie sich vielleicht ein bisschen.

Setzen oder legen Sie sich bequem hin, die Wirbelsäule gerade, aber entspannt, den Kopf leicht auf Hals und Schultern ausbalanciert, mit einem Gefühl von Würde und Behaglichkeit. Lassen Sie Ihren Körper dazu beitragen, dass Sie wach und aufmerksam bleiben. Wenn Sie soweit sind, können Sie Ihre Augen schließen, wenn sich das gut anfühlt. Wer seine Augen lieber offen lässt, lenkt den Blick ein oder zwei Meter vor sich weich auf den Boden. Lassen Sie nun Ihre Aufmerksamkeit auf der Empfindung des Atems ruhen, wie er natürlich in den Körper hinein und wieder hinaus fließt. Beobachten Sie einfach Ihren Körper beim Atmen. Kommen Sie zu innerer Ruhe, sitzen Sie mit einem Gefühl innerer Zuversicht und spiegeln Sie dies in Ihrer Haltung wider.

Wenn Sie soweit sind, dann stellen Sie sich das Bild eines Berges vor. Das wunderbarste Bild eines Berges, das Sie jemals gesehen haben oder sich vorstellen können. Konzentrieren Sie sich in Ihrer Vorstellung auf das Bild oder auf das Gefühl dieses Berges und lassen Sie dieses Bild immer deutlicher werden. Nehmen Sie die Konturen des Berges wahr: den hoch in den Himmel aufragenden Gipfel, den breiten in der Erde ruhenden Fuß, die steil oder sacht ansteigenden Flanken. Nehmen Sie wahr, wie massiv der Berg ist, wie unbewegt, wie schön er von Weitem aussieht und dann aus der Nähe. Seine einzigartige Form und Gestalt. Vielleicht hat Ihr Berg Schnee auf dem Gipfel und Bäume auf den Abhängen weiter unten. Vielleicht hat er einen hochaufragenden Gipfel, vielleicht eine ganze Reihe von mehreren Gipfeln oder ein Hochplateau. Wie immer Ihr Berg aussehen mag, sitzen Sie einfach und atmen Sie mit dem Bild Ihres Berges und betrachten seine Eigenschaften.

Wenn Sie soweit sind, versuchen Sie nun, den Berg in Ihren Körper zu holen, sodass Ihr Körper, der hier sitzt, und der Berg in Ihrer Vorstellung eins werden. Sodass Sie, wie Sie hier sitzen, zu dem Berg werden. Ihr Kopf wird zu dem hoch aufragenden Gipfel, Ihre Schultern und Arme werden zu den Flanken des Berges, Ihr Gesäß und Ihre Beine zu seinem soliden, im Kissen oder im Stuhl verankerten Bergsockel. Spüren Sie in Ihrem Körper ein Gefühl des Auftriebs vom Fuß des Berges hinauf durch Ihre Wirbelsäule. Werden Sie mit jedem Atemzug mehr und mehr ein atmender Berg, unerschütterlich in einem Gefühl innerer Ruhe und Zufriedenheit mit sich, so wie Sie sind, jenseits aller Worte und Gedanken, ein mit sich im Einklang befindliches, tief verwurzeltes, unverrückbares Wesen.

Wenn die Sonne Tag für Tag über den Himmel wandert und Licht, Schatten und Farben sich von Augenblick zu Augenblick verändern, ist der Berg einfach da. Im Unterschied zur Festigkeit des Berges folgt die Nacht auf den Tag und der Tag auf die Nacht, die Jahreszeiten fließen ineinander, und das Wetter ändert sich von Augenblick zu Augenblick, von Tag zu Tag. Der Berg überdauert alle Veränderungen. Im Sommer ist kein Schnee auf dem Berg, höchstens vielleicht auf dem Gipfel. Im Herbst trägt der Berg einen Mantel aus schillernden Farben. Im Winter eine Decke aus Schnee und Eis. Er verändert sich in jeder Jahreszeit, ist zuweilen in Nebel oder Wolken gehüllt oder wird von Graupelschauern gepeitscht. Menschen kommen, um den Berg zu sehen, sind enttäuscht, wenn sie keine klare Sicht haben, oder bewundern seine Schönheit. Und bei all dem, ob er gesehen wird oder nicht, unter der Sonne oder in den Wolken, in glühender Hitze oder eisiger Kälte, ist der Berg einfach da. Fest und unerschütterlich. Zuweilen von heftigen Stürmen besucht, von Regen und Winden unvorstellbarer Stärke, ist der Berg einfach da, unbewegt von allem, was an seiner Oberfläche geschehen mag.

Wenn wir mit diesem Bild in unserem Kopf sitzen, können wir dieselbe innere Ruhe und Unerschütterlichkeit angesichts all dessen verkörpern, was sich in unserem Leben verändert, über Sekunden, Stunden und Jahre hinweg. In unserer Meditationspraxis und in unserem Leben erfahren wir die unablässigen Veränderungen in unserem Geist und unserem Körper sowie ständige Veränderungen in der Außenwelt.

Wir erleben Zeiten des Lichts und der Dunkelheit. Wir erleben Stürme unterschiedlicher Intensität und Gewalt in der Außenwelt und in unserem Inneren. Wir erleben Zeiten des Schmerzes und Augenblicke der Freude. Selbst unser Äußeres verändert sich ständig, wie das Äußere des Berges langsam auf seine Weise verwittert.

Indem wir in unserer Meditation zu einem Berg werden, nehmen wir Kontakt zu seinen Eigenschaften der Stärke und Stabilität auf und machen sie uns zueigen. Wir können die Energie des Berges nutzen, um jedem Augenblick mit Achtsamkeit zu begegnen. Dies hilft uns zu erkennen, dass unsere Gedanken und Gefühle, unsere Sorgen, unsere emotionalen Stürme und Krisen, alles, was uns geschieht, dem Wetter auf einem Berg gleichen. Wir neigen dazu, all diese Dinge persönlich zu nehmen, aber wie das Wetter sind sie etwas Unpersönliches. Wenn wir in dieser Haltung bleiben, lernen wir eine innere Ruhe und Weisheit kennen, wie wir sie mitten in unseren Stürmen nicht für möglich gehalten hätten. Dies kann uns die Vorstellung eines Berges lehren, wenn wir offen dafür sind.

Sitzen Sie in den letzten Augenblicken der Meditation mit dem inneren Bild des Berges und verkörpern Sie seine Bodenständigkeit, seine innere Ruhe und Majestät, bis Sie den Klang der Glocke hören.

Einige Schwierigkeiten tauchen in der Meditationspraxis seit Tausenden von Jahren unverändert auf. Diese Erfahrungen sind weder schlecht noch falsch, sondern einfach Teil der Meditationspraxis, und sie bedeuten nicht, dass die Meditation »nicht funktioniert« oder dass der Meditierende etwas »falsch« macht. Diese Schwierigkeiten können die Meditation allerdings dann beeinträchtigen, wenn sie uns ablenken oder uns das Gefühl geben, versagt zu haben. Deshalb kann es hilfreich sein, das Auftreten dieser Schwierigkeiten anzuerkennen und zu wissen, dass sie einfach ein Bestandteil der Meditationserfahrung sind. Sie treten also nicht nur bei Ihnen auf!

Wenn wir lernen, diese Schwierigkeiten in unserer Meditationserfahrung anzuerkennen, können wir auch lernen, sie in unserem Alltag wahrzunehmen und Wege finden, wie wir darauf reagieren möchten.

(1) Aversion

Dies ist das Empfinden, etwas »nicht zu wollen«. Immer wenn wir auf eine Erfahrung mit Widerwillen reagieren oder mit dem Wunsch, sie aus der Welt zu schaffen, kann dies als »Aversion« bezeichnet werden. Hierzu gehören z. B. Gefühle der Furcht, des Zorns, der Irritation, des Ekels oder des Grolls.

(2) Verlangen oder Begehren

Dies ist das Empfinden, dass (uns) etwas »fehlt«. Dies kann so subtil sein, dass wir lediglich den Wunsch nach Entspannung oder Frieden verspüren, und es kann so extrem sein wie starkes Suchtmittelverlangen.

(3) Rastlosigkeit und Unruhe

Dies kann ein unbehagliches »Jucken« sein. Dieses Unbehagen kann sowohl körperlich erlebt werden, z. B. als ein starkes Bedürfnis, sich während der Meditation zu bewegen, als auch als gedankliche Rastlosigkeit und Unbehaglichkeit.

(4) Trägheit und Dumpfheit

Hier kann es sich um körperliche oder geistige Trägheit handeln. Manchmal betrifft sie unseren Körper, manchmal unseren Geist und manchmal beide auf einmal.

(5) Zweifel

Sie können als Selbstzweifel (»Ich kann diese Übung nicht«) oder als Zweifel an der Übung oder ihrem Nutzen erlebt werden (»Das ist lächerlich. Wozu sollte man einfach hier herumsitzen und seinen Atem beobachten?«). Zweifel stellen eine besondere Hürde bei der Meditationspraxis dar, weil sie sehr überzeugend sein können. Vielleicht hilft es, daran zu denken, dass es Meditation schon seit Tausenden von Jahren gibt und dass sie schon Millionen Menschen geholfen hat, ihr Leben zu ändern. Es gibt keinen

Menschen, der nicht meditieren kann, sie ist für alle zugänglich, die sie einüben wollen. Natürlich kann sie eine Herausforderung darstellen. Wichtig ist nur, dass man dabei bleibt und dass man diese Schwierigkeiten, wenn sie auftauchen, auch in sein Bewusstsein holt.

Achten Sie diese Woche auf alles, was Verlangen nach Alkohol oder Drogen auslöst. Machen Sie sich anhand folgender Fragen die Einzelheiten Ihres Erlebens in den Situationen bewusst, in denen Verlangen auftaucht.

Tag/ Datum	Situation/ Auslöser	Welche Empfindungen haben Sie erlebt?	Stimmungen, Gefühle?	Gedanken?	Was haben Sie getan?
Freitag, 26.3.	Hatte Streit mit einem Freund	Anspannung im Brustkorb, Kälte, feuchte Hände, schneller Herzschlag	Angst, Suchtmittelverlangen	Ich brauche etwas, um das durchzustehen. Wie viel Geld habe ich dabei?	Bin spazieren gegangen, habe später mit einem Freund über das geredet, was mich aufgeregt hat.

Thema

Wenn wir Suchtmittelverlangen erleben, neigen wir dazu, entweder wieder in unser Suchtverhalten zu verfallen oder aber entschieden gegen unser Verlangen anzukämpfen. In dieser Sitzung geht es vor allem darum, sowohl die situativen Auslöser für Suchtmittelverlangen als auch das Verlangen selbst anders zu erleben. Wir üben, beides zu beobachten, ohne darauf »automatisch« zu reagieren. Zunächst lernen wir herauszufinden, was unsere persönlichen Auslöser für Suchtmittelverlangen sind. Dann beobachten wir, wie diese Auslöser zu all den Empfindungen, Gedanken und Gefühlen führen, die oft mit Suchtverlangen einhergehen. Achtsamkeit kann dazu beitragen, dass wir uns diesen Prozess bewusst machen, sodass wir die durch einen situativen Auslöser verursachte automatische Kette von Reaktionen unterbrechen können und dadurch freier sind, uns für gesündere Verhaltensoptionen zu entscheiden.

Übungen für zu Hause für die Woche nach Sitzung 2

(1) Üben Sie die Body-Scan-Meditation auf der CD an sechs Tagen der kommenden Woche und notieren Sie Ihre Erfahrungen auf dem Protokollbogen für das Üben zu Hause.

(2) Füllen Sie jeden Tag das Arbeitsblatt zur Wahrnehmung von situativen Auslösern aus und notieren Sie alle Gedanken, Impulse, Suchtmittelverlangen, Gefühle (z. B. wütend, traurig, ängstlich, glücklich) und Körperempfindungen (z. B. Spannung im Brustkorb, nervös), die Sie erleben. Wenn an einem Tag keine Auslöser oder Gedanken aufkommen, dann schreiben Sie bitte auch das einfach auf. Sie können auch andere Arten von Auslösern aufschreiben, die z. B. Zorn oder Scham oder andere Verhaltensweisen auslösen, die Sie gern ändern würden.

(3) Üben Sie auch diese Woche das achtsame Ausführen einer alltäglichen Tätigkeit. Sie können dabei dieselbe Tätigkeit nehmen wie bisher oder diesmal eine andere auswählen. Richten Sie Ihre ganze Aufmerksamkeit auf diese Tätigkeit und nehmen Sie die Empfindungen, visuellen Eindrücke, Geräusche und die damit einhergehenden Gefühle wahr.

Anleitung. Notieren Sie jeden Tag Ihre Meditationspraxis sowie Hindernisse, Beobachtungen oder Anmerkungen.

Tag/ Datum	Formale Übung mit CD: Wie lange?	Achtsam ausgeführte alltägliche Tätigkeiten	Hindernisse/Beobachtungen/ Anmerkungen (Aversion, Verlangen, Schläfrigkeit, Rastlosigkeit, Zweifel)
	___Minuten	Welche Tätigkeiten?	
	___Minuten	Welche Tätigkeiten?	
	___Minuten	Welche Tätigkeiten?	
	___Minuten	Welche Tätigkeiten?	
	___Minuten	Welche Tätigkeiten?	
	___Minuten	Welche Tätigkeiten?	
	___Minuten	Welche Tätigkeiten?	

Nehmen Sie sich einen Augenblick Zeit, um sich bequem hinzusetzen. Sie können die Augen schließen oder sie geöffnet halten, je nachdem was Ihnen angenehmer ist. Lassen Sie zu, dass Sie hier im Raum ankommen, Ihren Körper auf dem Stuhl spüren, Ihren Atem, wie er in den Körper hinein und wieder heraus strömt. Nun richten Sie Ihre Aufmerksamkeit auf die Erfahrung des Hörens und nehmen Sie alle Geräusche wahr. Hören Sie die Geräusche im Raum und außerhalb. Hören Sie die Geräusche in Ihrem Körper und außerhalb. Achten Sie auch auf noch so leise Geräusche. Lassen Sie so gut Sie können alle Vorstellungen und Erinnerungen zu bestimmten Geräuschen los und lauschen Sie einfach dem Klangmuster, laut oder leise, hoch oder tief. Hören Sie, wie die Geräusche beschaffen sind. Sie brauchen nichts Bestimmtes zu hören, lassen Sie einfach zu, dass die Geräusche zu Ihnen kommen, als würden Sie sie mit Ihrem ganzen Körper hören, mit allen Sinnen, offen und empfänglich für die Erfahrung des Klangs.

Sie brauchen die Geräusche nicht zu analysieren oder über sie nachzudenken … erleben Sie sie einfach. Wenn Sie Gedanken haben wie »Das ist ja komisch« oder »Ich will das nicht machen« oder »Ich mache das nicht richtig«, dann nehmen Sie das einfach zur Kenntnis und lenken Sie Ihre Aufmerksamkeit behutsam wieder auf die Erfahrung des Hörens zurück.

Wann immer Ihnen bewusst wird, dass Sie angefangen haben, über das Gehörte nachzudenken anstatt es einfach zu erleben, lenken Sie Ihre Aufmerksamkeit behutsam wieder dahin zurück, dass Sie einfach hinhören.

Auf der Grundlage von Segal, Williams & Teasdale (2002).

Nehmen Sie sich einen Augenblick Zeit, um natürlich, entspannt und wach zu sitzen. Wenn Sie auf einem Stuhl sitzen, stellen Sie die Füße flach auf den Boden. Es kann hilfreich sein, sich nicht anzulehnen, sodass die Wirbelsäule sich gewissermaßen selber trägt. Wie wir während der Meditation sitzen, kann sehr wichtig sein. Wir brauchen eine entspannte Haltung, mit gerader Wirbelsäule und entspannten Schultern. Der Kopf kann ein wenig nach vorn geneigt sein, sodass die Augen, wenn sie geöffnet sind, auf den Boden schauen. Finden Sie eine Körperhaltung, die Würde und Eigenständigkeit verkörpert, und bleiben Sie dabei entspannt, nicht steif. Nehmen Sie sich also einen Augenblick Zeit, um diese Körperhaltung für sich selbst, dieses Gefühl der entspannten Wachheit zu finden. *(Der Therapeut kann hierbei die Körperhaltung einzelner Teilnehmer thematisieren, sie gegebenenfalls korrigieren oder eine andere vorschlagen.)*

Sie können Ihre Augen offen oder geschlossen halten, wie Sie sich am wohlsten fühlen. Sie können im Verlauf des Kurses auch damit experimentieren, dass Sie üblicherweise die Augen offen halten, sie aber bei dieser Übung schließen. Manchmal ist es am besten, mit geschlossenen Augen zu beginnen, um sich besser auf die Erfahrung dessen zu konzentrieren, was in unseren Gedanken und in unserem Körper geschieht. Aber machen Sie es einfach so, wie Sie sich am wohlsten fühlen. Wenn Sie die Augen offen halten, lassen Sie den Blick in geringer Entfernung von sich auf den Boden oder auf die Wand fallen, ganz weich, sodass die Augen einfach auf diesem Fleck ruhen und nicht wirklich etwas anschauen.

Lassen Sie nun den Bauch weich werden, damit der Atem leicht hinein und heraus strömen kann. Entspannen Sie die Muskeln im Gesicht, im Kiefer, in den Schultern, im Hals.

Lassen Sie möglichst alle Gedanken und Vorstellungen los, mit denen Sie heute hierher gekommen sind. Lassen Sie einfach zu, dass die Vergangenheit von Ihnen abfällt, und lassen Sie alle Gedanken und Sorgen an das, was als Nächstes kommen mag, los. Versuchen Sie, für eine kurze Zeit einfach genau hier zu sein. Beginnen Sie damit, dass Sie Ihre Aufmerksamkeit auf Ihre Körperempfindungen lenken. Unseren Körper mit seinen Empfindung achtsam wahrzunehmen kann helfen, in den gegenwärtigen Augenblick zu kommen, denn egal, wo die Gedanken sind, unser Körper ist immer gegenwärtig. Vielleicht spüren Sie einfach das Gewicht Ihres Körpers auf dem Stuhl oder auf dem Kissen. Nehmen Sie wahr, wo Ihr Körper Kontakt zum Boden oder zum Stuhl oder zum Kissen hat. Vielleicht spüren Sie sogar den leichten Druck der Kleidung auf der Haut oder die Luft, die Ihre Hände oder Ihr Gesicht berührt.

Sammeln Sie nun Ihre Aufmerksamkeit und lenken Sie sie auf den nächsten Atemzug. Vielleicht spüren Sie ihn im Bauch, wenn der sich beim Ein- und Ausatmen hebt und senkt. Wenn es Ihnen hilft, Ihre Aufmerksamkeit zu fokussieren, können Sie die Hand auf den Bauch legen, um zu spüren, wie er sich hebt und senkt. Oder Sie konzentrieren sich auf die Stelle unterhalb der Nasenlöcher und spüren, wie die Luft in den Körper hinein und wieder heraus strömt.

Konzentrieren Sie sich auf die Stelle, an der Sie die Körperempfindungen am stärksten spüren, halten Sie Ihre Aufmerksamkeit so gut Sie können an dieser Stelle und spüren Sie die Empfindungen des Atmens. Folgen Sie mit Ihrer Aufmerksamkeit den Körperempfindungen und nehmen Sie wahr, wie sie sich mit jedem Ein- und Ausatmen ändern. Achten Sie darauf, ob Sie die kleine Pause zwischen dem Ein- und Ausatmen wahrnehmen, und dann wieder die kleine Pause vor dem nächsten Einatmen.

Versuchen Sie nicht, tief einzuatmen oder das Atmen irgendwie zu beeinflussen – lassen Sie Ihren Körper einfach so atmen, wie er es von sich aus tut. Ihr Körper soll sich nicht in einer bestimmten Weise anfühlen. Wir beobachten einfach unseren Körper beim Atmen und lassen zu, dass die Erfahrung so ist, wie sie ist, ohne sie bewerten oder verändern zu müssen.

Wenn wir uns auf den Atem konzentrieren, werden die Gedanken unweigerlich wandern. Das ist ganz normal, daran sind unsere Gedanken einfach gewöhnt. Wenn Ihnen bewusst wird, dass sich Ihre Aufmerksamkeit in einem Gedanken oder Gefühl verstrickt hat, nehmen Sie das einfach zur Kenntnis. Sie können sich auch behutsam sagen »Jetzt nicht«, den Gedanken loslassen und Ihre Aufmerksamkeit wieder auf den nächsten Atemzug lenken. Sie brauchen sich nicht zu bewerten, wenn Ihre Gedanken wandern. Nehmen Sie es einfach wahr, lassen Sie los und beginnen Sie wieder mit dem nächsten Atemzug. Dieses Wahrnehmen und immer wieder von neuem Beginnen ist Teil der Übung. Das kann hundert Mal so gehen, und das ist vollkommen in Ordnung. Lenken Sie einfach Ihre Aufmerksamkeit wieder auf den Atem zurück und beginnen Sie von neuem.

Wenn Sie bemerken, dass Sie von Gedanken oder von der Intensität Ihrer Körperempfindungen aus der achtsamen Wahrnehmung des gegenwärtigen Augenblicks »herausgeholt« werden, begegnen Sie dieser Erfahrung so gut Sie können mit liebevoller Neugier. Nehmen Sie dann wieder Kontakt zum Hier und Jetzt auf, indem Sie Ihre Aufmerksamkeit wieder auf die Empfindungen des Atems lenken.

Erneuern Sie in diesen letzten Augenblicken Ihre Absicht, so gut Sie können achtsam zu bleiben, indem Sie immer wieder neu beginnen, so oft es eben nötig ist. Lassen Sie die Gedanken los und kommen Sie immer wieder zurück zu Ihrer Aufmerksamkeit auf die Empfindungen des Atmens.

Erweitern Sie nun behutsam Ihren Fokus auf den Raum um Sie herum und auf die Menschen hier. Wenn Sie soweit sind, öffnen Sie sehr langsam und behutsam die Augen und bleiben bei diesem Gefühl der bewussten Wahrnehmung.

Wir haben in den Gruppensitzungen und zu Hause schon eine Reihe längerer Meditationen gemacht. Nun wollen wir anfangen, diese Praxis so auf unseren Alltag zu übertragen, dass sie hilft, mit alltäglichen Herausforderungen, Stresssituationen oder situativen Auslösern für Suchtmittelverlangen fertigzuwerden. Deshalb ist dies hier eine Übung, die wir fast überall und jederzeit durchführen können, weil sie kurz und ganz einfach ist. Die Übung ist besonders nützlich, wenn wir uns in einer Rückfallrisiko- oder Stresssituation befinden. Wir haben letzte Woche besprochen, dass bestimmte situative Auslöser in uns selbst oder in unserem Umfeld uns oft dazu bringen, in den Autopilot-Modus zu gehen und uns in einer Weise zu verhalten, die nicht in unserem Interesse liegt. Die folgende Technik kann uns helfen, aus dem Modus des Autopiloten auszusteigen und bewusster und achtsamer wahrzunehmen, was wir tun.

(1) Beim ersten Schritt geht es darum, dass Sie, wo immer Sie sind, **innehalten** oder **das Tempo drosseln** und sich dafür entscheiden, aus dem Modus des Autopiloten auszusteigen, indem Sie den gegenwärtigen Augenblick bewusst wahrnehmen.

(2) **Beobachten** Sie nun, was in diesem Augenblick geschieht, in Ihrem Körper, Ihren Gefühlen und Ihren Gedanken.

(3) Sammeln Sie Ihre Aufmerksamkeit und konzentrieren Sie sich einfach auf die Empfindung des **Atmens.**

(4) **Erweitern** Sie Ihre Aufmerksamkeit auf die Wahrnehmung Ihres ganzen Körpers und der Situation, in der Sie sich gerade befinden.

(5) Machen Sie sich nun klar, dass Sie **bewusst reagieren** können. Nächstes Mal werden wir noch ein wenig mehr über diesen letzten Schritt sprechen.

Lassen Sie es uns nun ausprobieren. Sie können die Augen dabei schließen oder offen lassen.

(1) Der erste Schritt besteht darin, innezuhalten und aus dem Autopilot-Modus auszusteigen.

(2) Beim nächsten Schritt beobachten wir, was jetzt gerade in unseren Gedanken und unserem Körper geschieht. Was erleben Sie gerade? Welche Körperempfindungen nehmen Sie wahr? Spüren Sie ein Unbehagen oder eine Anspannung im Körper? Welche Gedanken kommen auf? Welches Gefühl stellen Sie fest, und wo in Ihrem Körper ist es? Nehmen Sie einfach zur Kenntnis, dass das jetzt gerade Ihr Empfinden ist.

(3) Jetzt haben Sie also ein Gefühl dafür, was augenblicklich genau geschieht. Sammeln Sie nun Ihre Aufmerksamkeit, konzentrieren Sie sich so gut Sie können auf Ihren Atem, das Heben und Senken des Bauches, von einem Augenblick zum anderen, von einem Atemzug zum anderen.

(4) Beim nächsten Schritt erweitern Sie Ihre Wahrnehmung auf den ganzen Körper. Halten Sie Ihren ganzen Körper in dieser gelassenen, umfassenderen Aufmerksamkeit.

(5) Spüren Sie, dass dies ein Zustand ist, aus dem heraus Sie auf jede Situation bewusster reagieren können.

Wenn Sie soweit sind, dann öffnen Sie ganz behutsam die Augen.

Nach Segal, Williams & Teasdale (2002). Copyright 2002 The Guilford Press. Bearbeitung genehmigt.

Diese Übung können Sie fast überall und jederzeit machen, weil sie kurz und recht einfach ist. Sie können sie mitten in einer Rückfallrisiko- oder Stresssituation machen, wenn Sie sich über etwas aufregen, oder wenn Sie Suchtmittelverlangen spüren. Die Übung kann Ihnen helfen, aus dem Autopilot-Modus auszusteigen, nicht so automatisiert zu reagieren, sondern stattdessen bewusster und achtsamer zu handeln. Hier nochmal die einzelnen Schritte:

Innehalten. Wenn Sie sich in einer Stress- oder Rückfallrisikosituation befinden oder auch einfach irgendwann im Lauf des Tages sollten Sie innehalten, Ihr Tempo drosseln und sich auf das einlassen, was gerade geschieht. Dies ist der erste Schritt, um aus dem Autopilot-Modus auszusteigen.

Beobachten. Beobachten Sie die Empfindungen in Ihrem Körper. Beobachten Sie auch alle Ihre Gefühle, Stimmungen und Gedanken. Nehmen Sie einfach so viel wie möglich von Ihren Empfindungen wahr.

Atem. Sammeln Sie Ihre Aufmerksamkeit und lenken Sie sie auf Ihren Atem.

Erweitern. Erweitern Sie Ihre Wahrnehmung auf den ganzen Körper, Ihre Empfindungen und die Situation und versuchen Sie, all das behutsam in Ihrer Aufmerksamkeit zu halten.

Bewusst reagieren. Machen Sie sich Ihre Verhaltensoptionen bewusst (anstatt einfach unwillkürlich zu reagieren), überlegen Sie, was wirklich in der Situation erforderlich ist und wie Sie am besten für sich sorgen können. Was immer in Ihren Gedanken und Ihrem Körper geschieht: Es liegt an Ihnen zu entscheiden, wie Sie sich daraufhin verhalten möchten.

Nach Segal, Williams & Teasdale (2002). Copyright 2002 The Guilford Press.

Thema

Achtsamkeitsmeditation kann unser Bewusstsein schärfen und uns helfen, in unserem Alltag bewusstere Entscheidungen zu treffen. Da das Atmen immer eine Erfahrung im Hier und Jetzt ist, können wir, wenn wir innehalten und auf unseren Atem achten, zum gegenwärtigen Augenblick und zu unseren Körperempfindungen zurückkehren. Wenn wir achtsam sind, handeln wir bewusster und weniger automatisch, wir können dadurch Entscheidungen aus einer stärkeren, klareren Position heraus treffen. Das Nüchtern-Atmen ist eine Übung, mit der sich diese Achtsamkeit aus den formalen Übungen im Sitzen oder im Liegen auf schwierige Situationen in unserem Alltag übertragen lässt.

Übung für zu Hause für die Woche nach Sitzung 3

(1) Üben Sie an sechs Tagen der Woche mit der CD die Sitzmeditation und notieren Sie Ihre Erfahrungen auf dem Protokollbogen für das Üben zu Hause.

(2) Beginnen Sie, das Nüchtern-Atmen in Ihren Alltag zu integrieren. Am besten üben Sie sowohl in alltäglichen als auch in schwierigen Situationen. Geben Sie in Ihrem Protokollbogen für das Üben zu Hause an, wann und in welchen Situationen Sie geübt haben.

Anleitung. Notieren Sie jeden Tag Ihre Meditationspraxis sowie Hindernisse, Beobachtungen oder Anmerkungen.

Tag/ Datum	Formale Übung mit CD: Wie lange?	Nüchtern-Atmen	Anmerkungen
	___Minuten	Wie oft? In welchen Situationen?	
	___Minuten	Wie oft? In welchen Situationen?	
	___Minuten	Wie oft? In welchen Situationen?	
	___Minuten	Wie oft? In welchen Situationen?	
	___Minuten	Wie oft? In welchen Situationen?	
	___Minuten	Wie oft? In welchen Situationen?	
	___Minuten	Wie oft? In welchen Situationen?	

Setzen oder stellen Sie sich so hin, dass Sie gut aus dem Fenster schauen können. Nehmen Sie sich ein wenig Zeit, um hinauszuschauen, und nehmen Sie bewusst die verschiedenen optischen Eindrücke wahr, die Farben, Oberflächen und Konturen der Dinge. Versuchen Sie in den nächsten Minuten, die Dinge nicht in einen Sinn-zusammenhang zu stellen, so wie Sie es normalerweise tun, sondern betrachten Sie die Dinge einfach als Muster von Farben, Formen und Bewegungen.

Sie brauchen das, was Sie sehen, nicht zu analysieren oder zu reflektieren … erleben Sie möglichst nur einfach das Sehen. Wenn Sie feststellen, dass Gedanken aufkommen wie »Das ist vielleicht komisch« oder »Ich kann das nicht«, nehmen Sie das einfach freundlich zur Kenntnis und lenken Ihre Aufmerksamkeit wieder auf die unmittelbare Erfahrung des Sehens zurück. Wenn Sie merken, dass Sie anfangen, über das Gesehene nachzudenken, oder wenn Ihnen Ihr Bewusstsein »Geschichten« über das erzählt, was Sie sehen, anstatt es einfach nur zu erleben, nehmen Sie das freundlich zur Kenntnis, lassen Ihre Gedanken los und kehren einfach wieder zu der Erfahrung zurück, dass Sie nur sehen, was da ist: Farben, Formen, Linien und Kanten, Bewegung.

Wenn Sie soweit seid, holen Sie Ihre Aufmerksamkeit wieder in den Raum hier zurück.

Auf der Grundlage von Segal, Williams & Teasdale (2002).

Nehmen Sie eine bequeme Sitzposition ein. Wenn Sie auf einem Stuhl sitzen, stellen Sie die Füße flach auf den Boden, ohne die Beine übereinander zu schlagen. Schließen Sie behutsam die Augen, oder lassen Sie den Blick, wenn Sie sie offen halten wollen, auf einem Punkt in geringer Entfernung vor sich ruhen. Finden Sie Ihre Körperhaltung, sitzen Sie mit einem Gefühl von Würde, sodass Sie aufmerksam und wach und zugleich entspannt sind.

Spüren Sie das Gewicht des Körpers auf dem Stuhl oder dem Kissen. Nehmen Sie wahr, wo Ihr Körper Kontakt zum Boden oder zum Stuhl hat.

Denken Sie noch einmal kurz darüber nach, warum Sie hier sind, und nehmen Sie sich vor, für die Dauer der Übung möglichst achtsam zu sein. Finden Sie zu einer sanften Entschlossenheit, bei der Übung zu bleiben, in dem Wissen, dass Sie immer wieder neu beginnen können, und erneuern Sie diese Absicht und dieses Engagement, sooft Sie es brauchen.

Lassen Sie nun die Gedanken, mit denen Sie heute hierher gekommen sind, einfach los. Lassen Sie die Vergangenheit und alles Planen und Sorgen über die Zukunft los. Hier geht es nur darum, dass Sie sich in der Gegenwart entspannen, Ihre Gedanken sooft loslassen, wie Sie es brauchen, und immer wieder auf Ihr unmittelbares Erleben achten.

Beginnen Sie damit, dass Sie einfach Geräusche und die Empfindung des Hörens wahrnehmen. Beobachten Sie die Geräusche in Ihrem Körper und außerhalb. Nehmen Sie die Beschaffenheit und Tonlage der Geräusche wahr. Hören Sie auch noch das leiseste und entfernteste Geräusch. Wenn Sie feststellen, dass Sie von der Erfahrung des Hörens abgelenkt werden, nehmen Sie das einfach zur Kenntnis und lenken Ihre Aufmerksamkeit behutsam wieder auf die Geräusche zurück.

Lassen Sie nun alle Geräusche im Hintergrund des Bewusstseins langsam verklingen und bleiben Sie mit Ihrer Aufmerksamkeit beim Ihrem Atem und den Empfindungen im Bauch, wenn Ihr Atem in den Körper hinein und wieder heraus strömt. Beobachten Sie, wie der Bauch sich mit einer leichten Anspannung beim Einatmen hebt und bei jedem Ausatmen ein wenig senkt. Konzentrieren Sie Ihre Aufmerksamkeit behutsam und fest auf jedes Einatmen und Ausatmen. Beobachten Sie Ihre Empfindungen beim Einatmen und Ausatmen, vielleicht auch die kleinen Pausen dazwischen.

Versuchen Sie nicht, das Atmen zu steuern oder zu verändern – beobachten Sie einfach Ihren Körper beim Atmen. Wenn Ihre Aufmerksamkeit vom Atem abschweifen will, nehmen Sie das einfach zur Kenntnis und lenken Sie sie behutsam wieder zurück. Lassen Sie los und richten Sie Ihre Aufmerksamkeit wieder auf den Atem.

Wenn Sie soweit sind, lassen Sie den Atem in den Hintergrund Ihres Erlebens treten und lenken Ihre Aufmerksamkeit auf die Empfindungen im Körper. Nehmen Sie alle Körperempfindungen wahr, die in diesem Augenblick gegenwärtig sind, Berührungen, Druck, Kribbeln, Pulsieren, Jucken oder was auch immer. Erkunden Sie ein paar Augenblicke lang diese Empfindungen. Scannen Sie Ihren Körper, von den Zehen bis zum Kopf, oder nehmen Sie einfach Ihren Körper als Ganzes wahr, beobachten Sie, was aufkommt, und lenken Sie Ihre Aufmerksamkeit auf diese Körperempfindung oder dieses Körperteil.

Wenn Sie irgendwo besonders intensive Empfindungen spüren, lenken Sie Ihre Aufmerksamkeit dorthin und erkunden mit Freundlichkeit und Neugier, wie diese Empfindungen beschaffen sind: Wie fühlen sich die Körperempfindungen an? Verändern sie sich mit der Zeit? Beobachten Sie die Empfindungen in Ihrem Körper noch eine Weile.

Wenn Sie merken, dass Ihre Aufmerksamkeit nicht mehr auf den Körper gerichtet ist, nehmen Sie Ihre Gedanken zur Kenntnis und freuen Sie sich: Sie sind bereits zurückgekehrt und sind sich auch in diesem Augenblick Ihrer Erfahrung bewusst. Fangen Sie dann einfach von neuem an.

Wenn Sie soweit sind, lassen Sie die Empfindungen in Ihrem Körper in den Hintergrund des Bewusstseins rücken und lenken Ihre Aufmerksamkeit auf die Gedanken. Stellen Sie fest, ob Sie den nächsten Gedanken, der aufkommt, wahrnehmen können. Beobachten Sie nun jeden Gedanken, wie er auftaucht und wieder vergeht; nehmen Sie bewusst wahr, wie die Gedanken aufkommen und lassen Sie sie behutsam wieder gehen. Beobachten Sie Ihr Denken. Sie können diesem Prozess des Denkens ein Etikett geben und sich, wann immer ein Gedanke aufkommt, innerlich das Wort »Gedanke« oder »Denken« sagen. Wenn Sie merken, dass Sie sich in einen Gedanken oder eine Geschichte hineinziehen lassen, beobachten Sie einfach auch das, lassen Sie behutsam los und lenken Sie Ihre Aufmerksamkeit wieder auf die bewusste Wahrnehmung des Denkens. Wenn Sie merken, dass Sie sich wiederholt in Gedanken verlieren, können Sie immer wieder an das Hier und Jetzt andocken, indem Sie Ihre Aufmerksamkeit auf die Bewegungen des Atems lenken. Üben Sie das nun eine Weile für sich selbst.

Überlegen Sie zum Abschluss dieser Meditation, wie diese Übung heute für Sie war. Stellen Sie fest, ob da irgendeine Bewertung darüber ist, wie es Ihnen ergangen ist oder sogar dazu, wer Sie sind. Vertrauen Sie darauf, dass wir uns jedes Mal, wenn wir unser unmittelbares Erleben achtsam wahrnehmen, wenn wir innehalten, um zur Gegenwart zurückzukehren, selbst »aufbauen« – dass wir auf eine sehr grundlegende Weise für uns selbst sorgen, egal, was in der Übung aufkommt oder was unser Bewusstsein und unser Körper tun.

Erweitern Sie nun, wenn Sie soweit sind, Ihre Wahrnehmung behutsam auf den Raum und schließen Sie langsam die Anwesenden in sie ein. Nehmen Sie sich ein wenig Zeit, um sich selbst und die anderen, die hier mit Ihnen üben, bewusst wahrzunehmen. Wenn Sie soweit sind, öffnen Sie sehr langsam und behutsam die Augen.

Wir machen jetzt eine Übung, die so ähnlich ist wie das Nüchtern-Atmen in der letzten Woche, und gehen dabei aber noch einen Schritt weiter. Auch diese Übung können Sie fast überall und jederzeit machen, weil sie sehr kurz und ziemlich einfach ist. Sie können sie mitten in einer Rückfallrisikosituation, wenn Sie Suchtdruck und Suchtmittelverlangen verspüren, oder einer sonstigen Stresssituation machen, wenn Sie sich über etwas aufregen.

Kann jemand die einzelnen Übungsschritte noch mal zusammenfassen?

▶ Halten Sie inne und steigen Sie aus dem »Autopiloten« aus, egal, in welcher Situation Sie sind. Dies ist der erste Schritt zur Befreiung vom Modus des Autopiloten. Schon das Innehalten an sich ist ein entscheidender Schritt hin zu Veränderungen in Ihrem Leben.

▶ Beobachten Sie, was jetzt gerade, genau in diesem Augenblick geschieht.

▶ Lenken Sie Ihre Aufmerksamkeit auf den Atem.

▶ Erweitern Sie Ihre Wahrnehmung auf den Körper als Ganzes.

▶ Reagieren Sie achtsam, indem Sie sich Ihre Entscheidungsmöglichkeiten in dieser Situation bewusst machen. Wie können Sie in diesem Augenblick am besten für sich sorgen?

Versetzen Sie sich für diese Übung in eine Situation, in der Sie versucht sein könnten, unwillkürlich in einer Weise zu reagieren, die nicht in Ihrem Interesse liegt. Dies könnte eine Situation sein, in der Sie versucht sind, zu Ihrem Suchtmittel zu greifen. Wir bitten Sie jedoch – so wie vor einigen Wochen, als Sie das Wellenreiten geübt haben –, kein Suchtmittel zu konsumieren und nicht in einer Weise zu reagieren, die Ihnen oder jemand anderem schaden könnte. Vielmehr ermutigen wir Sie, freundlich und neugierig bei allem zu bleiben, was aufkommt. Wenn sich das anfühlt, als wollten Sie es nicht oder als wären Sie noch nicht bereit dazu, respektieren Sie diese Grenze. Stellen Sie sich ein Szenario vor, in dem Sie Gefahr laufen automatisch rückfällig zu werden oder sonst auf eine Art und Weise zu reagieren, die Ihnen selbst oder jemand anderen Schaden zufügen könnte. Am besten suchen Sie sich eine Situation aus, die schwierig, aber nicht überwältigend ist.

Das versuchen wir jetzt mal:

Schließen Sie die Augen, wenn Sie sich damit wohl fühlen, und rufen Sie sich eine Situation ins Gedächtnis, die für Sie schwierig war oder schwierig werden könnte. Das könnten eine Situation, eine Person oder ein Gefühl sein, die Suchtverlangen oder Suchtdruck oder einen anderen automatischen Impuls in Ihnen auslösen. Nehmen Sie sich etwas Zeit, um sich diese Person, diesen Ort, diese Situation oder dieses Gefühl vorzustellen. Gehen Sie richtig in die Situation hinein, bis zu dem Punkt, an dem Sie sich unbehaglich fühlen oder ganz automatisch zu Ihrem Suchtverhalten oder einer anderen ungünstigen Reaktionsweise neigen.

Der erste Schritt ist nun, dass Sie **innehalten**, genau an diesem problematischen Punkt, und sich dafür entscheiden, aus dem Autopiloten auszusteigen.

Der nächste Schritt besteht darin, dass Sie **beobachten**, dass Sie ganz bewusst wahrnehmen, was gerade mit Ihnen geschieht, indem Sie zuerst Ihre Körperempfindungen – das, was in Ihrem Körper geschieht – wahrnehmen. Nehmen Sie dann Ihre Gefühle wahr und dann die Gedanken, die aufkommen. Achten Sie auch auf alle Impulse, automatisch in einer bestimmten Weise zu reagieren. Wir schieben oder drängen nichts weg, sondern nehmen einfach zur Kenntnis, was da geschieht. Spüren Sie, wie es ist, Ihr aktuelles Erleben einfach einen Augenblick lang zu beobachten.

In einem dritten Schritt sammeln wir unsere Aufmerksamkeit und lassen sie einfach auf unserem **Atem** ruhen; wir nehmen die Bewegungen des Bauches wahr, das Ansteigen und Abfallen jedes einzelnen Atemzugs. Wir nutzen einfach den Anker des Atems, um in unseren Körper zu kommen und achtsam zu bleiben.

Erweitern Sie nun, wenn Sie Ihre Aufmerksamkeit gesammelt haben, diese bewusste Wahrnehmung auf den ganzen Körper, Ihr Herz und Ihren Geist und schließen Sie darin alle Anspannungen, Gefühle und auch alle Gedanken und Impulse ein. Halten Sie all das behutsam in Ihrer Aufmerksamkeit.

Betrachten Sie von diesem Ort einer umfassenderen Wahrnehmung aus noch einmal die Rückfallrisikosituation, in der Sie sich befinden …, die Situation, das Gefühl oder die Person, die ein Rückfallrisiko für Sie darstellen. Und schauen Sie auf die Entscheidungsmöglichkeiten, die Sie haben. Nehmen Sie wahr, dass egal, welche Gedanken und Körperempfindungen aufkommen, Sie immer noch viele Möglichkeiten haben, **bewusst zu handeln**. Fragen Sie sich – aus der Perspektive einer bewussten Wahrnehmung und des Mitgefühls für sich selbst heraus – was am ehesten dem entspricht, wie Sie in diesem Leben sein wollen und was Ihnen wirklich wichtig ist. Stellen Sie sich vor, dass Sie diese Entscheidung treffen, eine Entscheidung, die Sie wegführt von Suchtmittelkonsum und anderen automatischen Reaktionen, die Ihnen und anderen schaden. Achten Sie wieder, wenn Sie diese Entscheidung treffen, auf das, was in Ihrem Körper geschieht. Welche Körperempfindungen, Gedanken und Gefühle sind da?

Wenn Sie soweit sind, lassen Sie diese Szene behutsam los, lassen Sie Ihre Aufmerksamkeit wieder in diesen Raum zurückkehren und öffnen Sie die Augen.

Bei dieser Übung lassen wir die Augen offen. Beginnen Sie damit, dass Sie einfach stehen, die Knie locker und die Arme entspannt seitlich am Körper. Lassen Sie Ihren Blick in geringer Entfernung weich auf dem Boden vor sich ruhen. Lenken Sie nun Ihre Aufmerksamkeit auf die Fußsohlen und spüren Sie die Körperempfindungen, wo die Füße den Boden berühren, und das Gewicht des Körpers, das von den Beinen und Füßen getragen wird.

Verlagern Sie nun das Gewicht ganz behutsam nach links, sodass das linke Bein das Gewicht trägt und das rechte Bein entlastet ist. Spüren Sie, wie das linke Bein »voll« wird und das rechte Bein sich gewissermaßen leert. Verlagern Sie nun das Gewicht wieder zur Mitte hin und nehmen Sie wahr, wie der Körper weiß, wo das ist. Achten Sie darauf, ob da vielleicht ein Impuls ist, das Gewicht auf die andere Seite zu verlagern. Lassen Sie nun zu, dass sich das Gewicht nach rechts und auf das rechte Bein verlagert.

Machen Sie ganz langsam einen Schritt mit dem linken Bein und nehmen Sie dabei alle Körperempfindungen wahr. Spüren Sie, wie die linke Ferse sich vom Boden hebt, die Muskeln sich anspannen und die Gelenke sich bewegen. Setzen Sie den Fuß vor sich auf den Boden und lassen Sie zu, dass sich das Gewicht ein wenig auf diesen Fuß verlagert. Halten Sie jetzt einen Augenblick inne. Stellen Sie fest, ob da irgendwelche Impulse sind – vielleicht ein Impuls, das rechte Bein zu bewegen.

Bewegen Sie nun dann das rechte Bein – heben Sie die Ferse an und bewegen Sie das Bein vorwärts, setzen Sie die Ferse und dann den ganzen Fuß ab und verlagern Sie das Gewicht nach vorn auf das rechte Bein.

Machen Sie so weiter – heben Sie das Bein an, bewegen Sie es vorwärts, setzen Sie es ab. Nehmen Sie so gut Sie können die Körperempfindungen in den Füßen und Beinen und beim Kontakt der Füße mit dem Boden wahr. Lenken Sie den Blick sanft nach vorn. Sie können die Bewegungsabfolge jedes einzelnen Schrittes mit einem Begriff versehen, um dadurch Ihre Aufmerksamkeit zu fokussieren: z. B. »anheben, bewegen, absetzen.« Oder Sie lassen Ihre Aufmerksamkeit durch den Körper wandern, wie bei der Body-Scan-Meditation, und nehmen alle Körperempfindungen wahr, während Sie sich bewegen.

Wie bei den anderen Meditationen, die wir geübt haben, kann auch hier Ihre Aufmerksamkeit abschweifen, auf Gedanken über die Übung oder auf Pläne, Erinnerungen oder was auch immer. Wenn Sie das merken, lassen Sie behutsam los und lassen die Aufmerksamkeit wieder in die gegenwärtige Erfahrung des Gehens zurückfallen.

Wenn Sie soweit sind, kehren Sie wieder zu Ihrem Stuhl zurück und behalten, wenn Sie sich setzen, dieselbe Aufmerksamkeit bei.

Auf der Grundlage von Segal, Williams & Teasdale (2002).

Thema

Achtsamkeitspraxis kann in schwierigen Situationen zu einem Gefühl der umfassenderen Wahrnehmung und Gesamtperspektive beitragen. In dieser Sitzung konzentrieren wir uns darauf, in Situationen achtsam zu bleiben, die zuvor in Suchtmittelkonsum oder andere ungünstigen, automatischen Verhaltensweisen geendet haben. Wir lernen, auf Suchtmittelverlangen anders zu antworten, und üben, bewusst zu handeln anstatt »automatisch« zu reagieren.

Übungen für zu Hause für die Woche nach Sitzung 4

(1) Üben Sie die Sitzmeditation an sechs von sieben Tagen.

(2) Üben Sie das Nüchtern-Atmen regelmäßig und immer dann, wenn Sie problematische Gefühle, Körperempfindungen und Impulse oder automatisches Verhalten bei sich bemerken. Füllen Sie Ihren Protokollbogen für das Üben zu Hause aus.

(3) Üben Sie diese Woche mindestens zwei Mal die Gehmeditation. Die Gehmeditation dient dazu, in Bewegung im Alltag Zugang zum Körperbewusstsein zu finden. Sie können diese Übung in Ihrem Zuhause machen und dabei eine kurze Strecke hin und her gehen. Oder Sie verbinden die Übung mit einer alltäglichen Tätigkeit und machen sie z. B., wenn Sie zur Bushaltestelle gehen oder den Hund ausführen. Wenn Sie im Alltag üben, können Sie versuchen, Ihre Aufmerksamkeit zwischen den Körperempfindungen beim Gehen, der Erfahrung des Sehens, der Erfahrung des Hörens und der Beobachtung des Atems wandern zu lassen, sodass Ihre Aufmerksamkeit eine Zeitlang bei dem einem dieser Sinne bleibt und dann wieder weiter wandert.

Anleitung. Notieren Sie jeden Tag Ihre Meditationspraxis sowie Hindernisse, Beobachtungen oder Anmerkungen.

Tag/ Datum	Formale Übung mit CD: Wie lange?	Nüchtern- Atmen	Gehmeditation	Anmerkungen
	___Minuten	Wie oft? In welchen Situationen?	Wie oft?	
	___Minuten	Wie oft? In welchen Situationen?	Wie oft?	
	___Minuten	Wie oft? In welchen Situationen?	Wie oft?	
	___Minuten	Wie oft? In welchen Situationen?	Wie oft?	
	___Minuten	Wie oft? In welchen Situationen?	Wie oft?	
	___Minuten	Wie oft? In welchen Situationen?	Wie oft?	
	___Minuten	Wie oft? In welchen Situationen?	Wie oft?	

Nehmen Sie sich ein paar Minuten Zeit, um sich auf einen Stuhl zu setzen und eine entspannte, aufrechte und würdige Haltung zu finden. Schließen Sie Ihre Augen, wenn Ihnen das angenehm ist. Spüren Sie das Gewicht des Körpers – wo er Kontakt zum Stuhl oder zum Kissen hat, wo Ihre Füße und Beine den Boden berühren. Spüren Sie die Punkte, an denen Ihr Körper Kontakt mit sich selbst hat – vielleicht die Hände, die auf den Beinen liegen, oder die Arme an der Seite des Körpers. Vielleicht spüren Sie auch, wo Ihre Kleidung den Körper berührt.

Lenken Sie nun Ihre Aufmerksamkeit auf Geräusche und auf die Körperempfindung des Hörens. Sie können die Geräusche im Körper und die Geräusche außerhalb, in der Nähe und in der Ferne beobachten. Nehmen Sie die Beschaffenheit und die Tonlage der Geräusche wahr. Achten Sie darauf, wie Ihr Bewusstsein die Geräusche Dingen zuordnet und ihnen einen Sinn gibt. Bleiben Sie so gut Sie können bei der unmittelbaren Erfahrung des Hörens statt bei den Gedanken und Vorstellungen. Kehren Sie – wenn Gedanken aufkommen – immer wieder zum unmittelbaren Erleben der Geräusche zurück. Wenn Sie merken, dass Sie von der bewussten Wahrnehmung des Hörens abgelenkt werden, nehmen Sie das einfach zur Kenntnis und lenken Ihre Aufmerksamkeit behutsam wieder auf die Erfahrung des Hörens zurück.

Lassen Sie nun die verschiedenen Geräusche in den Hintergrund Ihrer Wahrnehmung treten, und lassen Sie Ihre Aufmerksamkeit ganz natürlich auf dem Atem ruhen. Auf dem Einatmen, der kleinen Pause, dem Ausatmen. Nehmen Sie die Körperempfindungen im Bauchraum wahr, wenn der Atem in den Körper hinein und wieder heraus strömt. Nehmen Sie wahr, dass Ihr Körper genau weiß, was zu tun ist. Beobachten Sie einfach, wie Ihr Körper atmet, die leichte Anspannung, wenn sich der Bauch mit jedem Einatmen hebt und das leichte Senken bei jedem Ausatmen. Bleiben Sie so gut Sie können bei jedem Atemzug und beobachten Sie, wie der Atem in den Körper hinein und wieder heraus strömt. Wenn Sie feststellen, dass Ihre Gedanken vom Atmen abschweifen, lassen Sie einfach los, beginnen erneut und lassen Ihre Aufmerksamkeit wieder zum Atem zurückkehren.

Wenn Sie soweit sind, lassen Sie den Atem in den Hintergrund Ihres Erlebens treten und verlagern Ihre Aufmerksamkeit auf die Empfindungen im Körper. Nehmen Sie all die unterschiedlichen Erfahrungen wahr, die in diesem Augenblick gegenwärtig sein können: eine Berührung, Druck, ein Kribbeln, Pulsieren, Jucken oder was auch immer. Erkunden Sie eine Zeitlang diese Körperempfindungen.

Wenn da besonders intensive oder unangenehme Empfindungen sind, dann lenken Sie Ihre Aufmerksamkeit auf diese Bereiche und bleiben möglichst bei ihnen, atmen Sie in diese Bereiche hinein und erkunden Sie mit Freundlichkeit und Neugier die genaue Beschaffenheit dieser Empfindungen. Wie fühlen sich diese Körperempfindungen wirklich an? Verändern sie sich oder bleiben sie gleich? Können Sie ein Unbehagen erleben, ohne sich dagegen zu sträuben oder es zu bekämpfen? Achten Sie auf alle aufkommenden Reaktionstendenzen, und begegnen Sie allem, was da ist, mit Freundlichkeit. Wenn da eine Anspannung ist, lockern Sie die entsprechenden Muskeln so gut Sie können. Vielleicht können Sie zulassen, dass alles was da ist, einfach ist.

Verlagern Sie nun den Fokus Ihrer Aufmerksamkeit von den Körperempfindungen auf die Wahrnehmung Ihrer Gedanken. Achten Sie darauf, welcher Gedanke Ihnen als allererstes in den Sinn kommt. Beobachten Sie dann jeden Gedanken, wie er aufkommt und wieder vergeht. Wenn Sie merken, dass Sie sich in einen Gedanken verstricken oder sich in ihm verlieren, beobachten Sie auch das und bringen Sie sich behutsam wieder zur achtsamen Wahrnehmung des Denkens zurück. Lassen Sie jedes Mal los, wenn Sie sich in einen Gedanken verstrickt haben, und beginnen Sie von neuem. Wenn Sie feststellen, dass Sie sich wiederholt in Gedanken verlieren, können Sie immer wieder am Hier und Jetzt andocken, indem Sie Ihre Aufmerksamkeit auf die Bewegungen des Atems lenken. Beobachten Sie noch eine Weile, wie Ihre Gedanken kommen und gehen.

Lenken Sie nun Ihre Aufmerksamkeit behutsam von den Gedanken auf die bewusste Wahrnehmung Ihrer gegenwärtigen Gefühle. Auf Traurigkeit vielleicht, Frustration oder Rastlosigkeit. Auf was immer Sie wahrnehmen. Was ist da für ein Gefühl? Stellen Sie fest, ob Sie dieses Gefühl zulassen können. Wie fühlt sich dieses Gefühl an? Wo im Körper ist es? Vielleicht ist dieses Gefühl mit bestimmten Körperempfindungen verbunden. Vielleicht spüren Sie irgendwo ein Kribbeln oder eine Anspannung. Vielleicht eine Schwere in der Brust oder einen rascheren Herzschlag. Vielleicht auch Wärme oder ein Druckgefühl. Oder auch ein nur ein allgemeines Gefühl im ganzen Körper. Finden Sie einfach heraus, was Sie wahrnehmen. Anerkennen Sie, was da ist, und lassen Sie zu, dass es ist.

Finden Sie in diesen letzten Augenblicken heraus, ob Sie Ihren ganzen Körper bewusst wahrnehmen können: den Atem, wie er in den Körper und wieder heraus strömt, die anderen Empfindungen im Körper und die Gedanken, die aufkommen.

Das Folgende ist ein Gedicht von Rumi mit dem Titel »Gasthaus.«

Gasthaus
Das menschliche Dasein ist ein Gasthaus
Jeden Morgen ein neuer Gast
Freude, Depression und Niedertracht
auch ein kurzer Moment von Achtsamkeit kommt als unverhoffter Besucher.

Begrüße und bewirte sie alle!
Selbst wenn es eine Schar von Sorgen ist,
die gewaltsam Dein Haus seiner Möbel entledigt,

selbst dann behandle jeden Gast ehrenvoll.
Vielleicht bereitet er Dich vor auf ganz neue Freuden.

Dem dunklen Gedanken, der Scham, der Bosheit
begegne ihnen lachend an der Tür
und lade sie zu Dir ein.

Sei dankbar für jeden, der kommt,
Denn alle sind zu Deiner Führung
geschickt worden aus einer anderen Welt.

Wenn die Meditation sich jetzt dem Ende nähert, erweitern Sie Ihre Wahrnehmung behutsam auf die Anwesenheit der anderen im Raum. Würdigen Sie kurz das Engagement und die Anstrengungen, die diese Übung erfordert, bei sich selbst und bei allen anderen hier im Raum.

Nehmen Sie sich Zeit – bleiben Sie bei dem Gefühl der Achtsamkeit, des Freiseins und der Wertschätzung. Öffnen Sie langsam die Augen, bewahren Sie sich die Achtsamkeit und erweitern Sie Ihren Fokus auf den gesamten Raum.

Auf der Grundlage von Segal, Williams & Teasdale (2002).

Wir üben jetzt das Nüchtern-Atmen, im Prinzip wie letzte Woche, nur diesmal ein wenig abgewandelt. Rufen Sie sich zunächst die Übung ins Gedächtnis:

▶ Halten Sie inne oder drosseln Sie Ihr Tempo.

▶ Beobachten Sie, was jetzt gerade geschieht.

▶ Atemfokus – konzentrieren Sie Ihre Aufmerksamkeit auf den Atem.

▶ Erweitern Sie Ihre Wahrnehmung auf den Körper als Ganzes.

▶ Reagieren Sie vollkommen bewusst und fragen Sie sich, was notwendig ist.

Zunächst bitten wir Sie, Paare zu bilden. Beginnen Sie nun mit Ihrem Partner ein Gespräch über irgendetwas, das Sie frustriert oder ärgert. Das kann etwas sein, dass Ihnen heute passiert ist, z. B. auf dem Weg hierher (vielleicht hat Ihnen ein Autofahrer die Vorfahrt genommen oder Sie haben lange auf den Bus gewartet). Nehmen Sie etwas relativ Einfaches, nicht gerade das größte Ärgernis in Ihrem Leben. Ist Ihnen allen etwas eingefallen? Reden Sie jetzt ein paar Minuten miteinander darüber, und wenn Sie die Glocke hören, hören Sie mittendrin auf, auch mitten im Satz, und wir üben das Nüchtern-Atmen.

(Lassen Sie die Teilnehmer ein paar Minuten lang reden und läuten Sie dann die Glocke).

Und nun – egal, wo Sie sind – halten Sie einfach inne, genau in diesem Augenblick. Beobachten Sie, nehmen Sie einfach bewusst wahr, was in diesem Moment geschieht. Welche Empfindungen spüren Sie in Ihrem Körper? Welche Gefühle sind da? Welche Gedanken gehen Ihnen durch den Sinn? Nehmen Sie einfach alles wahr, ohne es zu beurteilen oder etwas ändern zu müssen.

Sammeln Sie nun Ihre Aufmerksamkeit, indem Sie sich auf Ihren Atem konzentrieren. Lenken Sie Ihre Aufmerksamkeit auf das Heben und Senken des Bauches, auf die Empfindungen des Atems, der hinein und heraus strömt und bleiben Sie ein paar Atemzüge lang bei diesen Bewegungen.

Lassen Sie nun zu, dass sich Ihre Aufmerksamkeit erweitert und den Körper als Ganzes und alle vorhandenen Körperempfindungen einschließt. Nehmen Sie auch alle Ihre Gefühle wahr. Lassen Sie sich auch auf Ihr Bewusstsein ein, auf seine Beschaffenheit und alle Gedanken, die da sind.

Und nehmen Sie von diesem Ort des sog. »umfassenderen Bewusstseins« aus wahr, dass Sie aus einer ganzen Reihe von Möglichkeiten aussuchen können, wie Sie sich verhalten wollen. Vielleicht überdenken Sie kurz Ihr Gespräch mit Ihrem Übungspartner und überlegen, ob Sie etwas anderes sagen oder tun wollen. Wenn Sie Ihrem Partner etwas sagen wollen, dann tun Sie das jetzt. Wenn nicht, danken Sie ihm einfach und wenden sich wieder dem Kreis zu.

Erweitern Sie dann Ihre Aufmerksamkeit wieder auf den Raum und öffnen Sie behutsam die Augen.

Anleitung. Notieren Sie in der linken Spalte alle Situationen (Menschen, Orte, Beziehungen, Gefühle, Ereignisse) aus dieser Woche, die Sie als problematisch, als Auslöser oder als Rückfallrisikosituationen erleben. Notieren Sie in der zweiten Spalte, was Ihnen an Ihren Reaktionen auffällt, vor allem Körperempfindungen, Gedanken und Gefühle, die künftig situative Hinweisreize dafür sein könnten, dass Sie das Nüchtern-Atmen praktizieren sollten. Notieren Sie in der dritten Spalte, ob es Ihnen gelungen ist, das Nüchtern-Atmen einzusetzen, und in der letzten, welches bewusste Verhalten Sie schließlich in der Situation gewählt haben.

Rückfallrisiko-situationen oder Auslöser (Menschen, Orte, Gefühle, Ereignisse)	Unwillkürliche Reaktionen (Körperempfindungen, Gedanken, Gefühle, die Hinweisreize für das Nüchtern-Atmen sein könnten)	Nüchtern-Atmen? (ja/nein)	Bewusstes Verhalten

Beachten Sie, dass die unwillkürlichen Reaktionen, die Sie in der zweiten Spalte notiert haben, ein Hinweisreiz dafür sein könnten, dass Sie **innehalten** und das Nüchtern-Atmen praktizieren sollten. Finden Sie heraus, ob Sie diese Reaktionen erkennen und als Gedächtnisstütze dafür nehmen können, dass Sie aus Ihrem automatischen Reaktionsmuster heraustreten und Ihr momentanes Erleben **beobachten** sollten.

Drehung im Liegen

Legen Sie sich zunächst auf den Rücken, die Knie angezogen, die Füße flach auf dem Boden. Strecken Sie die Arme seitlich von sich, wenn Ihnen das nicht unangenehm ist. Lassen Sie die Knie sachte nach links fallen und wenden Sie den Kopf nach rechts. Wiederholen Sie dasselbe zur anderen Seite hin.

Katzenbuckel-Kuhrücken-Position

Begeben Sie sich in den Vierfüßlerstand, mit den Handgelenken direkt unter den Schultern und den Knien unter den Hüften. Drücken Sie beim Einatmen sachte die Wirbelsäule durch, beginnen Sie am Steißbein und dann nach und nach weiter bis zum Hals, und richten Sie dann den Blick zum Himmel (leichtes Hohlkreuz, Kuhrücken-Position). Krümmen Sie beim Ausatmen die Wirbelsäule und lassen Sie den Kopf fallen, den Blick auf den Nabel gerichtet (Rundrücken, Katzenbuckel-Position). Wiederholen Sie das 10 bis 15 Mal, in Ihrer eigenen Geschwindigkeit, und folgen Sie dabei den Bewegungen Ihres Atems.

Kindhaltung

Gehen Sie nach der Katzenbuckel-Kuhrücken-Position wieder auf die weit gespreizten Knie und setzen Sie sich auf die Fersen. Die Arme können Sie entweder vor sich ausstrecken, wobei die Handflächen nach oben zeigen, oder Sie können sie mit den Handflächen nach oben an die Oberschenkel heranziehen. Bleiben Sie mehrere Minuten lang in dieser Position und folgen Sie den Körperempfindungen Ihres Atems.

Berghaltung

Stehen Sie aufrecht, die Füße unterhalb der Hüften, die Wirbelsäule gerade, die Knie locker, die Schultern entspannt. Heben Sie beim Einatmen die Arme hoch in den Himmel und lassen Sie sie beim Ausatmen seitlich sinken.

Wenn Sie wollen, können Sie beim Einatmen die Arme zur Decke strecken, ein Handgelenk fassen, den Arm sachte auf eine Seite ziehen und dabei die Taille leicht beugen. Zur anderen Seite hin wiederholen.

Vorwärtsbeuge

Gehen Sie aus der Berghaltung heraus, wenn nötig etwas in die Knie, beugen Sie sich nach vorn über, lassen Sie die Hände lose nach unten hängen oder fassen Sie die Ellbogen, lassen Sie den Körper einfach wie eine Stoffpuppe nach vorn hängen und atmen Sie in den Rücken. Gehen Sie so weit in die Knie wie nötig. Richten Sie den Körper nach ein paar Minuten wieder auf und kommen Sie langsam, Wirbel um Wirbel, wieder in den aufrechten Stand.

Abschließende Ruheposition

Beenden Sie Ihre Bewegungsübung, indem Sie sich auf den Rücken legen, die Arme liegen entspannt neben dem Körper, Handflächen nach oben, die Füße fallen zur Seite. Lassen Sie den Körper schwer auf dem Boden liegen und atmen Sie natürlich. Bleiben Sie 5 bis 10 Minuten in dieser Haltung, bleiben Sie achtsam und beobachten Sie aufmerksam Ihre Körperempfindungen und Ihre Gedanken.

Thema

Es ist wichtig, aber manchmal eben auch schwierig, all das zu akzeptieren, was in einer bestimmten Situation mit uns geschieht. Dies ist jedoch der erste Schritt zu gesundem und positivem Verhalten in unserem Leben. Wir können auf manche Dinge, die uns widerfahren, auf Gefühle, die aufkommen, auf unsere derzeitige berufliche oder familiäre Situation und auf das Verhalten und die Reaktionen anderer Menschen uns gegenüber keinen Einfluss nehmen. Wenn wir gegen diese Dinge ankämpfen, fühlen wir uns oft frustriert, verärgert oder unterlegen, und das wiederum kann ein Auslöser für den Konsum von Suchtmitteln sein. Wenn wir die Wirklichkeit so akzeptieren, wie sie ist, sind wir nicht passiv, sondern wir lassen lediglich zu, was ist, ohne dagegen anzukämpfen oder uns zu widersetzen. Dies ist oft ein notwendiger erster Schritt auf dem Weg zu Veränderung. Dasselbe gilt für Selbstakzeptanz: Oft erfordert sie, dass wir uns zunächst so, wie wir sind, uneingeschränkt akzeptieren, bevor wir zu einer wirklichen Veränderung gelangen können.

Übungen für zu Hause für die Woche nach Sitzung

(1) Üben Sie diese Woche an sechs Tagen die Sitzmeditation, die Body-Scan-Meditation oder achtsames Yoga. Füllen Sie Ihren Protokollbogen für das Üben zu Hause aus (Arbeitsblatt 5.4).

(2) Üben Sie das Nüchtern-Atmen regelmäßig und immer dann, wenn Sie problematische Gefühle, Körperempfindungen oder Impulse und unwillkürliche Reaktionsweisen bemerken. Füllen Sie Ihren Protokollbogen für das Üben zu Hause aus.

(3) Füllen Sie das Arbeitsblatt zum Nüchtern-Atmen in schwierigen Situationen aus (Arbeitsblatt 5.1).

Anleitung. Notieren Sie jeden Tag Ihre Meditationspraxis sowie Hindernisse, Beobachtungen oder Anmerkungen.

Tag/ Datum	Formale Übung mit CD: Wie lange?	Nüchtern-Atmen	Anmerkungen
	___Minuten	Wie oft? In welchen Situationen?	
	___Minuten	Wie oft? In welchen Situationen?	
	___Minuten	Wie oft? In welchen Situationen?	
	___Minuten	Wie oft? In welchen Situationen?	
	___Minuten	Wie oft? In welchen Situationen?	
	___Minuten	Wie oft? In welchen Situationen?	
	___Minuten	Wie oft? In welchen Situationen?	

Setzen Sie sich auf Ihren Stuhl und schließen Sie die Augen, wenn Sie wollen. Sitzen Sie mit einer ruhigen, würdigen und wachsamen Körperhaltung, die Wirbelsäule gerade, aber entspannt. Nehmen Sie sich ein wenig Zeit, um sich hier in diesem Raum und diesem Augenblick bewusst wahrzunehmen. Nehmen Sie Ihren Körper hier auf dem Stuhl bewusst wahr.

Sammeln Sie nun Ihre Aufmerksamkeit und lenken Sie sie auf Ihren Atem: das Einatmen, das Ausatmen, das Strömen des Atems in den Körper hinein und wieder heraus. Suchen Sie nicht nach etwas, das geschieht oder nach einem bestimmten Zustand oder einer bestimmten Erfahrung, sondern bleiben Sie einfach eine Weile bei den Körperempfindungen des Atmens.

Lassen Sie nun den Atem in den Hintergrund Ihrer Aufmerksamkeit treten und konzentrieren Sie sich auf die Gedanken, die Ihnen durch den Sinn gehen. Vielleicht können Sie den nächsten Gedanken, der aufkommt, wahrnehmen und vorbeiziehen lassen, dann den nächsten, den Sie ebenfalls vorbeiziehen lassen, ohne an ihm festzuhalten oder ihm zu folgen.

Stellen Sie sich vor, Sie sitzen an einem Fluss. Nehmen Sie sich ein wenig Zeit, um sich diesen Fluss vorzustellen. Sie sitzen am Ufer dieses Flusses und beobachten die aufkommenden Gedanken, die wie Blätter auf dem Wasser vorbeiziehen. Lassen Sie jeden Gedanken, der aufkommt, einfach behutsam vorbeiziehen. Ihre Gedanken können Worte sein oder ein Bild oder ein Satz. Manche Gedanken sind größer oder schwerer, andere kleiner, schneller oder leichter. Egal, welche Form sie haben, lassen Sie sie vorbeiziehen, wenn der nächste Gedanke aufkommt. Machen Sie das einfach, so gut es geht. Wenn Sie sich fragen, wie das gehen soll oder ob Sie die Übung richtig machen, stellen Sie einfach fest, dass auch dies nur Gedanken sind, die auf dem Fluss vorbeiziehen. Wenn Ihre Gedanken rasch aufeinander folgen, stellen Sie sich vor, dass das Wasser des Flusses rasch wie ein Wildwasser an Ihnen vorbeiströmt. Wenn sich die Gedanken beruhigen, verlangsamt sich die Strömung und der Fluss zieht ruhiger vorbei.

Wenn Sie merken, dass Sie sich in einem Gedanken verlieren oder dass Ihre Aufmerksamkeit abschweift, freuen Sie sich, dass Sie das bewusst wahrgenommen haben, stellen Sie vielleicht fest, welcher Gedanke Sie hat abschweifen lassen und lenken Sie dann einfach Ihre Aufmerksamkeit wieder zurück auf die Beobachtung Ihrer Gedanken.

Wenn Sie merken, dass Sie Ihren Gedanken innerlich folgen – was oft passiert – und feststellen, dass Ihre Gedanken Sie von der Gegenwart ablenken, genügt es, aus dem Fluss herauszusteigen, um Ihre Aufmerksamkeit wieder vom Ufer des Flusses aus auf das Beobachten der Gedanken zu lenken.

Nun können Sie versuchen, die aufkommenden Gedanken mit einem Etikett zu versehen. Vielleicht sind es Bewertungen über Sie selbst, über Ihr Erleben oder über Ihre Art, die Übung zu machen. Wenn dem so ist, geben Sie diesen Gedanken einfach das Etikett »Bewerten« und lassen Sie sie vorüberziehen. Vielleicht kommt auch eine Erinnerung auf. Dann geben Sie ihr einfach das Etikett »Erinnerung«. Vielleicht kommen Ihnen Pläne dazu in den Sinn, was Sie nach der Sitzung heute tun wollen oder was Sie zu jemandem sagen wollen. Oft kommen auch Fantasievorstellungen auf. Wir stellen uns vor, was geschehen könnte oder was wir gern geschehen lassen würden. Erkennen Sie Ihre Gedanken einfach als Bewertungen, Erinnerungen, Pläne oder Fantasievorstellungen, geben Sie Ihnen das passende Etikett und lassen Sie sie dann vorüberziehen. Versuchen Sie, das jetzt zu üben. Wenn Ihnen keine Etiketten einfallen, ist das auch in Ordnung. Sie können dann einfach das Etikett »Gedanke« verwenden oder feststellen, dass Ihnen kein Etikett einfällt und Ihre Gedanken weiter beobachten.

Wenn Sie merken, dass Sie sich in einem der aufkommenden Gedanken verlieren, stellen Sie fest, welcher Gedanke Sie hat abschweifen lassen, und bringen Sie Ihre Aufmerksamkeit dann behutsam wieder zur Übung des Beobachtens zurück.

Wenn Sie soweit sind, lassen Sie ganz behutsam zu, dass sich Ihre Wahrnehmung auf den Raum hier richtet, auf Ihren Körper auf diesem Stuhl, auf die anderen Menschen, die hier mit Ihnen im Raum sind. Nehmen Sie sich Zeit, um ganz behutsam Ihre Augen zu öffnen. Halten Sie diese bewusste Wahrnehmung, so gut Sie können, während Ihr Blick den Raum und die Menschen um Sie herum aufnimmt.

Lassen Sie uns einen Augenblick innehalten. Beginnen Sie, indem Sie einfach nur beobachten, indem Sie wirklich bewusst wahrnehmen, was gerade mit Ihnen geschieht – welche Körperempfindungen, Gefühle und Gedanken Sie haben. Achten Sie diesmal besonders darauf, welche Gedanken aufkommen. Was sagen Sie sich selbst? Wie ist Ihr Denken jetzt gerade? Ruhig? Unruhig? Überstürzen sich die Gedanken?

Lenken Sie nun Ihre Aufmerksamkeit auf den Atem … die Bewegungen des Bauches, das Ansteigen und Abfallen des Atems, in jedem einzelnen Augenblick, Atemzug um Atemzug.

Erweitern Sie nun Ihre Wahrnehmung auf den Körper als Ganzes. Folgen Sie dem Atem, als atme Ihr ganzer Körper. Halten Sie Ihren ganzen Körper in dieser gelasseneren, umfassenderen Wahrnehmung und stellen Sie wieder fest, welche Gedanken Sie begleiten. Achten Sie darauf, wie Ihr Denken jetzt ist.

Nach Segal, Williams & Teasdale (2002). Copyright 2002 The Guilford Press. Mit Genehmigung des Verlags.

Denken Sie an eine Situation, die zu einem Rückfall geführt hat oder die für Sie ein Rückfallrisiko darstellen könnte. Notieren Sie die situativen Auslöser, Ihre unwillkürliche Reaktionsweise darauf und die weiteren Stationen innerhalb des Rückfallprozesses in den jeweiligen Kreisen in der Abbildung unten. Auf welche verschiedenen Optionen haben Sie, sich bewusst zu verhalten?

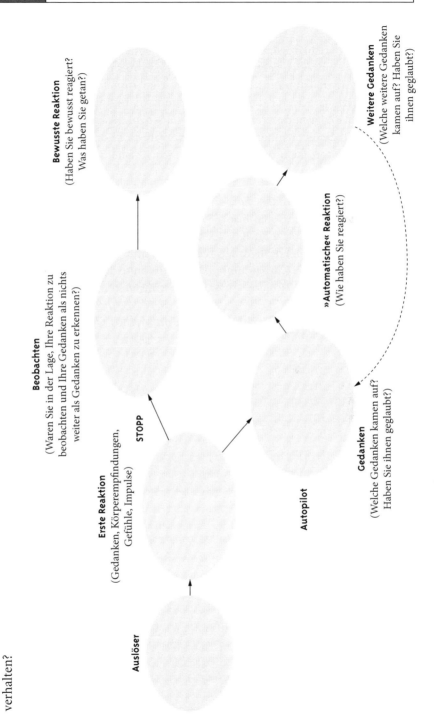

Auslöser

Erste Reaktion
(Gedanken, Körperempfindungen, Gefühle, Impulse)

STOPP

Beobachten
(Waren Sie in der Lage, Ihre Reaktion zu beobachten und Ihre Gedanken als nichts weiter als Gedanken zu erkennen?)

Bewusste Reaktion
(Haben Sie bewusst reagiert? Was haben Sie getan?)

Autopilot

Gedanken
(Welche Gedanken kamen auf? Haben Sie ihnen geglaubt?)

»Automatische« Reaktion
(Wie haben Sie reagiert?)

Weitere Gedanken
(Welche weitere Gedanken kamen auf? Haben Sie ihnen geglaubt?)

|

Thema

Wir haben inzwischen ziemlich viel Übung darin festzustellen, wann unsere Gedanken abschweifen. Wir haben geübt, den Fokus unserer Aufmerksamkeit behutsam wieder auf den Atem und unsere Körperempfindungen zurückzulenken. Nun richten wir unseren Fokus gezielt auf die Gedanken, und wir beginnen, Gedanken einfach als Wörter oder Bilder in unserer Vorstellung zu sehen, denen wir glauben können oder auch nicht. In dieser Sitzung sprechen wir über die Rolle der Gedanken im Prozess des Rückfalls und vor allem darüber, was geschehen kann, wenn wir diesen Gedanken glauben.

Übungen für zu Hause in der Woche nach Sitzung 6

(1) Wählen Sie sich aus den bisher gelernten Übungen eine Übung aus. Füllen Sie Ihren Protokollbogen für das Üben zu Hause aus (Arbeitsblatt 6.3).

(2) Üben Sie das Nüchtern-Atmen regelmäßig und immer dann, wenn Sie problematische Gefühle, Körperempfindungen, Impulse und unwillkürliche Reaktionsweisen bemerken. Notieren Sie Ihre Erfahrungen in Ihren Protokollbogen für das Üben zu Hause.

(3) Füllen Sie das Arbeitsblatt zum Rückfallprozess aus.

Anleitung. Notieren Sie jeden Tag Ihre Meditationspraxis sowie Hindernisse, Beobachtungen oder Anmerkungen.

Tag/ Datum	Formale Übung mit CD: Wie lange?	Nüchtern-Atmen	Anmerkungen
	___Minuten	Wie oft? In welchen Situationen?	
	___Minuten	Wie oft? In welchen Situationen?	
	___Minuten	Wie oft? In welchen Situationen?	
	___Minuten	Wie oft? In welchen Situationen?	
	___Minuten	Wie oft? In welchen Situationen?	
	___Minuten	Wie oft? In welchen Situationen?	
	___Minuten	Wie oft? In welchen Situationen?	

Diese Meditation unterscheidet sich ein wenig von den bisherigen Übungen unseres Kurses. Es handelt sich um eine »Freundlichkeits«- oder Mitgefühlsübung, mit der wir uns selbst und anderen gegenüber eine freundlichere, sanftere Einstellung entwickeln. Dieser mitfühlende und freundliche Zugang ist ein wichtiger Aspekt der Achtsamkeitspraxis und kann uns bei unseren anderen Übungen unterstützen.

Finden Sie zunächst eine Körperhaltung, die für Sie angenehm und bequem ist, und beginnen Sie, indem Sie einfach die Spannungen in Ihrem Körper lockern. Lassen Sie jede Anspannung in Ihrem Körper sich lösen, entspannen Sie den Bauch, lockern Sie behutsam jede Anspannung in den Armen und den Schultern, im Gesicht und im Kiefer. Überlegen Sie noch einmal, warum Sie hier sind und diese Übung machen.

Spüren Sie Ihren Körper im Kontakt mit dem Boden oder dem Stuhl. Spüren Sie, wie solide und stabil der Boden unter ihnen ist, entspannen Sie Ihren Körper im Kontakt mit dem Stuhl oder dem Boden, spüren Sie hier in diesem Augenblick das Gefühl der Sicherheit, das Ihnen diese Grundlage gibt.

Denken Sie nun an jemanden, den Sie persönlich oder anderweitig kennen, der Ihnen sympathisch ist und dem Sie leicht Gefühle der Freundlichkeit und des Wohlwollens entgegenbringen können. Das kann z. B. ein Freund sein, ein Kind, ein Enkelkind, ein Großvater oder eine Großmutter. Das kann aber auch ein spiritueller Meister oder auch ein Haustier sein. Am besten suchen Sie sich niemanden aus, mit dem Sie einen Konflikt hatten oder in den Sie verliebt sind, sondern einfach jemanden, dem Sie eine unkomplizierte Wärme und Freundlichkeit entgegenbringen. Vielleicht jemanden, der Sie einfach lächeln lässt, wenn Sie an ihn denken.

Wenn Sie wollen, stellen Sie sich vor, dass dieser Jemand neben oder vor Ihnen sitzt. Wenn es Ihnen nicht gelingt, sich diese Person vorzustellen, konzentrieren Sie sich einfach auf das Gefühl und die Körperempfindungen, die Sie in der Gegenwart dieses Menschen erleben. Nehmen Sie sich ein paar Minuten Zeit, um auf Ihre Gefühle zu achten und zu spüren, wo Sie in Ihrem Körper Mitgefühl und Wohlwollen erleben. Das kann in Ihrer Brust sein, da, wo das Herz ist, oder auch im Bauch oder im Gesicht. Wo auch immer Sie dieses Gefühl der Freundlichkeit und des Wohlwollens in Ihrem Körper erleben, lassen Sie zu, dass diese Stelle weich wird. Wenn es Ihnen schwerfällt, das zu spüren, oder den Ort zu finden, an dem sich diese Gefühle konzentrieren, ist das auch okay. Richten Sie Ihren Fokus einfach auf den Bereich um Ihr Herz und achten Sie darauf, ob Sie hier während der Übung etwas spüren.

Wenn Sie sich dabei wohl fühlen, senden Sie diesem Menschen gute Wünsche. Wir verwenden oft die folgenden Worte und wiederholen sie still in Gedanken.

Mögest du sicher und geschützt sein. Mögest du wahres Glück finden. Mögest du in Frieden leben. Mögest du mit Leichtigkeit leben. (Langsam wiederholen).

Sie können diese traditionellen guten Wünsche nehmen oder Ihre eigenen senden, was immer Ihnen am natürlichsten erscheint. Wiederholen Sie Ihre guten Wünsche im Geiste. *Mögest du sicher und geschützt sein. Mögest du glücklich sein. Mögest du in*

Frieden leben. Mögest du mit Leichtigkeit leben. Suchen Sie sich selbst Ihre Wünsche aus.

Hier geht es nicht darum, dass etwas geschieht, sondern wir senden einfach unsere guten Wünsche, so wie man jemandem eine gute Reise oder einen guten Tag wünscht. Wenn Sie merken, dass Sie Gedanken haben wie »Das funktioniert nicht« oder »Das ist albern«, nehmen Sie diese Gedanken einfach zur Kenntnis und lenken Ihre Aufmerksamkeit behutsam wieder zu den Wünschen zurück. Auch wenn Sie frustriert oder genervt sind, nehmen Sie diese Erfahrung einfach zur Kenntnis und denken daran, dass Sie Ihre Aufmerksamkeit immer wieder darauf zurücklenken können, dass Sie einfach den Bereich um Ihr Herz wahrnehmen. Denken Sie daran, dass Sie bei dieser Übung nichts Bestimmtes fühlen sollen. Lassen Sie einfach zu, dass Sie Ihre Erfahrung erleben.

Stellen Sie sich nun vor, dass dieselbe Person Ihnen gute Wünsche schickt. *Mögest du sicher und geschützt sein. Mögest du glücklich sein. Mögest du in Frieden leben. Mögest du mit Leichtigkeit leben.*

Wenn es sich gut anfühlt, können Sie nun Ihre Aufmerksamkeit von dieser Person auf sich selbst lenken und sich selbst gute Wünsche senden – *Möge ich sicher und geschützt sein. Möge ich glücklich sein. Möge ich in Frieden leben. Möge ich mit Leichtigkeit leben* – welche Wünsche auch immer Sie sich aussuchen. Und nehmen Sie sich bei jedem Wunsch ein wenig Zeit, um ihn in Ihrem Körper und Ihrem Herzen zu spüren. Wie fühlt sich »sicher« an? Wie fühlt sich »glücklich« an? – sodass Sie Kontakt zu diesen Wünschen aufnehmen können.

Wenn es Ihnen leichter fällt, können Sie sich auch vorstellen, dass Sie noch ein kleines Kind sind, dem diese Wünsche gelten. Wenn Sie merken, dass Sie bewertende Gedanken haben oder über die Übung nachdenken, nehmen Sie diese Gedanken einfach zur Kenntnis und lenken Ihre Aufmerksamkeit wieder zurück auf die Wünsche. Wenn Sie Widerstand oder Angst feststellen, lassen Sie so gut Sie können zu, dass dieser Widerstand nachlässt. Stellen Sie fest, ob Sie Mitgefühl für Ihre Erfahrung empfinden können, einfach so, wie sie ist. Experimentieren Sie damit selbst noch eine Weile.

Senden Sie nun diese Wünsche an die Menschen, die hier mit Ihnen im Raum sind. *Mögen wir sicher und geschützt sein. Mögen wir glücklich sein. Mögen wir in Frieden leben. Mögen wir mit Leichtigkeit leben.* Suchen Sie auch hier wieder die Wünsche aus, die Ihnen am angenehmsten und wichtigsten sind. Erzwingen Sie kein bestimmtes Gefühl, sondern erweitern Sie einfach Ihre Wünsche auf sich selbst und die anderen, die hier mit Ihnen sind.

Nehmen Sie sich ein wenig Zeit, um die Wünsche zu empfangen, die Ihnen von den anderen hier im Raum geschickt wurden.

Wenn Sie soweit sind, öffnen Sie die Augen wieder.

(1) Zählen Sie Tätigkeiten, Menschen und Situationen auf, die Sie mit **Stress und problematischen Gefühlen** verbinden oder die bei Ihnen **Selbstzweifel** verstärken, und beschreiben Sie, wie Sie sich dabei fühlen.

Tätigkeit, Person, Ort oder Situation	Ausgelöste Gefühle
....	....
....	....
....	....
....	....
....	....

(2) Zählen Sie Tätigkeiten, Menschen und Situationen auf, die Sie mit **Vergnügen** verbinden oder die Ihr **Selbstvertrauen** stärken und die nicht mit einem Suchtmittelkonsum zusammenhängen. Beschreiben Sie, wie Sie sich dabei fühlen.

Tätigkeit, Person, Ort oder Situation	Ausgelöste Gefühle
....	....
....	....
....	....
....	....
....	....

<table>
<tr><td align="center">Seite 1</td><td align="center">Seite 2</td></tr>
</table>

Gründe, abstinent zu bleiben	**Nüchtern-Atmen**
	▶ Stopp: innehalten, egal wo
	▶ Beobachten: wahrnehmen, was gerade passiert
	▶ Atmen: Aufmerksamkeit direkt auf das Atmen lenken
	▶ Wahrnehmung erweitern
	▶ Bewusst und achtsam reagieren
Telefonnummern	**Alternative Tätigkeiten/Pläne**

Thema

Wir haben mehrere Wochen lang genau auf die spezifischen Situationen, Gedanken und Gefühle geachtet, mit denen ein Rückfallrisiko verbunden ist. Uns selbst gegenüber fürsorglich zu sein und »aufbauende« Dinge zu tun sind ebenfalls unverzichtbare Bestandteile der Überwindung von Suchtproblemen. In dieser Sitzung wollen wir einen umfassenderen Blick auf unser Leben werfen und diejenigen Aspekte betrachten, die ein gesünderes, vitaleres Leben unterstützen oder eben ein erhöhtes Rückfallrisiko mit sich bringen. Ein ausgewogener Lebensstil und Selbstmitgefühl können wesentliche Elemente eines gesunden und erfüllten Lebens sein.

Übungen für zu Hause für die Woche nach Sitzung 7

(1) Suchen Sie sich unter allen Übungen einige aus, die Sie regelmäßig machen wollen (z. B. drei Mal wöchentlich Sitzmeditation und drei Mal wöchentlich Body-Scan-Meditation oder einfach sechs Mal wöchentlich Sitzmeditation). Führen Sie diese Woche das von Ihnen gewählte Programm durch.

(2) Üben Sie drei Mal täglich oder öfter das Nüchtern-Atmen (zu regelmäßigen Zeiten und wann immer Sie unangenehme Gedanken, Gefühle oder Suchtmittelverlangen feststellen).

(3) Tun Sie jeden Tag mindestens drei aufbauende Dinge, die Sie auf Ihrem Arbeitsblatt zu alltäglichen Tätigkeiten aufgeschrieben haben (Arbeitsblatt 7.1).

(4) Füllen Sie, falls noch nicht geschehen, Ihre Erinnerungskarte vollständig aus.

Anleitung. Notieren Sie jeden Tag Ihre Meditationspraxis sowie Hindernisse, Beobachtungen oder Anmerkungen.

Tag/ Datum	Formale Übung mit CD: Wie lange?	Nüchtern-Atmen	Anmerkungen
	___Minuten	Wie oft? In welchen Situationen?	
	___Minuten	Wie oft? In welchen Situationen?	
	___Minuten	Wie oft? In welchen Situationen?	
	___Minuten	Wie oft? In welchen Situationen?	
	___Minuten	Wie oft? In welchen Situationen?	
	___Minuten	Wie oft? In welchen Situationen?	
	___Minuten	Wie oft? In welchen Situationen?	

Zunächst wird die Body-Scan-Meditation aus Sitzung 1 wiederholt. Wir beenden unsere Übungen in dieser Abschlusssitzung mit einem Gedicht von Gunilla Norris:*

Paradox
Es ist ein Paradox, dass wir auf so viel inneren Lärm treffen, wenn wir versuchen, stillzusitzen.

Es ist ein Paradox, dass das bewusste Erleben des Schmerzes den Schmerz lindert.
Es ist ein Paradox, dass uns Stillhalten in ein bewegtes Leben und Sein führt.

Unser Bewusstsein mag keine Paradoxe. Wir wollen, dass die Dinge klar sind, damit wir uns der Illusion von Sicherheit hingeben können. Gewissheit erzeugt aber ungeheure Selbstgefälligkeit.

Wir alle aber besitzen ein tieferes Bewusstsein, das Paradoxe liebt. Es weiß, dass in der Tiefe des Winters der Keim des Sommers sprießt. Es weiß, dass wir im Augenblick der Geburt zu sterben beginnen. Es weiß, dass das ganze Leben schillert – in Nuancen des Werdens – dass Licht und Schatten immer beieinander sind, das Sichtbare vermischt mit dem Unsichtbaren.

Wenn wir still sitzen, sind wir höchst aktiv. Schweigend hören wir das tosende Leben. Durch unsere Bereitschaft, der zu sein, der wir sind, werden wir eins mit allem.

Wenn Sie soweit sind, bewahren Sie sich die achtsame Wahrnehmung Ihres Körpers, öffnen Sie sehr langsam und behutsam die Augen, und lassen Sie zu, dass Ihr Bewusstsein den Raum und die Menschen hier mit einschließt.

---

* Aus Sharing Silence: Meditation Practice and Mindful Living von Gunilla Norris. Copyright 1992 Gunilla Norris. Mit Genehmigung von Harmony Books, einem Unternehmensbereich von Random House, Inc.

Ich gehe jetzt mit einer Schale mit Steinen herum. Bitte nehmen Sie sich einen, der Sie anzieht oder der zu Ihnen spricht. Richten Sie möglichst Ihre ganze Aufmerksamkeit auf diesen Gegenstand, so wie am allerersten Tag des Kurses, und halten Sie ihn auf Ihrer Handfläche. Betrachten Sie ihn, als hätten Sie noch nie zuvor so etwas gesehen.

Nehmen Sie sich einen Augenblick Zeit, um ihn umzudrehen, seine Farbe und Oberfläche zu betrachten, zu schauen, wo das Licht hinfällt und ihn auf Ihrer Hand zu spüren. Wenn dabei irgendwelche Gedanken aufkommen, nehmen Sie sie einfach als Gedanken zur Kenntnis und lenken Ihre Aufmerksamkeit wieder auf den Stein. Vielleicht denken Sie an den Reichtum seiner Geschichte – an die Tausende von Jahren, das Wetter, die Schwerkraft, die diesen Stein geformt haben. Beachten Sie, dass er nicht vollkommen rund ist, dass er vielleicht Bruchstellen und Risse hat, und dass wir trotzdem nicht sagen würden, er sei unvollkommen.

Nehmen Sie diesen Stein als Erinnerung daran, dass Sie in diesem Kurs waren, als Erinnerung an alles, was Sie hier erlebt haben und an all die Energie und harte Arbeit, die Sie in die Übungen gesteckt haben. Denken Sie daran, dass auch Sie eine reiche Geschichte haben, die Sie geformt hat und dass auch Ihre Form nicht unbedingt vollkommen ist. Vielleicht haben Sie ja auch Ihre Bruchstellen und Risse.

Schließen Sie einen Moment lang die Augen und spüren Sie weiterhin diesen Stein. Vielleicht schließen Sie Ihre Hand um ihn. Nehmen Sie sich ein wenig Zeit, um sich selbst zu würdigen, all die Anstrengung, die es gebraucht hat, hier zu sein und an der Gruppe und den Übungen teilzunehmen, und Ihren Einsatz für die Überwindung Ihrer Suchtprobleme. Würdigen Sie auch den Einsatz aller anderen, die diese Erfahrung mit Ihnen geteilt haben.

Vor allem aber, lassen Sie diesen Stein eine Erinnerung an Ihre Veränderung sein, an das, was Sie bis hin zur Suchtmittelabstinenz gebracht hat, und daran, dass Sie den Prozess fortsetzen, mit dem Sie begonnen haben und bei dem Sie entdeckt haben, wie Sie achtsam sein und mit allen Anteilen Ihrer Person – auch mit den scheinbar beschädigten und unvollkommenen – leben können. Nehmen Sie diese bewusst wahr und halten Sie sie in behutsamer und fürsorglicher Aufmerksamkeit.

Nehmen Sie sich nun einen Moment Zeit, um sich selbst Gutes zu wünschen. Sie können sich dabei auf die guten Wünsche aus der letzten Sitzung konzentrieren und sie still wiederholen. *Möge ich sicher sein. Möge ich glücklich sein. Möge ich in Frieden leben. Möge ich mit Leichtigkeit leben.* Oder Sie suchen sich andere Wünsche aus, die Ihnen echt und natürlich erscheinen.

Wiederholen Sie Ihre guten Wünsche einfach ein paar Mal, nehmen Sie sie mit jedem Atemzug auf und lassen Sie zu, dass Sie dabei ein Gefühl der Fürsorge und der Zärtlichkeit für sich selbst finden. Wenn Sie feststellen, dass Ihre Gedanken abschweifen oder dass andere Gedanken aufkommen, nehmen Sie das einfach zur Kenntnis, ohne es zu bewerten, und lenken Ihre Aufmerksamkeit wieder auf die guten Wünsche zurück.

Nehmen Sie sich nun einen Augenblick Zeit, um an die Person zu denken, die rechts von Ihnen sitzt, an alles, was sie an diesen Punkt ihres Lebens gebracht hat, an die Kämpfe, die sie vielleicht auf diesem Weg erlebt hat, und daran, dass diese Person wie Sie hart daran arbeitet, diesen Weg fortzusetzen und ihre Suchtprobleme zu überwinden. Wünschen Sie ihr alles Gute für ihre Reise und senden Sie ihr Ihre fürsorglichen Wünsche. *Mögest du sicher sein. Mögest du glücklich sein. Mögest du in Frieden leben. Mögest du mit Leichtigkeit leben.* Denken Sie nun an die Person links von Ihnen und wünschen Sie ihr ebenfalls Gutes.

Gehen Sie so weiter durch den Raum und wünschen Sie jedem Anwesenden Gutes: *Möge jeder von uns sicher und glücklich sein und in Frieden und mit Leichtigkeit leben.* Nehmen Sie sich nun einen Augenblick Zeit, um die Wünsche zu empfangen, die Ihnen von anderen in der Gruppe geschickt wurden, in dem Bewusstsein, dass Ihnen jeder Gutes gewünscht hat.

Ausschnitte auf der Grundlage von Segal, Williams & Teasdale (2002).

Hinweise zu den Online-Materialien

Sie können alle im Buch erwähnten Arbeitsblätter und Übungen über unsere Internetseite (http://www.beltz.de) ausdrucken. Sie kommen zu den Materialien, indem Sie auf die Seite des Titels gehen, den Link zu den Materialien anklicken und dann folgendes Passwort eingeben: **RzmhCJxs** (Groß- und Kleinschreibung beachten). Dann können Sie die gewünschten Arbeitsmaterialien öffnen und die pdf-Dateien über die Druckfunktion des Browsers ausdrucken. Wenn Sie die Seite schließen, kommen Sie zurück zur Inhaltsübersicht.

Sachwortverzeichnis

Achtsamkeit in Therapie und Beratung

Achtsamkeit gibt die Freiheit, sich bewusster zu entscheiden sowie mit den Gegebenheiten, die das Leben bietet, selbstfürsorglich umzugehen. Viele Patienten in Therapie und Beratung fühlen sich durch subjektive Wahrnehmungen und die negativen Gedanken und Handlungszwänge, die daraus entstehen, stark in ihrer Handlungsfreiheit eingeschränkt.

Die Therapie-Tools bieten eine Fülle an Materialien zur Arbeit mit Achtsamkeit. Meditationen, Atemübungen, Übungen zur Alltagsachtsamkeit und vieles mehr bilden ein abwechslungsreiches Instrumentarium zum flexiblen Einsatz in Therapie und Beratung. Ein »roter Faden« zum Vorgehen im Einzel- und Gruppensetting gibt zusätzliche Orientierung. Mit Meditationen als Audio-Dateien.

Susanne Schug
Therapie-Tools Achtsamkeit
Materialien für Gruppen- und
Einzelsetting. Mit E-Book inside
und Arbeitsmaterial
2016. 161 Seiten. Broschiert.
ISBN 978-3-621-28313-7

Dieses Buch ist auch als E-Book
erhältlich.
ISBN 978-3-621-28311-1

Verlagsgruppe Beltz • Postfach 100154 • 69441 Weinheim • www.beltz.de